职业生涯与人生规划（第二版）

Career Development and Life Planning

刘平青　陆云泉　高昂　等编著

北京大学出版社
PEKING UNIVERSITY PRESS

图书在版编目(CIP)数据

职业生涯与人生规划/刘平青等编著. —2版. —北京:北京大学出版社,2021.07
21世纪经济与管理规划教材
ISBN 978-7-301-31468-5

Ⅰ. ①职… Ⅱ. ①刘… Ⅲ. ①职业选择—高等学校—教材 Ⅳ. ①G647.38

中国版本图书馆CIP数据核字(2020)第134424号

书　　名	职业生涯与人生规划(第二版) ZHIYE SHENGYA YU RENSHENG GUIHUA (DI-ER BAN)
著作责任者	刘平青　陆云泉　高　昂　等编著
责任编辑	赵学秀
标准书号	ISBN 978-7-301-31468-5
出版发行	北京大学出版社
地　　址	北京市海淀区成府路205号　100871
网　　址	http://www.pup.cn
微信公众号	北京大学经管书苑(pupembook)
电子邮箱	编辑部 em@pup.cn　总编室 zpup@pup.cn
电　　话	邮购部 010-62752015　发行部 010-62750672　编辑部 010-62752926
印 刷 者	天津和萱印刷有限公司
经 销 者	新华书店
	787毫米×1092毫米　16开本　14.75印张　353千字
	2014年7月第1版
	2021年7月第2版　2026年1月第2次印刷
印　　数	2001—2500册
定　　价	39.00元

丛书出版前言

作为一家综合性的大学出版社，北京大学出版社始终坚持为教学科研服务，为人才培养服务。呈现在您面前的这套“21世纪经济与管理规划教材”是由我国经济与管理领域颇具影响力和潜力的专家学者编写而成，力求结合中国实际，反映当前学科发展的前沿水平。

“21世纪经济与管理规划教材”面向各高等院校经济与管理专业的本科生，不仅涵盖了经济与管理类传统课程的教材，还包括根据学科发展不断开发的新兴课程教材；在注重系统性和综合性的同时，注重与研究生教育接轨、与国际接轨，培养学生的综合素质，帮助学生打下扎实的专业基础和掌握最新的学科前沿知识，以满足高等院校培养精英人才的需要。

针对目前国内本科层次教材质量参差不齐、国外教材适用性不强的问题，本系列教材在保持相对一致的风格和体例的基础上，力求吸收国内外同类教材的优点，增加支持先进教学手段和多元化教学方法的内容，如增加课堂讨论素材以适应启发式教学，增加本土化案例及相关知识链接，在增强教材可读性的同时给学生进一步学习提供指引。

为帮助教师取得更好的教学效果，本系列教材以精品课程建设标准严格要求各教材的编写，努力配备丰富、多元的教辅材料，如电子课件、习题答案、案例分析要点等。

为了使本系列教材具有持续的生命力，我们将积极与作者沟通，争取每三年修订一次。无论您是教师还是学生，您在使用本系列教材的过程中，如果发现任何问题或者有任何意见或者建议，欢迎及时与我们联系（发送邮件至 em@pup.cn）。我们会将您的宝贵意见或者建议及时反馈给作者，以便修订再版时进一步完善教材内容，更好地满足教师教学和学生学习的需要。

最后，感谢所有参与编写和为我们出谋划策提供帮助的专家学者，以及广大使用本系列教材的师生，希望本系列教材能够为我国高等院校经管专业教育贡献绵薄之力。

北京大学出版社

经济与管理图书事业部

目　录

第一章

导　　论

本章要点

1. 人生是一个过程，它不可重复。在这个过程中，每个人都有追求职业成功与生活幸福的权利与期望，因而职业生涯规划对于走好人生每一步的重要性便尤为凸显。有了职业目标的指导，个体方能在职业生涯发展的道路上少走弯路。然而职业生涯不仅仅是规划就可以完成的，它还需要在实践中不断调适与完善，从而向着最终梦想不断前进。

2. 20—30岁的年龄阶段，对一个人将来的职业生涯起着毋庸置疑的关键作用，而当今这个阶段的大多数年轻人，往往处于选择与被选择的焦虑之中，对于职业发展有些"迷茫"。此时个体应当正视"自我"，不断自我强化与成长，既要仰望星空又要脚踏实地，结合职业生涯规划调整自我，提升职业化与社会化水平，激发自我管理意识与能力，找到符合个性特质、组织特征以及我国现阶段经济社会发展特点及规律的工作和生活的均衡点。

3. 职业生涯规划是一个系统，大致包括自我与职业、组织与职业、环境与职业三个相互作用的层面。从职业生涯管理的角度来看，职业生涯规划系统由自我管理、组织管理和公共管理三个部分组成，其中自我管理是基础。从个人成长历程的角度来看，职业生涯规划是一个动态的过程，人生的长度与事业的高度离不开自我、组织与环境的相互作用。个体需要通过不断的自我认识与调整，才能够使职业在生命进程中步步高升并持续发展。

第一节　职业人生难以规划,但不可不规划

一、每个人都有追求成功和幸福的权利

案例 1-1　　钱学森的职业与人生

著名科学家钱学森(1911—2009),是我国航天事业的奠基人,在科学领域做出了令人瞩目的贡献。钱学森不仅在事业上取得了巨大成就,而且夫妻相敬如宾、家庭和睦,堪称楷模,家庭生活与职业的平衡及促进关系在钱老的身上体现得淋漓尽致。

图 1-1　钱学森的全家福(后排左二为钱学森)

钱学森的父亲钱均夫(1880—1969)长期从事教育工作,为人忠厚,守正务实,富于爱国心;他国学功底深厚,并有广泛的爱好,博学多才且谦恭自守。他营造了和睦的家庭氛围,加上其酷爱读书与实事求是的精神,这些对钱学森的健康成长起了重要作用。在钱学森幼年的知识启蒙中,他的父亲钱均夫为他开启了人生与智慧之窗,养成了他勤勉、认真与负责的品德。

钱均夫对钱学森的管教非常严格而又得法,从小就培养他良好的学习与生活习惯。每天按时起床、就寝,按时复习功课和休息;出门上学必须衣着整洁,书包整理得井井有条;回家以后,鞋袜、衣帽、书包放在什么地方,都有一定规矩,不能乱放。这对钱学森后来在科学事业上严谨仔细、井井有条、一丝不苟作风的形成是有一定影响的。

钱学森的母亲章兰娟,是杭州一位富商的女儿,因她的父亲非常欣赏钱均夫的才华,就将她许配给钱均夫。章兰娟性格非常开朗热情,心地善良,聪明过人,计算能力与记忆力很强,具有极高的数学天赋,而且心灵手巧,善针织刺绣。她随手绣出的金丝珍珠鞋,就可以称为巧夺天工的工艺品。这样的女子,在清末可属凤毛麟角。

有人说,推动世界的手,是摇着摇篮的手。一个家庭,哪怕家徒四壁,只要有一位正

直、勤劳、善良、乐观的母亲，这样的家庭就是心灵成长的圣殿与源泉。母亲对孩子的影响力，就像一股永不间断的力量，将伴随孩子的一生。钱学森在回忆他母亲的时候说道："我的母亲是个感情丰富、纯朴而善良的女性，而且是个通过自己的模范行为引导孩子行善事的母亲。母亲每逢带我走在北京大街上，总是对乞讨的行人解囊相助，对家中的仆人也是仁厚相待。母亲的慈爱之心给了我深远的和连绵不断的影响。"章兰娟的一言一行，给了儿子以示范，为他注入了中华民族优秀的传统美德。

钱学森的夫人蒋英出生于1920年9月，她是蒋百里四个女儿中最漂亮、最聪明的一个，蒋英在五岁时从蒋家过继到钱家。钱学森与蒋英以兄妹相称，青梅竹马，两小无猜，成天相随。冬天滚雪球，堆雪人，打雪仗；春节放烟花、鞭炮。春暖花开，钱均夫与两个孩子一起动手制作风筝，然后带到郊外去放。夏天放了暑假，钱学森教蒋英文化，为她补习功课。

在蒋钱两家的一次聚会中，钱学森与蒋英当着他们父母的面，唱起了《燕双飞》，这一曲竟成为他们后来结为伉俪的预言。钱学森和蒋英自幼耳鬓厮磨，亲如兄妹，结下了深深的友情。稍长大，他们彼此敬慕，心心相印，爱情的种子早已深植于心田。钱学森出国的时候，他们难离难舍，可是谁也不曾明言。分别之后的12年，一个在美国，一个在欧洲，期间又发生了第二次世界大战。的确，两个人虽然无书信来往，可是长久的分离，并没有封冻两颗相爱的心灵，相反，加重了他们之间的思念。他们均在无言地等待着对方。

在美国软禁的5年中，钱学森和蒋英更是相濡以沫，其间，蒋英绝大部分时间在与特务斗争与周旋，牺牲了自己最好的艺术年华。为了以后回到祖国还能够继续歌唱，她每日都坚持练声。到夜晚，当孩子们进入梦乡以后，夫妇两人悄悄打开唱机，在贝多芬、莫扎特、海顿的音乐声中去感受生命的不朽，寻找精神的慰藉，得到斗争的勇气，乐观地面对将来。

几十年以来，钱学森夫妇相敬相爱，不仅事业上成就辉煌，而且做人方面堪称楷模。钱学森不止一次对蒋英说："你们搞艺术的人需要灵感，难道搞科学的人只需要数据和公式吗？搞科学的人同样需要灵感，而我的灵感，很多就是从艺术中悟出来的。"所以，尽管钱学森非常忙，他还不时地抽时间参加文艺界的一些会议，谈谈自己的见解，并常为文艺刊物撰稿，比如发表在《文艺研究》上的那篇《灵感是潜思维》，不论是对搞文艺还是对搞科学的人而言，都是一篇观点新颖且极具启发性的文章。

钱学森用自己的努力为国家做出了突出贡献，上至古稀老人，下至学生晚辈，无不听过他的名字，他当之无愧地被人们誉为"中国航天之父"。同时，钱学森那颗拳拳爱国之心更为他的职业生涯增添了浓墨重彩的一笔。然而，钱学森职业的成功并非凭空而来，追寻其成功之源可归结为以下几点：① 出身名门，深受原生家庭的正面影响；② 师承名校，接受系统的知识学习；③ 准确定位，将自身理想与社会需要相结合；④ 携手贤妻，共造幸福美满的家庭。每个人都有追求成功和幸福的权利，有人成功，但并不幸福；有人幸福，但并不成功；多数人接受有一份职业、容忍事业不一定特别成功，但不接受自己和家庭不幸福。钱老，无疑是家庭和事业的双赢者。比起钱老，被誉为"中国古典文化的传灯人"的迦陵先生大半生都在颠沛流离，未能合家团聚，但她追求内心的平静与丰盈，终生与古诗词为伴,诗意地生活着,饱受苦难却笑傲人间。

案例 1-2　叶嘉莹:一生与诗词恋爱

叶嘉莹,号迦陵。1924 年出生于北京,1945 年毕业于辅仁大学国文系,1991 年当选为加拿大皇家学会院士,1993 年受邀担任南开大学中华古典文化研究所所长。

叶嘉莹是蜚声中外的学者,且不说诗词创作、理论研究,只论教书育人这一项,教了 70 年书的她,培养出无数人才,如今 90 岁高龄仍站在讲台之上,在传播中国文化方面功不可没。

1. "新知识、旧道德"的启蒙教育

台湾诗人痖弦形容叶嘉莹"意暖而神寒",是"空谷幽兰一般的人物"。这种气质的形成,和叶嘉莹从小所受的教育不无关系。她出生在北京的一个大家族,本姓叶赫那拉,祖上是蒙古裔的满族人。叶嘉莹的父母对她采取的是"新知识、旧道德"的家庭教育,虽然准许她去学校读书,但生活上对她约束极严。她被关在四合院里长大,甚少与外界接触。封闭的庭院,在她眼里却是一个自足的小世界,窗前的修竹、阶下的菊花,都成了她即景生情吟咏的对象,也让她自小养成了内向文静、幽微深远的性格。

父亲教叶嘉莹认字读书,开蒙的第一本教材就是《论语》。圣贤之书让她相信,宇宙之间自有一种属"灵"的东西存在,当人生困厄降临时,便多了应对的力量。读初中二年级时,北京被日本人占领,叶嘉莹整年吃不到白米白面,只能吃一种混合面。"酸酸臭臭的,又干又粗糙的渣滓,老舍《四世同堂》里,祁老先生的曾孙女宁愿饿死也不吃。"但是叶嘉莹没有怨言,拌上最咸的酱吃下去。

1941 年,叶嘉莹才 17 岁,父亲远在后方,失去音讯,母亲忧思成疾去世,身为家中长女,她还要照顾两个年幼的弟弟。幸而当时有伯父伯母的关照,她的学业并没有中断,还如愿考上了辅仁大学。精于古典文学的伯父十分欣赏她的天分,并引导她走上诗词创作、研究的道路。另一个对她产生终生影响的人,是她在辅仁大学的恩师顾随先生。叶嘉莹至今保存着老师当年写给她的信。老师希望叶嘉莹能够青出于蓝而胜于蓝,"别有开发,能自建树"。

2. 风雨逼人一世来

叶嘉莹曾说,她的一生都不是自己的选择,从来都是命运把她推往何处就是何处。"让念书,也就念了。毕业后让教中学,也就教了。一位老师欣赏我,把他弟弟介绍给我,后来也就结了婚。"

刚开始教书时,生活清苦。冬天,叶嘉莹里面穿着大棉袄,外面穿一件布做的长衫。因为骑车,天长日久,衣服的后面磨破了,她就打着个大补丁去上课。《论语》中说过:"士志于道,而耻恶衣恶食者,未足与议也。""士"之所以与众不同,是因为"无恒产而有恒心",即便一无所有,内心仍保有高洁的品德和操守。

叶嘉莹的丈夫是国民党海军教官,婚后不久,她就跟着丈夫去了南方,1948 年又随国民党撤退到台湾。1949 年年末,他们的大女儿才 4 个月,台湾的白色恐怖弥漫开来,丈夫因被怀疑是"匪谍"而被抓。不久后,叶嘉莹任教的中学,从校长到老师都被认为有思想问题，全部被审查。叶嘉莹没了工作，只好投奔丈夫的姐姐。夜里，在主人家的走廊上铺个地铺；中午，为了避免孩子打扰主人午休，叶嘉莹不得不出门，在烈日之下抱着女儿在树荫底下徘徊。

3 年后丈夫出狱，性情却大变，经常不可理喻地暴怒，妻子成了他首当其冲的发泄对象。本来，生活的重担已把叶嘉莹压得透不过气，丈夫又加重了她的身心负担。她经常噩梦连连，近乎窒息，甚至有过轻生的念头。在绝望中，她只有"把自己一部分的精神感情完全杀死，才有勇气生存下来"。

后来，经师友介绍，叶嘉莹到淡江、辅仁、台大 3 所大学任教。生下小女儿后，她没能好好休养，身体不堪重负，又染上哮喘，每天下课回家，都会感到胸部隐隐作痛，身体似已被掏空。但王安石的一首诗给了叶嘉莹一抹光亮：风吹瓦堕屋，正打破我头。瓦亦自破碎，匪独我血流。众生造众业，各有一机抽，世莫嗔此瓦，此瓦不自由。

3. 以悲观之心情过乐观之生活

由于出色的教学成就，叶嘉莹的名声散播开来，她获得了台湾大学的教授职位。1966 年，叶嘉莹受邀赴美国密歇根大学及哈佛大学讲学，后又接受了加拿大不列颠哥伦比亚大学的聘请，在温哥华定居下来。

在拿到学校的终身聘书后，叶嘉莹以为自此就能安稳度日了，不料却再生变故。1976 年，她的大女儿和女婿遭遇车祸，双双亡故。她强忍着悲痛为女儿女婿料理完后事，把自己关在家里，拒绝接触外面的一切。在这期间，她写下了 10 首《哭女诗》。

诗词不仅帮助叶嘉莹排解悲痛，更给予她走出这种生死劫难的力量。1977 年，她终于有机会回到阔别已久的祖国。在火车上看到有年轻人捧读《唐诗三百首》，她觉得，尽管这个民族历经劫难，但诗歌的灵魂未死。叶嘉莹重新燃起了内心的激情，决定回国。

从 1979 年开始，叶嘉莹每年自费回国，在各地高校讲授诗词。课堂上反响热烈，连叶嘉莹自己也完全沉浸其中了。"白昼谈诗夜讲词，诸生与我共成痴。"经原辅仁大学外文系教师李霁野介绍，她来到南开大学，就此与南开结下深深的情缘。到了快退休的年纪，叶嘉莹却用讲学把生命填得满满的，她想起老师顾随先生说过的话："一个人要以无生之觉悟为有生之事业，以悲观之心情过乐观之生活。"重新焕发的热情，让她抛却了"小我"的狭隘和无常。

4. 诗歌使人心不死

叶嘉莹写过："书生报国成何计，难忘诗骚李杜魂。"对她来说，"报国"最重要的方式就是教书育人。讲课时，不管学生是初中生还是研究者，她一定尽己所能，把古典诗词的好处讲出来。对她来说，这不仅是对不对得起学生的事，更是"对不对得起杜甫、辛弃疾"的事情。

2013 年之前，叶嘉莹几乎每年都要在北美和中国之间来回奔波。不过早在 11 年前，叶嘉莹就受邀担任南开大学中华古典文化研究所所长。不久前，有热爱中国诗词的友人听说她今后将定居南开，决定捐资，与南开合作为她兴建了一栋集科研、办公、教学、生活于一体的小楼，定名为"迦陵学舍"。

晚年的叶嘉莹将传承古典文化作为自己的责任。在她看来，"人生总有一天会像燃烧的火柴一样化为灰烬，如果让这有限的生命之火为点燃其他木柴而继续燃烧，这火种就会长久地流传下去,所以古人常说'薪尽火传'。有人曾劝我,年纪慢慢大了,该多写点书,少教些课。这话也有道理,可是当面的传达才更富有感发的生命力。如果到了那么一天,我愿意我的生命结束在讲台上……”

叶嘉莹说人生最大的困难,是找到意义和价值。这难题,她早已解开。

少年丧母,中年丧失感情和婚姻,晚年丧女,叶嘉莹的一生,是不幸的一生。但她说:“我的人生不幸,一生命运多舛,但从诗词里,我就能得到慰藉和力量,有了诗词,便有了一切。”她将诗词视为事业,视为一切。诚然,家庭的不幸带给她诸多苦痛,但于诗词的世界,她的内心是满足的,她无疑是幸福的。

二、理想、实干与沟通,三者脱节就会迷茫

理想是人的精神现象,是人对未来的探索、向往和追求,即人类不断向未来迈进的动力。它不仅是我们生命的组成部分,而且也是生命存在的价值和意义所在。理想是人生航程的灯塔,是我们人生奋斗的目标,指引着人生前进的方向,只要我们矢志不渝地向着这个方向前进,总有一天能达到成功的彼岸。古往今来,凡是有作为的人,无不重视理想的作用,他们在青少年时代就确立远大的意志方向,如果一个人没有理想,就如同在大海航行的船儿失去了罗盘,可想而知,前途将是一片迷茫。高尔基说过:一个人追求的目标越高,他的才能在发挥过程中对社会就越有益。对于当代的大学生,理想尤为重要。在大学阶段,“学什么”“走什么路”“做什么人”的问题是我们在学习生活中会时时面对的人生课题,只有树立起高尚的理想信念,才能够很好地解答这一重要人生课题。一个人只有勇于想象,才可能勇于追梦。若无梦可做,又谈何追呢?

每个人都有自己的理想,它或大或小,可能不切实际,也可能切实可行。实现梦想靠什么?靠的是实干!习近平总书记语重心长地指出:“空谈误国,实干兴邦。”实干,作为态度,是指要实事求是,说实话、办实事,踏踏实实地干,不投机取巧,不懒惰懈怠,不脱离实际,不半途而废,要干就干到最后、干到最好。人们自古就崇尚实干,流传已久的愚公移山精神、焦裕禄精神、红旗渠精神等,都是实干精神。我们的先辈披荆斩棘,刻苦实干,为我们展示的是一幅幅实干兴邦的历史画卷。对于大学生来说,实干尤为重要,光有远大的志向是不够的,在明确自己目标的同时打好扎实的基本功,忌眼高手低,好高骛远。实干是一种值得且必须培养的精神,树立了理想,必须为理想的实现做好准备与铺垫。前任国务院总理温家宝曾在北京大学与学子们共度五四青年节时提到“仰望星空与脚踏实地”,二者相辅相成。道虽迩,不行不至;事虽小,不为不成。无论多么宏大的想法,一旦脱离实干,必将成为空话。

人类是群居动物,在社会关系网的建立过程中沟通是必不可少的。当然,沟通包括很多方面:与人沟通,与己沟通,与事沟通,与时间沟通。沟通是人生的必修课,只有将这门课程修好,才可能让自己的人生得个高分。与人沟通——彼此了解内心真正的想法,增进感情,消除误解,还可以学会换位思考,相互体谅;与己沟通——学会内省,了解自己真正想要什么,不被世俗诱惑而迷失了方向,坚守内心,执着坚毅;与事沟通——人生在世不如意者十之八九,学会如何处理不同的事情,通过沟通让事情朝着自己想要的方向

发展，如若不行，则调整好自己的心态；与时间沟通——成长是时间的函数，做好时间管理，合理利用时间碎片，不断充实自己，沉淀自己。人生就是实干、想象与沟通不断交叉融合的过程，三者缺一不可。

案例 1-3　梁思成：与建筑结缘

梁思成，梁启超之长子，建筑大师，中国古建筑研究领域的著名学者，是中华人民共和国成立后致力于保护古建筑的旗帜性人物。他 11 岁由日本回到北京，14 岁进清华学校（清华大学前身，这是一所留学美国的预备学校）。1924 年，梁思成赴美国宾夕法尼亚大学学习建筑，他刻苦好学，尤其对西方文化和建筑历史有特殊爱好，获学士学位。他说自己是用“笨功夫”到图书馆博览群书，研究古代历史，参观古代文物，把著名古建筑一个个默画下来。

梁思成认为，研究不能只停留在对建筑物表面上的赞扬和发思古之幽情上，而必须采取科学的方法去剖析这份遗产，去探索其中的奥秘。因此，一开始他就把近代的科学方法应用到研究中国古代建筑上。他说：中国古代建筑在文献上记载很多，但不经过实地调查，即使读破万卷书，仍只能得隐约之印象及美丽之辞藻而终不得建筑物的真正印象。

1931 年，九一八事变，日本帝国主义侵占东北，梁思成举家迁到北平，他参加了中国营造学社，这是专门从事对中国古代建筑研究的学术机构，他担任法式部主任，从此投入了中国古代建筑的研究。一开始梁思成就把近代的科学方法应用到研究中国古代建筑上，他明确提出：“近代学者治学之道，首重证据，以实物为理论之后盾，俗语所谓‘百闻不如一见’，适合科学方法。”所以，他坚持研究古代建筑首先必须进行实地的调查测绘。选择北京故宫为目标，因为这是目前留存最大量的明、清两代古代建筑的代表。他手执清代朝廷公布的《工部工程作法则例》，对着实物，从整体到局部，一一逐个辨识、测量、记录。他求教老工匠，在他们帮助下逐渐弄清了清代建筑的结构与形制，这如同跨入了门槛，为扩大调研范围创造了条件。

20 世纪 30 年代的华北地区，百姓生活极端困苦，梁思成每次外出调查都要经受不少工作和生活上的困难。1932 年，他去河北宝坻县，如今只需 3 小时的汽车行程，那时却要 8、9 小时。途中过箭杆河土桥，乘客都要下车涉水过河，让汽车空车过桥；一路在泥泞中颠簸，左右摇晃，倾斜 30 度；下车还要换乘骡车到县城，然后身带几十斤重的仪器等用品，步行几十里才能到达山中寺庙。当时不少县城，也十分破旧与贫困，找不到一家干净的旅店可以住宿，在贫穷的雁北地区，甚至买不到白面做的主食。有时住在庙中，白天与和尚吃素斋，晚上与蚊子、虱子为伍，有一次住在正定隆兴寺附近的小学校内，晚上冻得只好把报纸压在薄被上以御寒冷。

就是在这样的生活条件下，梁思成对测绘工作的要求仍坚持一丝不苟。对建筑从整体到细部，都要详细绘图测量；对各种构造、装饰，由里到外，从正面到侧面都要摄影记录；对所有碑文、史料都抄录无误。他和助手们经常爬上梁架，手按几十年的积尘，佝偻身体，俯仰细量，唯恐探测不周。那时室内摄影还依靠现场点燃镁粉闪光，每当镁粉一亮，躲藏在梁架间的成群蝙蝠见光振翼惊飞，扬出难耐的秽气。他们有时心中还惦记时局的变幻，担心日寇会随时侵占华北，为了抢时间，往往一天连续工作十几个小时。1934年，在调查应县木塔时，为了摄取塔顶照片，梁思成登上60多米高的塔顶，手抱铁链，两脚悬空地攀登塔刹，去丈量尺寸；又退到塔顶边缘去拍摄塔刹的全景，助手们都为他捏一把汗，终于摄取了宝贵的资料。梁思成后来回忆说：当时也忘了害怕，要是再后退几步，真要“一失足成千古恨了”。

1937年，抗日战争开始，梁思成收到日方主办的“东亚共荣协会”的请柬，邀他出席会议，他坚决不与侵略者同流合污，立即带领全家长途跋涉，于1938年1月到达昆明，1939年又搬到四川省南溪县李庄。这时，营造学社的经费来源断绝，有时连工资也发不出。梁思成的妻子林徽因患了严重肺病，长年卧床不起，他自己也得了脊椎软组织硬化症，行动极为不便，全家陷入了贫病交加的境地。当时美国有好几处学校和机构邀请梁思成全家去美国工作和治病，但他表示“国难当头，绝不离开祖国”。在极端困难的条件下，在近两年的时间里，梁思成与营造学社同人先后到过50余座城市，调查了建筑、崖墓、汉阙、石刻等古迹800余处。

1932—1941年的10年间，梁思成和营造学社的同人一共调查了2 700多处古建筑，足迹遍及190个县、市，自宫殿、寺庙、石窟到园林、民居，从唐代古建到清代建筑，给研究中国建筑发展史提供了充足的资料，梁思成正是根据这些丰富的资料，于1942年开始撰写《中国建筑史》。在妻子林徽因和莫宗江、卢绳等人的协助下，一部由中国人自己编写的《中国古代建筑史》终于在抗日时期西南后方的小山庄里完成了。

梁思成兴趣爱好广泛，在众多选择中将建筑作为自己的理想目标，留美期间系统地学习了建筑学知识，打下了良好的理论基础，这是他的理想。毕业后，他将全部心力投入中国的古建筑研究，纵使条件艰苦，战火飘摇仍未放弃，这是他的实干。当然在这过程中，他也有过困惑，有过迷茫，他在宾夕法尼亚大学留学时经常与父亲梁启超通信，讲述自己的想法，梁启超会给他提供一些建议。当然，与他一同留学的林徽因也给予他一定程度的帮助。可见，与他人沟通有利于认知真正的自己。

如果说理想是成熟的果实，那么实干就是播撒的种子，而沟通是化肥。因为有播种的种子，不断耕耘，再加上化肥的催化才可能长出果实。同样，远大的理想因为有实干作为底基，有过程中的沟通护航，才能最终实现。邓小平的政治生涯可谓是三落三起，在第三次身处低谷时，他仍没有放弃，而是反思自己的思想和行为，保持与主要领导的通信往来，并在通信中表明自己正确的政治态度和倾向，为自己的复出赢得了机会。在之后的政治工作中，他更是大胆地提出“一国两制”的设想，并通过不断的努力使其成为现实，香港和澳门的回归便是最好的证明。由此可见，实干、想象与沟通三者环环相扣，一方脱节皆可令人陷入迷茫。

三、职业不同阶段的重点

对于个体发展而言，美国学者格林·豪斯(Green House)依据不同年龄阶段职业发展的不同任务，将职业生涯发展分为职业准备、进入组织、职业生涯初期、职业生涯中期和职业生涯后期五个阶段，在各个职业生涯阶段中个体不断进行自我认知并做好角色扮演；对于大学生而言，笔者认为可以将职业生涯分为职业准备期、职业选择期和职业过程中三个阶段，大学生需要根据各个阶段的重点不断调适自我，以达到适应职场生存并实现最终理想的目的。

（一）职业准备期：寻求“思想、方法、行动”的三位一体

职业准备的时段，囊括了大学、中学乃至更早。职业准备不是一句空话，它需要自己对职业生涯的正确理解，需要化梦想为现实的具体可行的高效方法，需要“心动不如行动”的执行实践。这是因为在大学生涯与职业生涯相匹配的过程中，不可避免地会受到时间、精力和观念的限制，从而矛盾重重。这就需要我们不断地规划和调适，包括思想上的指引（自我认知）、方法上的取舍（路径选择）及行动上的验证（不断实践），也就是“思想、方法、行动”的三位一体。

首先是思想层面。中国历史上思想活跃的三个重要时期是春秋战国（前770—前221）、三国时期（220—280）及民国时期（1912—1949）。这些时期产生了众多的思想家，他们对中国文化的形成和发展具有重要的影响。而今，自主创新是摆在国人面前的难题。为什么缺少自主创新？关键在于缺乏创新思想。这里的思想，包括看问题的方式、思维习惯、知识储备、语言概括及逻辑体系等。思想既与思维方式、个人兴趣等先天因素有关，也与视野开阔度、阅历丰富度、知识面宽度等后天因素密不可分。因此，大学生和职场新人可以通过阅读哲学、历史、宗教等书籍扩展自己的知识面，通过到国内外旅游、深入农村和贫困地区调研以及参与社会实践，来拓宽自己的视野、丰富自己的阅历，并不断训练自己的思维能力，进而做一个有思想、有品位的人。

其次是方法层面。方法是表达思想的工具，仅有思想而缺少适宜的表达工具，无异于“茶壶里煮饺子，有口倒不出”。方法包括做人与做事等方面。除专业性的方法，笔者认为“听、说、写”是任何专业的大学生或职场人士都需要掌握的基础性方法。通过一定时间的训练，这些基本技能都是可以提高的。

最后是行动层面。如果确定了自己的兴趣，也了解自己今后大致的发展方向，那么接下来就要脚踏实地地为以后的发展储备知识和学习技能。很多中国留学生高分通过各类英语考试，但是到国外上课时却很难听懂课程内容，和外国同学交流就更加困难，这就是实践环节出了问题。行动层面是广义的，除了在实践中去理解课本知识，还要在行动中去认识自我、认识组织、认识环境，等等。

（二）职业选择期：处理好“我想”“我能”与“社会需要”的关系

职业选择是职业生涯发展的关键一步，每个人都应该仔细思考自己想做什么、自己能做什么、自己能给社会做什么这三个问题。

“我想”即兴趣。喜欢做，才能够持久。如果一个人所从事的工作并不是他所喜欢的，那么他就享受不到工作所带来的乐趣，体会不到自己创造价值的乐趣。这样的工作对他没有吸引力，也不能带给他满足感，因而也定然不会持久。“我能”是能力，能力帮助我们了解自己在一个领域里的表现能达到何种程度。认识到自己有所能、有所不能，会让我们对自己的未来有正确的预期。“社会需要”则是指客观环境。个体在社会中工作

和生活,社会的需要直接影响着个体的职业选择。对职场新人来说,能更好地掌握社会需求的走向,当然能掌握的机会也就相对地提高。

我们都听过叶公好龙的故事,口口声声宣称自己非常爱龙的叶公见了真龙却甚为恐慌;生活中的我们是不是也有类似的经验——一直以为是自己“喜欢”的,没想到实际接触并深入了解之后,蓦然发现过去所喜欢的只是一个被社会大众口耳相传所构建出来的“假象”,自己面对该经验的最真实感受恐怕离喜欢甚为遥远,但却常常囿于社会的价值偏好而逃脱不出假象的樊笼。

因此,世间的人和事物经常必须等到亲身体验或相处、接触之后,细细体会自己真实的“感觉”,才能判断“喜欢”的深浅。至于尚无缘接触到的人和事物是很难判断喜欢与否的。轻率做出喜欢与否的判断,所依据的通常只是社会的价值偏好,所判断的也只是假象而已。

“我想”贵在真实不虚,“我能”贵在合理客观,“社会需要”贵在自我实现。想清楚这三个问题之后,就可以综合考虑个人价值及社会价值(我想),自己的能力、专长和限制(我能),包括政治、经济、社会在内的环境因素(社会需要)并结合自身面临的机会和挑战、优势和不足,做出最佳的职业选择。

(三)职业过程中:不断调适,努力把自己的目标变成别人的需求

在职场历练过程中,只有提高思想和洞察力,才有可能明确自己的目标,找到对方的需求,并将两者巧妙地结合在一起,四两拨千斤,减少职场上不必要的阻力。

首先,在职场上,要学会把自己的目标变成别人的需求,使自己所说恰为对方想听的,自己所做恰为对方赞许的,这样双方在沟通或者合作过程中更容易获得双赢。人们常常抱怨道,“这个人根本没法沟通”,实际上并不是没法沟通,只是没有找到对方的需求。无论是同一组织的成员还是不同组织的合作者,必定有着共同的目标或期许,因此也必定会找到自己和对方的契合点,这也是为人处世的技巧。

其次,满足别人需求的过程就是自我成长、自我提升和自我实现的过程。随着自身价值的不断提升,目标也要不断优化。个体要不断学习工作领域的新知识,掌握新动态,不断充实和提高自己。同时,也要学会思考,取长补短,使自己成为本行业的专家和能手。当自我提升到一定高度以后,在新的起点上又会有新的目标。如此不断循环反复,最终实现真正的自我价值,创造最大的成就感和满足感。

再次,要拥有一颗“同理心”,将自己的职业诉求与用人单位的组织需求结合起来,站在组织的立场上考虑问题。唯有这样,组织才能够为招聘到合适的人才而欣慰,同时个体也能让自己走上职业发展的康庄大道。

(四)职业人生不同阶段:适时把握关键

身处职业人生的不同阶段,有着不同的目标与追求,确定好方向并为之不懈奋斗,适时把握关键。人生如白驹过隙,过好每个阶段方可无悔来这世间一场。

18 岁敢想敢干,这是个血气方刚的年纪。自信、梦想、拼搏、青春。想办法为梦想搭建一座坚固的桥梁,这就要求我们在设立目标的时候,较具体、可衡量、可行动、符合自己的现实、可在规定的时间内完成。目标在自己的智力、情商水平及雄心壮志可达的视野

内,绝不可空想,好高骛远。

28岁行业聚焦,这是个选择与沉淀的年纪。处理好和专业的关系,处理好工作和专业的关系,到底是走哪一条路?不断了解世界、认知外界,不断研究自己,然后碰撞、试错、打磨、调整,从而达到行业聚焦。

38岁超越官权,这是个反思与自制的年纪。想明白如何为官?不是简单地压制、控制,而是调动大家的积极性,与大家共同进步。无论从政抑或经商,官场商场皆如战场,看清楚后方可知自己是否合适,把控自己,不浮于物;坚守内心,不为欲望所诱。

48岁超越物质,这是个舍得的年纪。某些东西要看淡,问问自己追求的到底是什么;当然,良好的物质保障是前提,懂得知足和感恩,才能不吃贪婪的苦。

58岁信仰自由,这是个追求的年纪。有了信仰,就好像生命有了一种声音,在关键时刻,指引自己究竟该如何做。

68岁活动自由,这是个收获的年纪。年轻时的拼搏换来现在的生活,能够出去旅游,看看世界,做着自己喜欢的事情,培养自己的爱好兴趣,比如跳广场舞、练毛笔字等。

78岁生命自由,这是个放松的年纪。儿女们都已长大无须忧心,注重身体健康,保持愉悦心情,在日常生活中寻找乐趣。

88岁心境自由,这是个随心的年纪。心怀感恩,心怀善意,拥有平和从容的心态看待万物,一花一世界,一叶一菩提。

98岁人身自由,这是个看开的年纪。人生七十古来稀,活到这个岁数已属不易,此时对世事应看开了,超越自我,从而进入一个新的境界。

第二节 职业生涯规划系统

职业生涯规划是一个系统,大致包括自我与职业、组织与职业、环境与职业三个相互作用的层面。从一个人职业生涯管理的角度来看,职业生涯规划系统又必须由自我管理、组织管理和公共管理三个部分组成。自我管理是基础,职业生涯首先是个人的事情,自己的职业需要自己负责任,因为对自己而言重要的事,对别人未必重要;其次,组织管理必不可少,各类组织是员工工作的场所,组织应该对员工承担责任;最后,在市场竞争和利益驱使下,不排除某些组织有损害员工利益的行为,或者忽视对员工进行组织管理。在"组织失效"的情况下,就需要有一种外在的强制力量,约束、监督和促进组织对员工的职业发展,即公共管理。从一个人成长的历程来看,职业生涯规划经历了从原生家庭到学校再到职场的过程。人的一生是有限的,但是如何在有限的时间内达到理想的事业高度,有赖于自我的反思与成长。职业生涯规划系统的有效运转,依赖于自我管理的基础性作用。

一、基本概念

如果把人生比作一场戏剧,那么职场就是一个重要的舞台。选择一种职业就确定了一个人承担的社会角色,职业选择合适与否、职业环境适应与否直接关系到个人职业生涯的成功与否。

（一）职业

职业是人类社会分工的结果，随着社会的发展，生产力水平在科学技术的推动下越来越高，社会分工越来越精细，职业的类别和内部构成、外部关系也随之越来越丰富，对职业概念的界定、所涉及的内涵也越来越广泛。

在现实生活中，人们总是要在一定的工作岗位上实现就业，但人们对“职业”一词却有着不同的理解。有人认为，职业就是工作，如医生、教师、法官等；有人认为，职业是一种生活来源；也有人认为，职业是一种等级身份。

日本社会学家尾高帮雄认为，职业是某种特定的社会分工或社会角色的持续的实现，因此职业包括工作、工作的场所和地位；并指出：“职业是社会与个人，或整体与个体的结节点：整体靠个体通过职业活动来实现，个体则通过职业活动对整体的存在和发展做出贡献。”①

英国学者迈克尔・曼（Michael Mann）在其主编的《国际社会学百科全书》中提出：“职业乃是作为具有自我利益的职业群体在分工中力图保护和维持其垄断领域而运用的工具。国家通过对某一职业群体的社会承认和对其职业地位的法律有效性的认可，直接介入和成就了职业领域。”

美国学者泰勒（Taylor）在其著作《职业社会学》一书中指出：“职业的社会学概念，可以解释为一套成为模式的与特殊工作经验有关的人群关系。这种成为模式的工作关系的整合，促进了职业结构的发展和职业意识形态的显现。”

分析众多社会学家对职业的界定，可以发现社会学的职业含义包括以下四方面的内容：

(1) 职业是社会分工体系中的一种社会位置。这种位置一般不是继承性的，而是获得性的。

(2) 职业是已经成为模式并与专门工作相关的人群关系和社会关系，或者说已成为模式的工作关系的结合，它是从事某种相同工作内容的职业群体。

(3) 职业同权力和利益紧密相连。它拥有垄断权和经济收益权。

(4) 职业是国家确定和认可的。任何一种职业的产生，必定为社会所承认，为国家的职业管理部门所认可，并具有相应的职业标准。

而经济学上的职业概念与社会学上的定义存在一定的差异。

美国学者舒尔兹（Schultz）在其撰写的《社会科学百科全书》中认为：职业是一个人为了不断取得个人收入（最低层次是维持生计）而连续从事的、具有市场价值的特殊活动；也可以说是同时实现社会联系和自我实现而进行的持续的活动方式。

日本劳动问题专家保谷六郎认为：职业是有劳动能力的人为了生活所得而发挥个人能力，向社会做贡献而连续从事的活动。

中国有学者认为：职业是指人们从事的相对稳定的、有收入的、专门类别的工作。职业是劳动者足够稳定地从事某项有酬工作而获得的劳动角色。

---

① 张再生主编：《职业生涯管理》，经济管理出版社 1999 年版。

经济学意义上的职业，同劳动的精细分工紧密相连。劳动者相对稳定地担当某项具体的社会劳动分工，或者较稳定地从事某类专门的社会工作，并从中获取收入，那么这种社会工作便是劳动者的职业。可见，经济学的职业概念有其特定的内涵，主要包括四方面内容：

（1）职业是社会分工体系中劳动者所获得的一种劳动角色。职业根源于社会分工，它赋予劳动者以不同的工作内容、不同的职责、不同的声誉和社会地位，以及不同的劳动规范和行为模式。

（2）职业是一种社会性的活动，具有社会性。职业是劳动者所进行的社会生产或社会工作，均为他人所必需并为国家所认可。所以，职业是社会的职业。

（3）职业具有连续性和稳定性。劳动者连续、不间断地从事某种社会工作，这种工作才能成为劳动者的职业；或者相对稳定地从事某项工作的劳动者，才称其为该职业的劳动者。

（4）职业具有经济性。劳动者从事某项职业，必定要从中取得经济收入。

（二）职业生涯

某位企业家曾经如此形容到：职业生涯就像一场体育比赛，有初赛、复赛、决赛。初赛的时候大家都刚刚进入社会，大多数都是实力一般的人，这时候努力一点、认真一点很快就能脱颖而出，于是有的人二十多岁做了经理，有的人迟些也终于赢得了初赛，三十多岁成了经理。然后是复赛，能参加复赛的都是赢得初赛的，每个人都有些能耐，在聪明才智上都不成问题，这个时候再想胜出就不那么容易了，单靠一点点努力和认真还不够，要有很强的坚忍精神，要懂得靠团队的力量，要懂得收服人心，要有长远的眼光。

上述观点道出了职业生涯的部分实质。不同人的职业生涯历程存在着明显的差异，有的人终生以一种职业为业，有的人一生中会转换几种职业。无论如何，一旦进入职业角色，个人的职业生涯便开始了，并且随着时间的流逝而延续。那么到底什么是职业生涯？

“生涯”的英文“career”，从字源看，来自罗马文“viacarraria”及拉丁文“carras”，二者的含义均指古代的战车。在希腊，“carras”这个字蕴涵竞赛的精神，最早常用作动词，如驾驭赛马，后来又引申为道路，即人生的发展道路，又可指人或事物所经历的途径，或指个人一生的发展过程，也指个人一生中所扮演的系列角色与职位。

美国著名职业问题专家唐纳德·E.舒伯(Donald E. Super)认为“职业生涯指一个人终生经历的所有职位的整体历程”，后来他又进一步指出：“职业生涯是生活中各种事件的演进方向和历程，是统合人一生中的各种职业和生活角色，由此表现出个人独特的自我发展型；它也是人自青春期开始到退休之后，一连串有酬或无酬职位的综合，甚至包括了副业、家庭和公民的角色。”①

台湾学者林幸台指出：“职业生涯包括个人一生中所从事的工作，以及其担任的职务、角色，同时也涉及其他非工作或非职业的活动，即个人生活中衣食住行娱乐各方面的

---

① Super, D. E., “Career Education and the Meaning of Work”, *Monograph on Career Education*, Washington, DC: The Office of Career Education, U. S. Office of Education, 1976.

活动与经验。”[①]

社会学家麦克·法兰德(McFarland)指出：“职业生涯是指一个人根据理想的长期目标，所形成的一系列工作选择，以及相关的教育和训练活动，是有计划的发展历程。职业生涯也是个人一生职业、社会与人际关系的总称，即个人终身发展的历程。”

综合不同学者对职业生涯的不同理解，可以总结出职业生涯的基本含义，包括四个方面：

（1）职业生涯只是表示一个人一生中在各种职业岗位上所度过的整个经历，并不含有成功与失败的含义，也没有进步快慢的含义。

（2）职业生涯由行为、活动与态度、价值两方面组成。要充分了解一个人的职业生涯，必须要从客观和主观两方面理解：表示职业生涯客观特征的概念是“外职业生涯”，指一个人在工作时期进行的各种活动和表现的各种举止行为的连续体；“内职业生涯”则表示职业生涯的主观特征，涉及一个人的价值观、态度、需要、动机、气质、能力、发展取向等。

（3）职业生涯是一种过程，是一生中所有的与工作相关的连续经历，而不仅仅是指一个工作阶段。

（4）职业生涯受各方面因素的影响。例如，本人对终生职业生涯的设想与计划、家庭中父母的意见与配偶的支持、组织的需要与人事计划以及社会环境的变化等都会对职业生涯有所影响。因此，职业生涯在一定程度上可以认为是多方面因素相互作用的结果。

（三）职业生涯规划

一般而言，职业生涯规划是指个人通过和组织相结合，对个人职业生涯的主客观条件进行测定、分析、研究和总结，尤其是在对自己的兴趣、能力、性格、特长、价值观、优势及不足等各方面进行综合分析的基础上，确定最佳的职业奋斗目标，并为实现这一目标做出行之有效的安排。例如，做出个人职业的近期和远景规划、职业定位、阶段目标、路径设计、评估与行动方案等一系列计划与行动。

职业生涯规划的顺利开展必须以个体在组织中扮演合适的角色并适合当前的环境为基础。本书强调自我、组织、环境对职业生涯的影响，其影响既有偶然性也有必然性，三个层面相互交织，进一步增强了职业生涯的复杂性。对于自我、组织和环境，个体要怀着敬畏的心态去认知、了解并接纳，而不是否定、批判甚至急于改变（例如，生理层面的自我是难以改变的）。个体唯有在学习中提高、在肯定中成长、在适应中有所改变，才能做到必然性与主观性、适应性与创新性的相对统一，从而服务于自身职业生涯的发展、环境的优化和社会的进步。需要指出的是，职业规划离不开实践，没有实践的规划只能是空谈。在规划实施的过程中，职场商数、情绪商数和道德商数的影响非常重要。

---

① 林幸台主编：《生计辅导的理论与实施》，五南图书出版公司1989年版。

案例 1-4 三个工人

三个工人在砌一堵墙。

有人过来问:“你们在干什么?”

第一个人没好气地说:“没看见吗? 砌墙。”

第二人抬头笑了笑,说:“我们在盖一幢高楼。”

第三人边干边哼着歌曲,他的笑容很灿烂开心:“我们正在建设一个新城市。”

10 年后,第一个人在另一个工地砌墙;第二个人坐在办公室中画图纸,他成了工程师;第三个人呢,是前两个人的老板。

由以上案例我们可以得出,没有职业的梦想,就没有事业的成功,手头上的小工作其实正是大事业的开始。凡事预则立,不预则废。每个人必须培养设计职业生涯的意识。

职业生涯规划既包括个人对自己进行的个体生涯规划,也包括企业对员工进行的职业规划管理体系。对个人而言,职业生涯规划使个人在职业起步阶段成功就业,在职业发展阶段渡过瓶颈期;对企业而言,良好的职业生涯管理体系可以充分发掘员工的潜能,给优秀员工以明确而具体的职业发展引导,从而从人力资本增值的角度达成企业价值最大化。而对于大学生来说,离开校园进入社会所面对的是一个崭新的世界,个人的言行对职业的发展甚至一生都可能产生不可估量的影响。因此,及时规划自己的职业生涯就显得尤为重要。

一般来说,职业生涯规划大体可分为日规划、短期规划、长期规划三类,三者相互联系,相互支持,保证了个体职业生涯的整体性。“今日事今日毕”体现的是一种职业素养,良好的职业素养是短期规划和长期规划的基础;短期规划是由若干个日规划构成的,也许是一年、两年或三五年;但如果仅局限于短期规划不可能有长远的发展,而长期规划更多地体现在对自己整个生涯的规划,它引领着我们人生的努力方向,制约并指导着我们的行动。

大学生在职场中既要埋头干活,还要抬头看路,正所谓“布局决定结局”。人不仅是一个社会人,一个家庭人,一个职场人,在一定程度上更是一个自我的人。个体在人生中需要扮演多重角色,但想在一个时间范围内同时扮演好多个角色是有困难的。人生是一个过程,既要欣赏过程中的风景,又要有一定高度和境界的目标来引领过程。

(四) 人生

人生,一指人出生、人类产生;二指人的一生;三指人的生存和生活,从广义来看,生存是基础,生活是动态发展。所以,人生这一基本词汇词义极其丰富。

陈志岁在《载敬堂集·民说》提道:“人生,人之生态也。人生,即机体与灭生因素斗争之过程,生存、成长、成熟,我胜病害也;伤残、衰废、死亡,病害竞我也。生而有为,彰生也;生而无为,闷生也。为而利民,谓之惠为、荣为;为而妨民,谓之妄为、鄙为。”

其实,每个人对于人生一词都有不同的定义,无谓对与错,境遇阅历不同,感受自然不同。有人说,人生不过是一个人从起点走到终点的距离;也有人说,人生不过就是一部浓缩的电影;更有人说,人生其实就是一个人,从一无所有,到争取,到拥有,再到一无所有的过程。

人生是人类从出生至死亡所经历的过程,在这当中我们必将经历波折坎坷,经历喜怒哀乐,悲欢离合。唯有如此,才是真正的人生。

案例 1-5　褚时健的传奇人生

对于褚时健来说,他的前半生与很多同时代的人有类似的轨迹:出生于一个农民家庭;新中国成立前参过军,打过游击;新中国成立后在政府工作;在政治运动中被打成右派、下放农场;平反之后再度回到工作岗位上。

从 51 岁开始,褚时健的人生进入了一个与同龄人完全不同的道路。这条路前半段有多么光辉,中间就有多么痛苦,而后程则让所有人看到了什么是拼搏精神。他像牛一样开垦着事业,丈量着土地。曾经有人问:"褚老,你希望留给自己的墓志铭是什么?"属兔的褚老缓慢而坚定地回答了五个字:"褚时健,属牛。"

当年 51 岁的褚时健出任玉溪卷烟厂厂长。当时这家工厂只是一家濒临倒闭、负债累累的地区级卷烟厂。接手工厂后不久,改革开放大潮席卷中国,褚时健和他带领的玉溪卷烟厂通过实施引进现代化卷烟设备,把烟田当作企业"第一车间",实行"三合一"管理体制等举措,改革第二年,玉溪卷烟厂就成了中国同行业第一的企业,同时企业也进入了高速发展时期。1988 年,玉溪卷烟厂产量首次突破百万大箱。1990 年,褚时健被授予全国优秀企业家。1991 年,"红塔山"荣获"国优金奖"。1993 年 11 月 28 日,云南红塔山集团有限公司成立。1994 年,褚时健被评为十大改革风云人物。1998 年左右,公司固定资产达 70 亿元,年创利税 200 亿元,创立了价值 332 亿元的中国第一品牌"红塔山",在烟草企业中规模居亚洲第一、世界第五。

给企业带来巨大收益,却由于体制问题没有得到相匹配的回报。一个利税超百亿元的企业,其领导人据说拿着与工人差不多的工资。这种巨大的落差让褚时健犯了其人生中最大的错误。

1995 年,中纪委收到一封举报信,反映河南洛阳个体烟贩勾结烟草公司,通过向褚时健家人行贿取得卷烟指标。褚时健的女儿和老伴儿因此被捕入狱。当年年底,褚时健的女儿在狱中自杀身亡。1996 年 12 月到 1998 年,褚时健被隔离审查。

1999 年 1 月 9 日,云南省高级人民法院的被称为"现代法律文书的典范"的长达 8 000 字的判决书,宣布褚时健因巨额贪污和巨额财产来源不明罪被判处无期徒刑、剥夺政治权利终身。

但无论外界对此案如何有争议,法院的判决是事实。一代中国烟草大王就此陨落,锒铛入狱。当时的褚时健 71 岁。3 年后,褚时健被减刑为有期徒刑 17 年。并于同年因为严重的糖尿病获批保外就医,活动限制在老家一带。

2002 年,褚时健和老伴儿承包了一片 2 400 亩的荒山,种起了橙子,这一年他 74 岁。当时他身无分文,是一位华侨资助了他。当时已经满头银发的褚时健在哀牢山的某座山头开始了二次创业。

随后的日子里，褚时健获得了假释、减刑，并于2011年刑满释放。在保外就医和假释的过程中，褚时健一直扎在家乡的哀牢山上，做一个种橙子的农民。怎么能种好橙子才是74岁以后的褚时健每天考虑的问题，而这一份努力和用心，在市场上得到了回报。2017年，仅褚橙一个单品，产值就达到了2亿元。

刘强东评价褚时健是中国企业家精神的典范。面对挑战和挫折越战越勇，是企业家精神不可磨灭的体现，是褚老对品质的坚持，成就了今天的褚橙。而柳传志和王健林也在谈到褚时健时，为其遭遇表示感慨，并敬佩其企业家精神。

在众多的评价中，多次拜会过褚时健的王石对褚老的评价最为到位且传播深远。王石说："我有很多粉丝，但我是褚时健的粉丝，他不仅是云南人的骄傲，更是我们这些企业家的骄傲。衡量一个人成功的标准，不是看这个人站在顶峰的时候，而是看这个人从顶峰跌落谷底之后的反弹力。"

褚老曾说："我这个人的性情就是不服输，用句时髦的话说'看重自我价值的证明'。人一辈子都要干事情，任何境况下，都要有所作为。只要活着，就要干事，只要有事可做，生命就有意义。"他就是这样一个人，不服输、不认输，不向困难与挑战低头。这也是当下年轻人所需要学习的，遇到困难不退缩、不逃避，迎难而上，即便大起大落也要越战越勇。

我们每个人都有自己的人生路要走，至于这段漫长的人生路该走向何方，我们是否要做一份规划，我们是否要有一个明确的目标，都交给自己慎重考虑之后来把握吧。毕竟，人生只有一次。

二、职业生涯类型

人生的旅程中总会有一些转折点，让我们去思索前进的方向。随着接触的领域越来越广，知识内容越来越丰富，有些人发现目前自己所读的专业与自己最初设想的有所出入，或者是与自己兴趣不相吻合，从而在很长一段时间里为要不要转系或转学而彷徨苦恼；或者是毕业在即，不知道自己该选择考研还是就业，尤其当看着别人都已做好决定，自己便更加茫然不知所措；又或者是进入职场后，面临新的工作变动，前思后想，迟迟无法做出选择，最后只有按领导的安排行事。这是为什么呢？

当面对需要解决的问题时，人们会随着个人的主客观条件呈现不同的应对方式和风格。生涯规划学者阿罗瓦(Arroba)认为：生涯规划的目的是依据个人特性与实际需要，让自己的生活有个可以遵循的方向，虽不能保证一定到达最终目的地，但是日积月累的时间里，除了会一步步接近理想，生活上也会有新的目标，产生自我充实的动力。他列出了六种不同的生涯决定类型。

1. 理智型

理智型的人往往具备深思熟虑的性格和较强的逻辑思维能力。他们会冷静客观地了解有关事实，分析可能的选择及各自的利弊，最后基于理智的判断做出最有利的决策。

案例 1-6　　王　峰

王峰是北京某大学大三的学生,乐观开朗,善于与人交谈,在校期间也积极参加了各种社团活动。他对销售特别感兴趣,且将自己的求职方向定位于销售。在准备进入销售行业以前,他就进入某公司销售部门实习,并和营销从业人员广泛接触,了解了整个销售行业的情况和需要具备的素质,从而分析自身的情况是否符合要求,还有哪些不足,并有针对性地进行人际交往训练。

理智型的人能客观地分析自身的优势和劣势,并加以改进。他们往往会全面搜集各类信息,并在此基础上进行理智的思考和冷静的分析,最后做出决策。因而,他们在职场中往往能如鱼得水。

2. 迷茫型

迷茫型的人往往人云亦云,无法从自身的角度客观了解、分析并做出价值判断。

案例 1-7　　伍　迪

伍迪是生物专业大三的学生。在填报大学志愿时,他本来想学信息管理专业,但是听很多人说生物专业很热门,于是就填报了生物专业。本想毕业后直接参加工作,但是又听说现在就业形势不太好,这个专业的很多师兄师姐找的工作都不是很好,于是他便考虑推迟几年参加工作,加入了考研的大军。让他比较困惑的是,考本专业自己又不太喜欢,考别的专业又没有信心,而且还一直担忧考不考得上,考上后工作如何。

大多数人在高考选择专业的时候通常考虑这专业是否好就业,社会需求大不大,挣钱多不多,可是真正学了之后才开始考虑这个专业自己是否喜欢,是否适合自己。然而当发现不适合时,就像走错了路一样,而又没有原路返回的途径,要想到达自己希望的目的地只能承受更大的压力,花费比常人更多的精力,甚至这样都不一定能到达理想的目的地。

随着行业的快速变化,今天的"冷门"可能就是明天的"热门",甚至出现"热门不热、冷门不冷"的情况。关键是要做好职业规划,知道自身的优势和兴趣所在,在选择工作、考研还是出国时,应该从最终的职业目标出发来考虑。

3. 犹豫型

翻来覆去,思考再三,关键时刻无法判断、举棋不定是这类人的大致表现。他们经常会说:"我绝不能轻易决定,万一选错了,那就惨了。"但很多时候机遇稍纵即逝,尤其是在竞争激烈的职场。

案例 1-8　**李　兵**

李兵是北京某名牌大学大四的学生，对于班上其他苦于找工作的同学来说，他是很幸运的，因为他同时接到了三个用人单位的录用通知。但其中一个单位要求当天下午5:00之前必须签订就业协议书，否则将视为本人自动放弃。李兵拿不定主意是否该与这一公司签约，因为其要求出差的频率很高，但其他两个用人单位虽然工作轻松，工资却相对较低。并且他又认为自己可能还会找到更好的工作，害怕签约后便不再有选择的机会。

当下的毕业生普遍认为签约就意味着把自己"卖"给了用人单位，李兵遇到的问题是"卖"给哪家才划算。对每一个初入职场的大学生来说，签约是人生的一次重大决策，容易犹豫不决，怀有这山望着那山高的心理，这种矛盾心理的产生也是正常的。此时需要考虑哪个最适合自己，哪个最有利于实现自己的远大抱负，在自己选择的范围内合理、客观地排序，选择真正能够实现自我理想的职业。

4. 情绪型

这种类型的人不依据客观事实做判断，而是依赖主观偏好及情绪好坏来做决定。情绪对人的事业、生活与健康都有着十分重要的影响。不正常的情绪变化可能导致职场上的失意，甚至引发多种疾病，情绪化实际上是某种程度上的情绪不成熟的表现。职场中的情绪化往往会给人难以相处的印象，并使自己丧失很多机会。

案例 1-9　**王　芳**

王芳是一家外企的部门主管，平时工作很出色，也很受上司的赞赏。一次，她因自己千辛万苦策划的方案得到了老板不公正的评价而非常气愤，一气之下写了辞职信，信中还有不少表示对老板不满的"直言"，但老板几乎没有任何犹豫就批准了她的辞呈。后悔在辞职以后24小时就降临了，王芳在辞职离开公司的那一刻觉得自己很牛，但是一觉醒来，满脑子就闪现出"又要找工作了"的念头，并开始后悔当时太冲动。经过一段时间的辗转，王芳才找到一份适合自己的工作，现在她评价那次辞职是"一次赌气多过理性的行为"，"其实我的老板还有很多可爱的地方，自己没有必要那么极端，那么快做决定"。

亚里士多德曾说过："任何人都会生气，这没什么难的，但要能适时适所，以适当的方式对适当的对象恰如其分地生气，可就难上加难。"大学生刚进入职场时，由于年轻气盛缺少经验，常常情绪化，习惯性地抱怨，这在职场上是大忌，任何一个领导都不希望看到自己的下属天天抱怨。在职业生涯过程中要学会管理好自己的情绪，避免情绪化。

5. 顺从型

在心理学中，顺从型是指个体心理活动的一种倾向。这类人的性格特点是：独立性差，易受暗示，容易不加批判地接受别人的意见，按照别人的意见去办事，在紧急困难情况下表现得惊慌失措。顺从型的人在职业生涯中的表现是缺乏自信,过于听从别人的意见,决定常常受到他人的左右。尤其是顺从型性格的大学生,在与人交往中被动、自卑,不敢反对与自己不同的意见;甚至当别人侵犯自己的正当利益时,也不敢申辩,生怕激怒对方,因而不善于保护自己。

案例 1-10　　王　蓉

王蓉是法学院大一的新生,大学填报志愿的时候完全是父母一手操办,父母认为当法官、当律师挺风光,于是给她选了法律专业。进入大学,当她对这个专业有一定的认识后,认为这个专业还不错,对自己的前途也充满信心。但是,不久后父母打来电话说最近法律专业不太好就业,很多法院基本上处于饱和状态,对人才的需求不是很多,跟她商量换个专业。本以为上大学后可以放松些,没想到仍要为将来的就业烦恼,王蓉产生了转专业的念头,想转到一个目前就业比较好的专业,但她对各个专业前景根本不了解,她很困惑。

王蓉的困惑也发生在很多大学生的身上,尤其是在专制的家庭里面。专制的父母对子女有太多的限制,要求过分严厉,有过高的期望,缺少宽容,子女经常听到的话是:

"你这样做的结果,只能是失败。""你不能……否则……""你要……"

……

这对个人职业发展是很不利的,甚至会产生某种极端。面对这种情况,要学会走向独立,学会自己做决定,学会自我管理。

6. 直觉型

直觉型的人常常依据自己当下的直觉而做出判断,比较关注内心的感受,而不考虑外在客观环境是否适当。他们经常会说:"嗯,感觉还不错,就这么决定了。"这类人往往以自我判断为导向,凭借有限的信息快速做出决策。

案例 1-11　　小刘的选择

人的一生往往是为了最初的理想而奋斗,且小时候的经历往往可以影响一生,小刘就是这样一个学生。小学语文老师给她留下了深刻的印象,直觉告诉她自己适合成为一名教师,因而她便把投身中小学教育当作自己的理想,这种直觉一直伴随着她。大学里小刘学的是资源环境与城乡规划专业,且优异的成绩让她获得了保研的资格。但是她却想考研,以找到快速实现理想的专业。与父母商量后,父母坚决反对,认为女孩子就应该求稳,找到一份安定的工作才是第一要务。而且她虽然意志坚定,但是也担心如果考不上公费研究生就没有机会继续深造了。

孩童时的梦想对一个人的一生有着重要的影响,这个梦想合理也好,荒诞也罢,总是会在人们做决策的关键时刻,产生一些正面或负面的影响。但是,直觉对自身职业的发展有利有弊，因而，必须对依直觉做出的决定负责。

不同的人在进行职业生涯规划时，往往会有不同的表现。职业没有绝对的好坏之分，主要看是否适合自己，能否在其中感受到快乐，是否认同其中的价值。如果自己喜欢并能愉快地胜任工作，内心认同程度高，成功和满足往往如约而来。

三、职业生涯动态系统

职业生涯首先是每个人自己的事情，对于每一个个体而言，职业都是件头等大事，因而自己的职业需要由自己负责任。但是与西方文化中重视自我、重视个体的观念不同，中国文化强调整体论，在几千年的发展中，每代人的“自我”都在不断地承受着这种文化的压抑，结果形成了自我较小、超我较大的不平衡的心理结构。很多人对于自己真正想做什么没有想法，对于职业生涯规划更是没有具体的概念，多以“走一步看一步”的心态来面对职场，因而众多职场人士深陷“职场迷局”无法自拔也就不难理解了。

其实，职业生涯规划是一个动态的过程，可以说从人呱呱坠地的那一刻开始，其职业生涯便拉开了序幕。在人生的每个阶段，个体的发展情况及心理变化都将对其职业过程产生现实或深远的影响。倘若将人一生的长度及事业的高度分别作为横坐标和纵坐标，那么我们将画出一条曲线(见图 1-2)。在人生的不同阶段，需要不断地对“自我”进行认知与调整，从而才能一步一个脚印地使职业在生命进程中得以呈现上升发展的趋势。

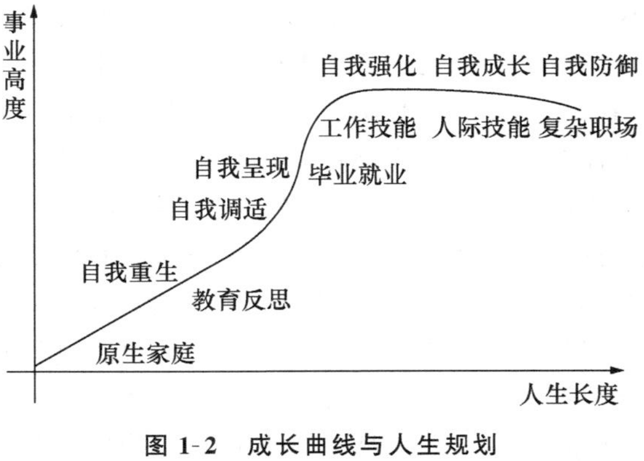

图 1-2 成长曲线与人生规划

值得注意的是，俗话说“一个篱笆三个桩，一个好汉三个帮”，在职业生涯的过程中，如果仅仅靠自我是无法实现上升的，因为自我在生命的起点是非常脆弱的，从柔弱的婴孩成长为健壮的成年人，每个阶段都需要别人的帮助，否则便无法长久发展。因而个体处在原生家庭中时，应当从周边的人或事物中寻找资源以供职业发展之需，完成早期社会化的过程；进入组织后，通过组织的职业生涯规划把自己完善成为一个健全的自我，将内驱力很好地调动出来，完成组织社会化。总而言之，我们需要适时地借助外力，形成自我优势。

（一）原生家庭与自我重生

原生家庭作为一个人最初生活和成长的环境，对人的一生有着不可估量的影响。认识自我、人生规划、自我重生都离不开原生家庭这个自我成长的起点，家庭的社会经济地位、父母因素、家庭结构和亲子关系等众多因素相交织,塑造个体的性格与能力,影响个体价值观和意识形态的形成与发展,最终影响个体未来的职业生涯和人生走向,正所谓"三岁看大,七岁看老"。家庭对人一生的重要性可想而知,所以在进行人生规划时,必须先从家庭这个细胞开始思考,家庭对于个体的意义体现在哪些方面,如何顺利通过恋爱和婚姻,构建新的"小家"。

原生家庭对于个体的作用有积极的也有消极的,但我们每个人并没有能力选择自己的原生家庭,所以在认识到原生家庭对于自己成长历程的影响之后,应当调整自己的心态,发挥智慧,学会扬长避短,做到合理切断与原生家庭的消极联系,从原生家庭中接管自我,实现自我重生。这要求个体首先要明确自我认知,了解自己的优势和劣势,对于优势要继承发展加以利用,对于原生家庭起点并不完美的自我,要自我和解;利用好大学学习的机会,不要一味地埋怨父母、抱怨没有优越的环境而不思进取;最后借助一些测试工具,在现有的条件下,设计自我、调整自我,根据自己设置的目标和路径重新成长。

总之,个体要充分了解自身的情况,认识到自身的优势和劣势,选择适合自己发展的路径,在职业生涯中适时调整,才能扬长避短,摆脱原生家庭的桎梏。

(二)教育反思与自我调适

教育是人类汲取知识的重要途径,而教育的类型根据实施者的不同,可以划分为家庭教育、学校教育、社会教育及自我教育。家庭教育,使个体的人格塑造、习惯形成、视野开阔、人际沟通、行事风格等基础性内容得以初步完成;学校教育,使个体的自我潜能得以开发,人类文明得以传承;社会教育,使个体在社会的大环境下了解真实的社会,完善个体的社会化程度;自我教育,使个体根据自己的兴趣与不足有针对性地实现自我提升。不同的教育类型对于个体职业发展所需条件的训练都十分重要,缺一不可。

"学而不思则罔,思而不学则殆",教而不育、教而不思,都是不可取的。教育的关键应当是培养出继承性与批判性共存的人。以往的教育,个体只需被动地接受内容即可,在这种环境中成长的个体在进入职场时自然是感到困难重重。因而个体应当站在职业生涯的高度,从自身的知识结构、能力结构和学历层次对教育进行自我反思,从而在完成现有教育阶段的基础上根据职业生涯发展的需要,理智地、批判地选择新的教育内容和层次,从容地解决诸如毕业后是读研还是直接工作,如果读研选择什么专业这类问题。最后,教育不是一个阶段性任务,而是一个人一生都要不断接受和反思的,只有懂得终身学习和自我调适,才能不断进步。

(三)毕业就业与自我呈现

寒窗苦读十余载,为的便是毕业后能够在职场上大展拳脚,实现自我人生的价值。然而,面临毕业的大学生们可能迷失在各大招聘环节中,而忽略了自己的计划和真正目标,以至于在进入组织后直呼"上当",然后不断地"更换码头",职业发展一直兜兜转转在犹如迷宫的处境里。这都可归结于缺乏就业前的准备和合理的职业规划。实际上,做好准备和规划后,首先应当主动出击,才能找到适合自己的组织。其次通过具有亮点的简历获得面试的机会,再以面试的出色表现进入组织,最后积极地融入组织并得以提升。

在我们的传统教育模式中,提倡"大人说话小孩听"。与西方国家鼓励孩子演讲并培养其当众表现的能力不同，我们更多的是鼓励孩子“少说多做”，很多人直至长大以后都对“自我营销”的观念不屑一顾。而今，推销能力已经成为现代社会的基本能力，从面试到入职都是在自我呈现。大学生需要了解和学习面试的形式与内容、形象与动作、思维与谈吐、礼节与细节、状态与心态以及面试需要避开的禁忌，并主动加以练习。

得体的自我呈现，就是在客观分析和总结自身优劣势的基础上，依据招聘单位或工作单位的需要，将自己的亮点用“证据”展示出来，达到“自己想呈现”与“他人想获得”之间相对一致的效果。进入工作岗位之后，首先，要尽快完成角色转变，从心态和行动上从学生变为职业人；其次，要学会主动社会化，积极地融入组织，成为其中不可缺少的一员；再次，刚步入一个组织，自己的优缺点都会被无限放大，如同在放大镜下；最后，在入职后要逐步培养职业意识，强化职业精神，把最好的自我呈现出来。

（四）工作技能与自我强化

如果把个体比作溪流，那么组织就是大海，个体职业离不开组织平台。个体为组织贡献才干，组织可以为个体赋能、提供资源与物质、精神上的支持，个体成长与组织成长相辅相成。对于个体来说，无论在什么组织中，要顺利开展好工作都需要有良好的职业技能，高效、高质量地完成工作，同时处理好自己在组织中的各种关系，才能实现在组织职业通道中的上升，不断自我强化。个体与企业要经历从匹配选择到调适磨合，再到合作共赢的过程。只会埋头干活而不抬头看路，以及频繁跳槽，都是不可取的，在组织内部选择及跳槽要有所依据。

职业技能既包括专业技能，又包括综合能力。用人单位不是福利机构，它需要每一名成员的贡献才能正常运作，才能在竞争中生存发展。在经济全球化的大背景下，中国企业已经深入地融入全球价值链，并面临着来自国内和国际的双重压力。为了生存，企业大多以价值为导向制定发展战略，并迫切需要有创造力、一技之长的员工加入。换句话说，只有具备先见力与核心能力，才能够成为职场的“宠儿”，否则只能处在随时可能被替代的风险之中。

因此，每个个体不仅要能够做好当前的工作，更要能够预判未来趋势，以便提前做好相应的准备，给人以可塑之才的印象，并在工作中合理管理知识，有效管理时间，不断地强化工作技能，从而逐渐在组织中取得不可替代的位置。

（五）人际技能与自我成长

在职场中，单单有工作技能上的“硬实力”而只知埋头苦干的做法并不可取。在这个“酒香还怕巷子深”的市场经济时代，个体既要“埋头干活”，还要懂得“抬头看路”。一些职场人士对技术颇为精通，但是对于如何处理好人与人、人与组织、人与环境之间的关系往往摸不着门道，不知道如何与人沟通，如何调整自己的情绪，从而在职业生涯中困难重重，以致自己在组织中的竞争优势不明显。

这就要求大学生利用好大学校园的环境，积极与各种专业、背景、性格的人打交道，了解人的多样性，为将来步入社会储备样本；沟通是升级人生的途径，在大学中与各种人积极沟通，练习表达技巧；积极参加社团活动，主动寻找锻炼自己的机会，提升情商；树立端正的人生观和职业观，提升德商。个体在强化工作技能的同时，还应当从与人、与事、与时、与己四个方面着手培养人际技能，做到“软实力”与“硬实力”相结合，将在大学中积累的实践经验应用于工作和生活中，同时要认识到学校与职场的不同，在与上司、同事的人际交往中不断锻炼，提升人际技能，实现自我成长。

（六）复杂职场与自我防御

与大学校园相比，职场是较为复杂的，学会在职场中生存对于大学生来说，是由学校走向社会将面临的新课题。每个人都希望自己的职业具有一定的高度，对于生涯来说还要有一定的长度，如果缺乏防御的意识，不仅高度难以实现，连长度也很难达到。

从求职时开始，就处处存在风险。例如，某大学毕业生拿到国外的录取通知书时，全然不知国外某间谍组织正在有意地接近他；某些用人单位钻就业协议的空子侵犯刚毕业小白的合法权益；等等。由此可见，求职前了解目标组织、掌握基本的风险防范常识十分必要。进入职场后，可能会面临如职场性骚扰、职场冷暴力、公司政治及裁员风险等更多更复杂的风险，都要注意并加以防范。对于刚刚步入社会、缺乏社会经验的大学生来说，职场风险可谓是防不胜防。个体需要做好职场的自我防御，在追求职业发展的同时，充分利用周围的资源保护好自己，不能顾此失彼。值得注意的是，职场不仅仅是个人的事情，复杂职场的协调控制，需要有自我防御作为基础，但也离不开诚信制度、法律建设及相关的管理策略的保障。

初入职场，难免会遭遇挫折。同级之间的竞争、上下级的挤压、工作任务量大、时间紧张，这些本身就给自己造成了巨大的压力，如果没有按时保质保量地完成工作可能还会受到批评，但其实这些都是很正常的。提高逆境商数，合理进行压力管理，构筑自己的安全网，平和心态，做好自己，就是最有效的防御。

综上所述，个体在职业生涯和人生规划中，需要有一个健全的“自我”，从自我重生、自我调适、自我呈现、自我强化、自我成长和自我防御六个维度着手，在生命长河中提升职业和人生发展的高度。

第三节　职业生涯规划理论

人生是一个不可逆转、不可重复的过程，于是职业生涯规划便显得尤其重要了。职业生涯并不完全是规划出来的，而是在实践中不断发展和完善的。在实践过程中，有了理论的指导，才能增强掌控自我的主动性，才能增强自我对未来的洞察力，在职业生涯发展的道路上少走弯路。

一、人格特质理论

人格特质理论是职业生涯理论发展的源头。这些理论使人们认识到个体由于人格特质不同，其职业发展方向也往往有所差异。这一理论主要是为识别个人的性格特征提供参考标准，以及阐述这些特征是如何与个人的工作相匹配并对其产生影响的。

（一）特质与因素理论

我国古代社会虽然十分重视人才的选拔，但大多是基于国家、政府的角度，选拔有用之人，并让平民去顺应社会。因此，在我国古代的历朝历代中，只是形成了一些诸如察举制、九品中正制、科举制等选官方式，而没有在人自身的因素上多加考量，从而去探索人类性格与职业相关性的研究领域。因此，有关职业生涯发展的基本理论大多是西方理论发展的结果。但是，在我国与世界交流日益紧密的今天，对西方这些经典理论多加学习思考，并将其与中国的具体实践相结合，也将促进我国相关领域的研究形成具有自身特色的理论体系。

1. 帕森斯的特质因素论

这一理论最早由美国波士顿大学的帕森斯(Parsons)教授提出，是用于职业选择与职业指导的最经典的理论之一。1909 年，帕森斯在其所著的《职业选择》一书中，明确提出了职业选择的三大要素：

(1) 自我了解：性向、成就、兴趣、价值观和人格特质等。

(2) 获得有关职业的知识：信息的类型(职业的描述、工作条件、薪水等)、职业分类系统、职业所要求的特质和因素。

(3) 整合有关自我与职业世界的知识。

帕森斯的理论强调：在做出职业选择之前首先要评估个人的能力，因为个人选择职业的关键就在于个人的特质与特定行业的要求相配；其次要进行职业调查，即强调对工作进行分析，包括研究工作情形、参观工作场所、与工作人员进行交谈；最后要以入职匹配作为职业指导的最终目标。帕森斯认为只有这样，人才能适应工作，并且使个人和社会同时得益。

帕森斯认为职业与人的匹配，分为以下两种类型：

(1) 条件匹配：所需专门技术和专业知识的职业与掌握该种特殊技能和专业知识的择业者相匹配。

(2) 特长匹配：某些职业需要具有一定的特长，如具有敏感、易动感情、不守常规、有独创性、个性强、理想主义等人格特性的人，适宜从事自我情感表达的艺术创作类型的职业。

帕森斯的特质因素论，作为职业选择的经典理论，至今仍然有效，并对职业生涯规划和职业心理学的发展具有重要的指导意义。

2. 艾森克的人格特质学说

汉斯·艾森克(Hans Eysenck)，英国心理学家，以其人格理论和行为疗法而闻名。艾森克提倡并使用因素分析法，研究了多组差异很大的人，并进行了广泛的统计测量，提出了人格的三个基本特质或因素。他认为这三个最基本的因素显示出很高的内部一致性。这三个基本因素是指：

(1) 外向—内向：构成外向性格的相关特质包括社交性、活泼、好动、自信、乐意寻求刺激、无忧无虑和支配性。

(2) 神经质—稳定性：神经质包括易于焦虑、易于忧郁、有内疚感、自尊心差、紧张、喜怒无常和情绪易于波动。

(3) 精神质—冲动性控制：精神质包括攻击性、冷淡、缺乏同情心和发散性的创造力。

艾森克的人格特质学说主要是从心理学角度提出了构成人格特质的几大因素，从而证明了遗传在人格特质的形成中所起的重要作用。但是，艾森克并不否认环境对人格的作用，他认为社会因素也是人外向或内向的原因之一，他只是坚决反对那些鼓吹“环境决定一切”的狂热分子。在这三个因素中，精神质是一个具有首创性的因素，以往研究中多数人关心外向—内向的遗传因子，而很少有人发现那些缺乏爱心、对周围事物冷淡的人也是由于遗传因子造成的，当然，在后天的环境中，如果对这些人给予更多的关怀，这种精神质倾向会隐藏起来，但是当处于一个冷漠的环境中时，精神质倾向会被激发，从而较为明显地体现在人格特质中。

3. 卡特尔的 16 种人格特质

大多数特质心理学家的最终目标是找出所有主要的人格特质，雷蒙德·卡特尔(Raymond Cattell)就是其中之一。卡特尔采用了因素分析技术，确定了 16 种基本人格特质，这 16 种人格特质是乐群性、聪慧性、稳定性、恃强性、兴奋性、有恒性、敢为性、敏感性、怀疑性、幻想性、世故性、忧虑性、激进性、独立性、自律性、紧张性。他确信最终构成人类人格的就是这些特质。

卡特尔还编制了《卡特尔十六种人格因素测验》(16PF)，这个测试从乐群、聪慧、自律、独立、敏感、冒险、怀疑等 16 个相对独立的人格特质对人进行描述，并可以了解应试者在环境适应、专业成就和心理健康等方面的表现(见表 1-1)。在人事管理中，16PF 能够预测应试者的工作稳定性、工作效率和压力承受能力等。因此，这个测试可广泛应用于心理咨询、人员选拔和职业指导的各个环节，为人事决策和人事诊断提供个人心理素质的参考依据。

表 1-1　卡特尔 16 种人格因素及其特征

因素	低分特征	高分特征
A —乐群性	缄默，孤独，冷漠	外向，热情，乐群
B —聪慧性	思想迟钝，学识浅薄，抽象思考能力弱	聪明，有才识，善于抽象思考，学习能力强，思考敏捷正确
C —稳定性	情绪激动，易生烦恼，心神动摇不定，易受环境支配	情绪稳定而成熟，能面对现实
E —恃强性	谦逊，顺从，通融，恭顺	好强固执，独立积极
F —兴奋性	严肃，审慎，冷静，寡言	轻松兴奋，随遇而安
G —有恒性	苟且敷衍，缺乏奉公守法的精神	有恒负责，做事尽职
H —敢为性	畏怯退缩，缺乏自信	冒险敢为，少有顾忌
I —敏感性	理智，着重现实，自恃其力	敏感，感情用事
L —怀疑性	依赖，随和，易与人相处	怀疑，刚愎，固执己见
M —幻想性	现实，合乎常规，力求妥善合理	幻想，狂放不羁
N —世故性	坦白，直率，天真	精明能干，世故
O —忧虑性	安详，沉着，有自信心	忧虑抑郁，烦恼自扰
Q1 —激进性	保守，尊重传统观念与行为标准	自由，批评激进，不拘泥于现实

（续表）

因素	低分特征	高分特征
Q2—独立性	依赖，随群附众	自立自强，当机立断
Q3—自律性	矛盾冲突，不顾大体	知己知彼，自律严谨
Q4—紧张性	心平气和，闲散宁静	紧张困扰，激动挣扎

资料来源：笔者根据《卡特尔十六种人格因素量表》整理所得。

4. 大五人格理论

现在成熟的大五人格理论并不是一个人的成果，而是在经过许多学者的研究之后，绝大多数的特质论观点趋于一致之时，才形成了人格结构的大五模型。在19世纪七八十年代，大五人格理论在人格心理学领域并没有得到普遍的接受，当时对于因素的命名和含义都处于混乱状态。随后几位重要的五因素倡导者都提出了他们自己的“大五理论”。① 最终，理论界达成了一定程度的共识，提出了成熟的大五人格理论，这五个因素分别是：

（1）外倾性：描述个体对关系的舒适感程度。外倾者倾向于喜欢群居、善于社交和自我决断。内倾者倾向于封闭内向、胆小害羞和安静少语。

（2）随和性：描述个体服从别人的倾向性。高随和性的人是合作的、热情的和信赖他人的。低随和性的人是冷淡的、敌对的和不受欢迎的。

（3）责任心：这一因素是对信誉的测量。高度责任心的人是负责的、有条不紊的、值得信赖的、持之以恒的。低度责任心的人是精力分散的、缺乏规划的、不可信赖的。

（4）情绪稳定性：经常会用它的对立面——神经质进行阐释。这个因素刻画的是个体承受压力的程度。积极的情绪稳定性者倾向于平和的、自信的、安全的；消极的情绪稳定性者倾向于紧张的、焦虑的、失望的和缺乏安全感的。

（5）经验的开放性：描述个体对新鲜事物的兴趣和热衷程度。开放性高的人富有创造性，凡事好奇，具有艺术敏感性；开放性低的人很保守，对熟悉的事物感到舒适和满足。②

大五模型不仅提供了分析人格的一种量化手段，也揭示了人们工作和生活中一些现象的规律。我们常常发现外倾性的人更容易与人相处，社交能力强，能更好地完成工作，但做事容易冲动；而高随和性的人是工作团队的最佳人选，这样的人也往往更加幸福；高度责任心的人无论是对自己的工作还是生活都是富有责任心的，因此生活质量也会更高；同样，情绪稳定性高的人能够冷静地处理问题，也就会比情绪稳定性低的人更幸福；最后，开放性高的人大多在艺术创作上非常有天分，崇尚自由，能快速地接受组织的变革。所以，通过这一模型测量出的人格特征，往往能为个人选择合适的社会职业提供依据。

---

① John O. P., “The ‘big five’ factor taxonomy: dimensions of personality in the natural language and in questionaires”, Pervin L. A. (ed): *Hand book of Personality, Theory and Research*, The Guilford Press, New York/London, 1990.

② 〔美〕斯蒂芬·P. 罗宾斯：《组织行为学》，孙健敏等译，中国人民大学出版社2008年版。

(二) 迈尔斯—布瑞格斯性格理论

1. 迈尔斯—布瑞格斯类型指标

人格特质是一个人的反应方式及与他人交往时所表现出的持久稳定的性格特点,它是决定一个人选择职业的类型和能否做好这项工作的主观条件。在测试个体的人格类型的各种方法中,迈尔斯—布瑞格斯类型指标(MBTI)是最流行的方法之一。

MBTI是伊莎贝尔·迈尔斯(Isabel Briggs Myers)和母亲凯瑟琳·库克·布瑞格斯(Katharine Cook Briggs)基于卡尔·G.荣格(Carl G. Jung)的人格理论发展而来的。MBTI测验通常包括100道问题,用以了解个体在一些特定情境中会有什么样的感觉和什么样的活动。根据研究,迈尔斯和布瑞格斯把人的性格分为四个维度八种偏好。

(1) 外倾(extraversion)—内倾(introversion)(EI)维度:外倾是指将我们的注意力和能量主要指向外部的人和事,内倾则是将自己的注意力和能量集中于内部的世界。

(2) 感觉(sensing)—直觉(intuition)(SN)维度:感觉型的人更倾向于通过自己的感官来获取有关环境的事实,比较实际;直觉型的人则习惯于通过想象、无意识等方式来获取信息,思维比较抽象。

(3) 思维(thinking)—情感(feeling)(TF)维度:思维型的人习惯于通过分析数据、权衡事实来做出符合逻辑的、客观的结论和选择,情感型的人则习惯于通过自己的价值判断来做决定。

(4) 判断(judging)—知觉(perceiving)(JP):判断型的人喜欢通过思维去计划、组织和调控自己的生活,而知觉型的人喜欢用感觉和直觉去决定自己将要做的事情,喜欢过一种随意的生活。①

2. 16种不同的人格类型及与其相匹配的工作

每个人都具有多面性,都不会是单一性格的人,因此在这四个维度的基础上,形成了16种不同的人格类型,即ENTJ、INTJ、ENTP、INTP;ENFJ、INFJ、ENFP、INFP;ESFJ、ISFJ、ESFP、ISFP;ESTJ、ISTJ、ESTP、ISTP。根据MBTI,不同的人格与不同的职业相匹配。表1-2列示了这16种人格类型的特点以及与其相匹配的工作。

表1-2　MBTI的16种人格类型

人格类型	性格描述	人格特点	匹配职业
ENTJ型	具有挑战精神的,逻辑的,有计划的,讲策略的	这类人只有偶尔的情感生活和社会生活,趋于客观分析,具有强烈的逻辑推理能力和判断力及高度的创造性	“将中之帅”:管理人员、操作和系统分析、市场营销
INTJ型	爱分析的,自主的,独立的,系统化的	无论在任何环境下,这类人都能敏锐地发现可能发生的任何意外事件,并提前对此做出应急计划和安排	“策划者”:科学家、工程师、哲学家、计算机专家

① 〔美〕斯蒂芬·P.罗宾斯:《组织行为学》,孙健敏等译,中国人民大学出版社2012年版。

（续表）

人格类型	性格描述	人格特点	匹配职业
ENTP 型	适应能力强的，爱分析的，足智多谋的，注重理论的	这类人趋向于独立、客观地分析事物，更在意他人如何影响他的项目，而不是他的项目如何影响他人	“发明家”：艺术家、记者、营销人员、摄影师
INTP 型	认知性的，漠不关心的，有创新性的，多疑的，爱思索的	这类人的目标就是设计系统结构和工程结构模型。他们把世界看作用来实现他们的设计的原材料	“建筑师”：艺术家、作家、工程师、建筑师
ENFJ 型	欣赏的，和谐的，热心的，有组织的	这类人对新思想充满好奇心，尤其是对学术的体验、对理论研究的尝试，富有想象力和洞察力，相对于书面表达来说，更擅长口头表达	“教师”：艺术家、演艺人员、咨询工作者、宗教工作人员、临床医生
INFJ 型	有同情心的，理想主义的，激烈的，有条不紊的，敏感的	这类人很关心人，甚至有时看起来有些外向，个人主义不太明显，他们感兴趣的是开辟新领域，而不是坚守旧阵地	“顾问”：宗教工作者、图书馆管理员、媒体专家、社会服务人员
ENFP 型	好奇的，精力充沛的，热心的，多才多艺的	这类人更加热心，更关心人，并且擅长管理别人。他们能很快争取主动并具有强烈的创造冲动，但很难持之以恒，以致不能完成项目	“斗士”：咨询工作者、广告工作者、艺术工作者、戏剧表演者
INFP 型	适应能力强的，深沉的，具有奉献精神的，忠诚的	这类人在与人打交道的领域表现优秀，和所有的“NF”类型一样他们在语言和文学方面有天赋，但是他们的内向又使他们偏爱书面表达，他们忠诚而有理想，崇尚内在生活的和谐，思想深刻，但不常表露	“医治者”：诗人、作家、文学艺术工作者、心理学家、新闻工作者
ESTJ 型	果断的，喜欢社交的，实际的，负责的	这类人冷静、客观，善于分析，注重事实，果断且合乎逻辑。根据慎重考虑后所做出的决定管理自己及他人的行为。看重事实和真理，偶尔有情绪化和社交性的生活	“主管”：行政人员、法律顾问、商业管理人员、银行金融业人员
ISTJ 型	可靠的，讲事实的，缄默的，坚定的	这类人极具耐心，处理日常事务得心应手，具有吸收和处理大量事实的能力，他们强调逻辑分析，做事干练，从来不忽视事情的细节，他们的逻辑使得他们反对任何对他们没有意义的事情，因而有时非常苛刻、挑剔	“秘书”：行政人员、律师、会计、警察、工程师、办公室管理人员
ESTP 型	爱参与活动的，精力充沛的，友善的，实用主义的	这类人现实、能干、随和并且适应性强，对自己和他人有耐心，擅长处理细节问题，善于从实践经验中学习。他们解决问题的方法通常简单易行，喜欢做而不是说	“推动者”：市场销售人员、工程师和技术人员

(续表)

人格类型	性格描述	人格特点	匹配职业
ISTP 型	适应能力强的,实用主义的,讲求事实的,自主的	这类人客观、擅长分析,对内在的规律感兴趣,有很强的动手能力,喜欢做科学而不是搞理论,他们在工程、经济、财政分析领域工作出色	“分析师”:科研工作者、机械和修理人员、工程师和科学技术人员
ESFJ 型	谨慎的,优雅的,易于相处的,细心的,传统的	这类人非常实际、传统、健谈,关心直接体验的细节,有强烈的为他人服务的愿望,在所有类型中,他们是最适合在医院的儿科工作的人	“护理员”:保健人员、护士、接待员、家庭看护
ISFJ 型	乐于助人的,有组织的,安静的,负责的,传统的	这类人做事系统而彻底,并且非常负责,他们有耐心、擅长细节问题、对日常工作把握得当,有吸收和运用大量事实的能力。他们忠诚、考虑周到并且对福利事业感兴趣	“爱心使者”:医生、公益事业者、保健人员、个人服务、文书管理
ESFP 型	随便的,逍遥自在的,友善的,健谈的,宽容的	这类人凭感觉而不是思考来做出判断,他们友善、圆滑,对艺术具有很高的品位,但是纪律观念很差	“表演者”:销售工作者、设计工作者、交通工作者、管理工作者
ISFP 型	关心他人的,合作的,谦虚的,善解人意的	这类人的精力集中在当时的需要上,并且试图去满足这些需要,他们对一般性的医疗工作表现出强烈的偏爱	家庭护理、内科医生、机械和维修人员、饮食服务者

资料来源:叶卫华,《人格特质理论的探讨与运用》,《江西社会科学》2014 年第 10 期。

迈尔斯—布瑞格斯性格理论绝不会告诉我们自己一定是一个什么样的人,它仅仅能告诉我们自己将来可能的选择。在这 16 种人格类型中,四个字母代码的意思只是一个自己优先偏好的性格特征,并不代表拥有这一特征的人完全不具有其相对的性格特征。例如,一个外倾型的人有时也会喜欢一个人独处,而一个内倾型的人有时也是喜欢社交的。四个代码的偏好顺序只是代表了一个人最习惯的方式。

二、职业性向理论

(一) 霍兰德的六种职业性向

美国职业心理学家约翰·霍兰德(John Holland)所创立的职业性向理论对人才测评做出了巨大的贡献。他认为职业的选择和调整代表了个人的一种人格性向,人们通过职业的选择与调整来表达自己的兴趣和价值观。霍兰德曾这样说过,“职业选择反映了人的动机、知识、人格和能力。职业代表一种生活方式、生活环境,而不仅仅是一些工作职能和技巧。做一个木匠不只意味着要使用工具,也意味着特定的地位、社会角色和生活模式”。也就是说,职业并不仅仅是养家糊口的工具,而选择了一份什么样的工作也就意味着选择了一种什么样的生活方式,因此,这份职业将会伴随人一生的方方面面,是绝不可以掉以轻心的。

霍兰德的职业性向理论基础由四个假设构成:

（1）大多数人的人格特质可以归纳为六种类型，即实际型、调研型、艺术型、社会型、企业型和常规型；

（2）人的工作环境也可以分为以上对应的六种类型；

（3）人们都尽量寻找那些能运用自己的技术、体现自己的价值并能在其中扮演令自己愉快的角色的职业；

（4）一个人的行为表现是职业环境类型和人格类型相互作用的结果。

接下来，将具体介绍各个职业性向的人格特质及其所处的职业环境。

实际型：这类人通常愿意使用工具从事实际操作性的工作，动手能力较强，做事手脚灵活，动作协调。他们更愿意从事具体任务，不善言辞，做事保守，较为谦虚；缺乏社交能力，通常喜欢独立做事。他们会倾向于选择那些要求具备机械方面才能、体力的职业或从事与物件、机器、工具、运动器材、植物、动物相关的职业，如计算机工作人员、摄影师、制图员、机械装配工、木匠、厨师、技工、修理工、农民和一般劳动者等。但是，实际型的人在用言语表达自己的情感时可能存在困难。

调研型：这类人属于思想家而非实干家，他们的抽象思维能力很强，拥有较强的求知欲，肯动脑，善思考，但不愿动手，喜欢独立的和富有创造性的工作；知识渊博，有学识才能，不善于领导他人；考虑问题十分理性，做事情喜欢精确的逻辑分析和推理，并且总是在不断探讨未知的领域。这类人通常会选择抽象的、分析的、独立的定向任务，并用自己的智力和分析才能去观察、估测、衡量，以形成理论并最终解决问题。一些符合的职业如科学研究人员、教师、工程师、电脑编程人员、医生和系统分析员等。

艺术型：这类人富有创造力，渴望表现自己的个性，实现自身的价值。做事理想化，追求完美，不重实际。善于表达自我，喜欢在写作、音乐、艺术和戏剧等方面进行艺术创作。他们所从事的职业主要有作家、艺术家、音乐家、诗人、漫画家、演员、导演、作曲家、乐队指挥和装潢设计师等。

社会型：这类人喜欢与人交往，不断结交新的朋友，善言谈并且愿意教导别人。关心社会问题，渴望发挥自己的社会作用。在生活与工作中寻求广泛的人际关系，比较看重社会义务和社会道德。他们喜欢的工作环境是那些需要与人建立关系，具有与人和睦相处环境氛围的工作，所以，教育工作者和社会工作者是他们最好的选择，如教师、心理咨询师和公益事业负责人等。

企业型：这类人追求权力、权威和物质财富，具有领导才能。喜欢竞争，敢冒风险，有野心、抱负。为人务实，习惯以利益得失、权力、地位和金钱等来衡量做事的价值，做事有较强的目的性。这样的人大多从商或从政，并且会在政治或经济领域有所成就。适合这一类人的代表性职业是项目经理、销售人员、营销管理人员、政府官员、企业领导、法官和律师等。

常规型：这类人是比较保守的，他们尊重权威和规章制度，喜欢按计划办事，细心、有条理，习惯接受他人的指挥和领导，自己不谋求领导职务。喜欢关注实际和细节情况，缺乏创造性，不喜欢冒险和竞争，富有自我牺牲精神。适合这一类人的典型职业有会计、出纳、图书管理员、秘书、档案管理员、税务专家和计算机操作员等。[①]

很显然,没有哪一种真实的职业环境是属于以上某一种单一类型的,它们往往是某两种或三种类型的组合。霍兰德用六角形模型(见图 1-3)解释了六种职业环境之间的关系,其主要观点是:在六角形模型中,任何两种职业类型之间的距离越近,其职业环境及人格特质的相似程度也越高。这就意味着常规型和实际型的人具有较高的一致性,而常规型和艺术型的人具有较低的一致性,甚至可以说是完全相反的两类人格。这一模型可以帮助人们对人格特质类型与职业环境类型之间的匹配性进行评估。通常情况下,当一个人通过霍兰德的人格测试了解到自己的人格特质类型,就要选择与自己对应的职业类型,如果因为某种原因,无法从事与自己人格特质对应的职业,也应尽量去选择相邻相近的职业性向,这样才能充分发挥自己的特长,才能在自己的职业生涯中有所成就。

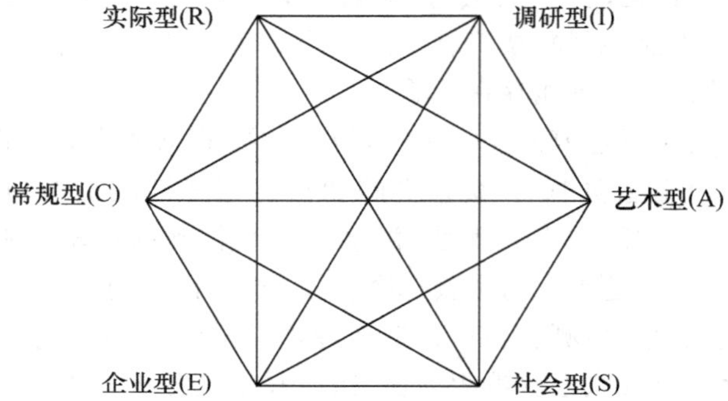

图 1-3　霍兰德六种职业性向

在社会生活中,可以看到有些人的某一性向特征是非常明显的。例如,19 世纪人类最杰出的艺术家凡・高,虽然生前生活历经艰辛,但他始终没有放弃对艺术的执着,创作出了《向日葵》等举世闻名的作品,在他的身上艺术性向十分突出。而汉高祖刘邦则是一个典型的企业性向者,他虽出身平民阶级,但却不甘平庸,希望建立一番丰功伟业,最终打败项羽,建立了汉朝,对汉民族的统一、保护汉族文化做出了巨大的贡献。另外,许多著名的科学家就属于典型的调研型,我国的"杂交水稻之父"袁隆平院士把自己的一生都献给了水稻研究事业,为解决中国的粮食问题做出了重大的贡献。因此,如果每一个人都清楚地了解自己的职业性向,相信每个人都会在自己擅长的领域为社会做出应有的最大贡献。

(二) 施恩的职业锚理论

职业锚理论是由美国教授埃德加・H. 施恩(Edgar. H. Schein)提出的。"职业锚"这一概念最初产生于美国麻省理工学院斯隆研究院的专门小组,是从斯隆研究院毕业生的纵向研究中演绎而成的。所谓职业锚,是指当一个人面临职业选择的时候,他无论如何都不会放弃的职业中至关重要的东西或价值观。职业锚是个人在内心深处对自己的看法,它是自己的才干、价值观和动机经过自省后形成的,可以指导、约束和稳定个人的

---

① 〔美〕Robert D. Lock:《把握你的职业发展方向》,钟谷兰、曾垂凯、时勘等译,中国轻工业出版社 2006 年版。

职业生涯。职业锚具有八种类型：

（1）技术/职能型：这一类型的人不会放弃发挥自己专长的领域，他们会在自己的领域内不断地提高专业水平。他们的认同感来自在专业领域不断得到的锻炼和挑战，直到成为该领域的专家。

（2）管理型：这一类型的人不会放弃任何一个往更高的管理岗位晋升的机会，他们往往具有分析、交流和人际沟通的能力，他们渴望高层岗位的权力和成就。同时，他们渴望具有挑战性的、多样化的工作，期望承担重大的职责和领导任务，他们追求高薪和内在的公平。这类人容易走向一种极端，就是拼命工作，而忽视了自己的家庭，往往将在事业上的成就作为亲情缺失的一种弥补。

（3）自主/独立型：这一类型的人希望随心所欲地安排自己的工作方式和生活方式。他们追求能施展个人能力的工作环境，最大限度地摆脱组织的限制和制约。他们宁愿放弃晋升或工作发展机会，也不愿意放弃自由与独立。只有当某一项工作允许他们有弹性的工作时间和工作方式时，他们才愿意继续留任。

（4）安全/稳定型：这一类型的人追求稳定安全的前途，希望工作能够平稳顺利。这种稳定性可以增加他们对组织的忠诚，并使其愿意为组织做任何事情来换取终身被雇用。他们更关注工作的情境（如发展前途、工作条件、福利等）而不是工作内容本身。对他们来讲，工作挑战性、丰富性和其他内部动机并不重要。他们注重工作与家庭的平衡发展，认为成功的标准是既拥有稳定的工作，又拥有幸福的家庭。

（5）创业型：这一类型的人追求建立或创造完全属于自己的成就。要求有自主权，最好能施展自己的特殊才华，因而创造是这一类人自我扩充的核心。他们可能正在别人的公司工作，但同时他们也在学习并寻找机会，一旦时机成熟了，他们便会走出去创立自己的事业。他们希望用自己的能力去创建属于自己的公司或事业，愿意去冒风险并克服面临的障碍。他们创建新的组织，团结最初创业的人员，为克服初创期难以应付的困难废寝忘食而又乐此不疲，而一旦建成，他们就会厌倦或不适应常规性工作而退出。

（6）服务型：这一类型的人一直追求他们认可的核心价值，如帮助他人、改善人们的生活状况等。他们的宗旨是让社会中所有人生活得更好，在个人发展上，他们并不在乎自己的职业升迁，而只要是对他人、对社会有益的事，他们干起来就会感到幸福和满足。

（7）挑战型：这一类型的人喜欢解决看上去无法解决的问题，战胜强硬的对手，克服无法克服的困难和障碍等。对他们而言，选择某种职业的原因是这份工作允许他们去战胜各种不可能的事情。他们需要新奇、变化和困难，如果事情非常容易，工作马上会变得令人厌烦。

（8）生活型：这一类型的人希望将生活的各个主要方面整合为一个整体，喜欢平衡个人的、家庭的和职业的需要，因此，生活型的人需要一个能够提供足够弹性的工作环境来实现这一目标。生活型的人甚至可以牺牲职业的一些方面，例如放弃职位的提升，来换取三者的平衡。他们将成功定义得比职业成功更广泛。相对于具体的工作环境、工作内容，生活型的人更关注自己如何生活、在哪里居住、如何处理家庭事务及怎样自我提升等。

职业锚理论最早是于 1975 年提出的，经过三十多年的发展，职业锚已经成为职业发展与职业设计的必选工具之一。它的八种职业锚类型与霍兰德的六种职业性向有相似之处,但又不完全相同(见表1-3)。总之,职业锚告诉人们,在人的职业生涯中到底什么才是最重要的。这一理论不是最终的评判结果,而是给人们一个思考的方向,选择家庭或事业,抑或二者兼顾,无论哪种选择本身都没有对错之分,只有哪一种选择才会让自己更快乐,这才是我们在职业生涯中应该探索的问题。

表1-3 霍兰德职业性向理论与施恩职业锚理论的比较

	霍兰德职业性向理论	施恩职业锚理论
差异之处	分为六种具体的职业性向:实际型、调研型、常规型、艺术型、企业型、社会型	分为八种具体职业锚类型:技术型、管理型、独立型、稳定型、创业型、服务型、挑战型、生活型
相似之处	讨论的问题都是性格和职业的匹配问题,即"人职匹配问题"; 都只是一种指导性的理论,而并不能告诉人们究竟应该怎样做; 都用具体的描述告诉人们与自己适合的职业是怎样的	
对应情况	技术型—调研型;管理型—企业型; 独立型—艺术型、社会型;稳定型—实际型、常规型; 创业型—企业型;服务型—社会型; 挑战型—调研型、企业型;生活型—六种职业性向	

三、生命阶段理论

每个人的一生都要经历不同的阶段,从婴儿期、幼儿期再到成年期、老年期,人们会发现职业伴随自己的一生。从孩童时对职业的模糊憧憬,立志要成为一名科学家,到青年时为了实现自己的理想而为自己定下今后要努力的方向,人的一生可能要从事很多种职业,但最终选择哪种职业不仅受到个人性格的影响,也与自身所处的生命发展阶段息息相关。所以,了解一些关于生命阶段的理论,对勾勒自己的人生也是非常有帮助的。

(一)埃里克森的心理社会发展阶段理论

人生是一个漫长的过程,而在这一过程中职业扮演了很重要的角色,人们除家庭生活之外的所有时间几乎都花在了职业之中。众所周知,心理学家们对人生发展阶段的划分有多种方法,如西格蒙德·弗洛伊德(Sigmund Freud)提出了性心理发展的五个阶段,即口欲期、肛门期、性蕾欲期、潜伏期以及生殖期。埃里克森(E. H. Erikson)作为新弗洛伊德学派的代表人物之一,提出了心理社会发展阶段理论,对心理学界有着巨大而深远的影响。[①] 他重视社会因素与人格发展的关系,认为在人格发展过程中,逐渐形成的自我意识在个人及周围环境的交互作用中起着主导和整合的作用。他认为,人在成长过程中都体验着生物的、生理的、社会的、事件的发展顺序,按一定的成熟程度分阶段向前发展。在《童年与社会》[②]一书中,他将人的发展划分为八个阶段,即婴儿期(0—1岁)、幼儿

① 林崇德:《发展心理学》,人民教育出版社1995年版。

② Erikson, E., *Childhood and Society*, New York: Norton, 1963.

期(2—3 岁)、学前期(4—5 岁)、学龄期(6—12 岁)、青春期(13—19 岁)、成人早期(20—24 岁)、成人中期(25—64 岁)和成人晚期(64 岁以后)。每个阶段都有特定的心理和社会的发展课题,即心理与社会的危机。如果发展课题完成,危机得以解决,就会产生积极的品质,反之就会产生消极的品质。在这个过程中,他强调自我在克服发展中的倒退、恶化及潜能消耗等方面起着重大的作用,使个体在发展中通过自身实践战胜心理危机成为可能。[①] 具体如表 1-4 所示。

表 1-4 埃里克森划分人格发展的八个阶段

生命阶段	心理社会冲突	特征
婴儿期(0—1 岁)	信任 VS 不信任	当婴儿受到温暖、持续的照顾时,他就能建立起信任感;缺乏照料则产生不信任感
幼儿期(2—3 岁)	自主性 VS 羞怯和怀疑	当鼓励儿童探索自我和环境时,自主感得以发展;当儿童的探索受到抑制时,羞怯感和怀疑产生
学前期(4—5 岁)	自发性 VS 内疚感	当鼓励儿童进行各种各样的尝试时,他们的自发性就得到促进;如果父母嘲笑孩子或过度批评他们,就会使他们产生内疚感
学龄期(6—12 岁)	勤奋 VS 自卑	当儿童受到表扬时他们就会获得勤奋感;当他们所做的努力被认为是不充分的或过度批评他们,就会使他们产生内疚感
青春期(13—19 岁)	同一性 VS 角色混乱	处于这个阶段的个体要面临的一个关键问题是"我是谁",拥有可靠和整合的特性的个体被认为是达到同一性的;无法建立稳定和统一特性的个体将面临角色混乱
成人早期(20—24 岁)	亲密 VS 孤独	处于这个时期的个体所面临的关键问题是建立一种承诺的和亲密的人际关系;这个过程出现失败将导致孤独
成人中期(25—64 岁)	生殖 VS 停滞	个体是社会中能够进行生产的成员,为社会做出贡献,为未来创造人口,这可以通过工作和抚养孩子来实现;与之相反的是停滞,它的特征是个体过度关心自己的幸福或认为生活是无意义的
成人晚期(64 岁以后)	完整 VS 绝望	完整是指个体回过头来看自己所经历的生活时会有满足感,这使他们能够有尊严地面对死亡;如果遗憾成为主导,那么个体会感到绝望

(二) 金斯伯格关于职业生涯发展理论的研究

埃利·金斯伯格(Eli Ginzberg)等人与唐纳德·E. 舒伯(Donald E. Super)基于人们经历的人生发展阶段提出了职业生涯发展理论,为人们更好地认清自己的职业阶段提供了依据。

金斯伯格侧重于研究人类从童年到青年阶段的职业心理发展过程,因而将职业发展阶段划分为幻想期、尝试期和现实期三个阶段。儿童在游戏中寻求自己未来位置的时期

① 刘佳:《用埃里克森自我同一性理论透视大学生自我意识的形成过程》,《高教发展与评估》2010 年第 1 期。

属于幻想期,他们不考虑人职匹配因素或是客观环境,仅仅是因一时的兴趣而选择扮演科学家、教师、天文学家、运动明星、医生或者警察等职业角色。随着孩子的渐渐长大,则进入了尝试期,而在尝试期中,又可以分为兴趣、能力、价值和过渡阶段。当孩子觉得一件事情很新奇,从而产生了兴趣,紧接着就会通过模仿、学习等手段使自己具备做这件事情的能力,当这件事情越做越好时,孩子们会形成终身从事这件事情的愿望,形成一种独特的价值观,最后过渡阶段出现了,青年就会希望在大学时选择一个专业去为将来更好地从事这一职业打好基础。第三个阶段是现实阶段,在这个阶段青年进入职场,真正拥有了一个职业,现实期又可以分为探索、固化和明确阶段。当一个人刚刚离开大学开始全职工作时属于探索阶段,这时还不能确定什么样的工作是最适合自己的;下一个阶段是固化阶段,通过一段时间的磨合,选定自己的职业方向和职业模式;最后是明确阶段,一个人最终将自己的职业生涯定位在一种非常适合自己的工作上。

通常,经历过这样一个完整的职业生涯发展阶段的人会在自己的工作中表现得更加出色,但是,往往有些人曾经也拥有美好的憧憬,但当现实来临时,却因种种打击而一蹶不振,不再去努力思考人生的意义和方向,从而不管这份工作是否适合自己,只是一味地承受,而使自己的生活混乱不堪,人生也失去了应有的色彩。

(三)舒伯的职业生涯发展理论

美国学者唐纳德·E.舒伯(Donald E. Super)把职业生涯发展阶段理论扩大到整个人生阶段,提出了职业生涯发展五阶段论。舒伯认为,职业生涯发展是一个连续不断、循序渐进且不可逆转的过程,职业生涯受到多种因素的影响。例如,父母之间的互动关系以及他们对职业发展计划的解释,就会影响到孩子们的职业选择。一个人能否由一种职业水平升到另一种职业水平,即是否有升迁发展机会,是由他的智慧能力、父母的社会经济地位、本人对权势的追求、个人的兴趣价值观、人际关系技巧以及社会环境、经济的需求状况等共同决定的。舒伯经过了二十多年大量的实验研究,提出了一套完整的职业生涯发展模式。

1. 成长阶段

年龄为0—14岁,在这个阶段人们形成了塑造自我概念的态度和行为,儿童逐渐认识了自己是一个什么样的人,同时对工作和工作的意义有了一个初步的理解。

前职业期:没有表现出职业兴趣或试图做出职业选择。

幻想期:在该时期,需要占统治地位,在孩童游戏中需要什么角色就去扮演什么角色。

兴趣期:在该时期,个人兴趣成为职业期望的主要决定因素。

能力期:在该时期,个人开始更多地考虑能力和工作需求。

2. 探索阶段

年龄范围是15—24岁,在这一阶段已经逐渐意识到职业将成为生活的主要组成部分,并开始尝试从事不同的工作,从而发现最适合自己的工作。

尝试期:个人的需求、兴趣、能力和价值观成为职业选择的基础。

过渡期：青年进入职场或经过专门的职业培训后，更多地考虑现实因素并将其纳入对自我的认知。

试验期：找到并试验某种工作，开始相信它有可能会是自己毕生从事的职业，但还没有最终做决定。

3. 建立阶段

年龄范围是25—44岁，在这一阶段个体相信自己已经找到了合适的工作领域，并希望确立长期的地位。

稳定期：这期间可能会有一两次职业变动，但职业选择的决心已更为深入。

前进期：这是一个富有创造性的时期，个人在工作中做出越来越好的成绩，资历也越来越深。

4. 维持阶段

年龄范围是45—64岁，由于该阶段个人已经在自己的工作领域中取得了一定的地位，需要考虑的主要是如何维持目前的地位以及如何沿着该方向前进，而很少会寻求在新的领域中发展。

5. 退出阶段

年龄范围是65岁以后，随着体力和脑力的逐渐衰退，工作进展会减缓乃至停止。

衰减期：在这个阶段，工作活动会减弱，有些人会以兼职工作代替全职工作。

退休期：工作活动完全停止或转变为部分工作时间、志愿活动或休闲活动。①

在舒伯的职业生涯发展理论中，最重要的两个概念是自我认知和角色。通过上面的一系列过程，可以看出整个职业生涯阶段是一个自我认知的形成和实现过程。所谓自我认知，是指个体如何看待自身以及自身的处境，舒伯将自我认知看作生理特征、个体所扮演的社会角色以及其他个体对该个体的反应评价的结合体。另一个重要的概念是角色，正如莎士比亚的戏剧中所说，"世界是一个舞台"，所以，每个人的一生都要扮演着许多不同的角色，舒伯描述了六种重要的角色，即持家者、工作者、公民、休闲者、学生和子女。他的职业生涯彩虹图（见图1-4）展示了个体一生中扮演的角色是如何变化的，其中，彩虹图中每一个拱形代表了人生中的一个角色，哪个弧度的阴影越厚重就说明这个角色越重要。舒伯的这一理论对后人制定自己的职业生涯规划是十分重要的，也为专家帮助咨询者解决生活中碰到的问题提供了依据。

从舒伯的职业生涯彩虹图中可以看出，在子女阶段，休闲者、学生的角色是尤为重要的，在幼儿和少年时期，由于生理上的限制，不可能进入职业阶段，但是在这一阶段的职业启蒙却很重要，家庭、社会、父母的影响都会对一个人未来的职业选择产生重大的影响。所以，对孩子兴趣的培养是十分必要的，如果父母能在孩子孩童时就发现孩子的职业兴趣，并加以正确的引导，那么这个孩子的人生或许就会更加顺利、更加完整。

① 〔美〕Robert D. Lock：《把握你的职业发展方向》，中国轻工业出版社2006年版。

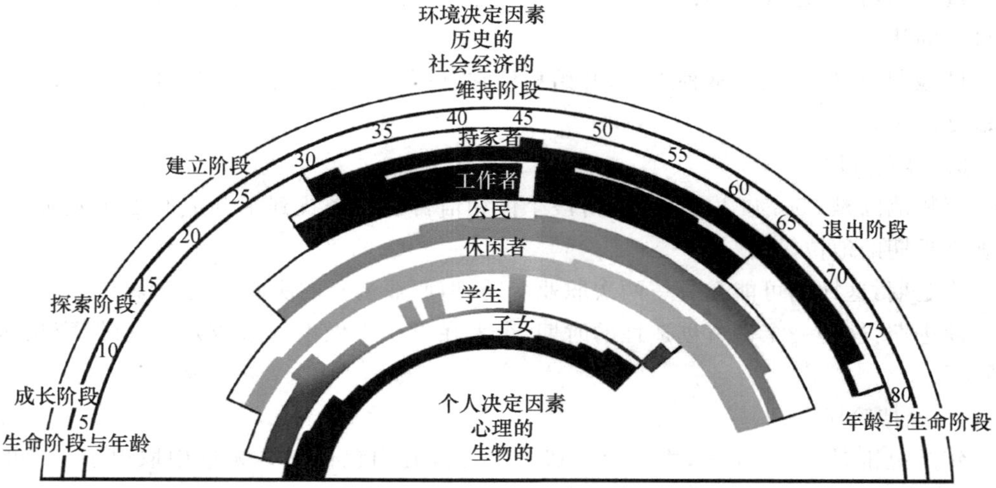

图 1-4　舒伯的职业生涯彩虹图

（四）霍华德·加德纳的多元智能理论

多元智能理论是由美国哈佛大学教育研究院的心理发展学家霍华德·加德纳(Howard Gardner)在1983年提出的。加德纳在研究脑部受创伤的病人时发现他们在学习能力上的差异，从而提出了本理论。传统上，学校一直只强调学生在逻辑——数学和语文（主要是读和写）两方面的发展，但这并不是人类智能的全部。不同的人会有不同的智能组合。例如，建筑师及雕塑家的空间感（空间智能）比较强，运动员和芭蕾舞演员的体力（肢体运作智能）较强，公关的人际智能较强，作家的内省智能较强，等等。加德纳提出人类的智能至少可以分成七个范畴（后来增加至九个），即语言智能、逻辑数学智能、空间智能、肢体运作智能、音乐智能、人际智能以及内省智能（加德纳后来补充自然探索智能和存在智能两者）。

在多元智能理论中，原生家庭与早期社会化会对人的一生产生重要影响这一理念贯穿其中。人际智能是指能够有效地理解他人及其关系，以及与人的交往能力。在这里有两个被人引用的生物学例证：一是灵长类动物有较长的婴儿期，对母亲有强烈的依附。在早期发育阶段失去母亲的个体，正常的人际智能发育将受阻，这是很危险的。二是对于人类来说，社会交往很重要。在史前社会里，狩猎、陷阱、宰杀动物都需要多人的参与、合作，团体的凝聚、领导和组织，都很自然地遵循这一原则。很明显，原生家庭及社会化对人生具有非常重要的影响。

根据多元智能理论发展轨迹的分析，幼儿在出生后的最初几年里，虽然对行业和领域一无所知，但他们脑中对周围世界是如何运作的这一理论和概念已经形成了相当牢固的看法，同时他们至少对于人类经常使用的一些基本符号系统具有了初步的判断能力。幼儿获得这些符号技能和理论概念知识的主要来源，是他们与所生活的世界之间自发的相互作用。所以我们不能否认他们在特定文化背景下以及周围的环境中所受到的影响。

从发展轨迹分析中我们也可以思考提供给儿童怎样的教育模式。儿童能得到什么样的信息，取决于他所接触的成年人或老师所展现的是专才、创造性还是某种程度的天才，取决于儿童在早期受到鼓励的或被阻止模仿的，是上述天赋模式中的哪一种。在“天赋项目”的课程中，教师或家庭教师的决定，对儿童的最终发展方向起着很重要的作用。

对幼儿智能的早期培育是非常重要的。主要采用的是“多彩光谱项目”测试。从实用的角度看，幼儿大脑的可塑性特别强，如果幼儿园的教育不那么僵硬呆板，课程的选择也较为灵活，那么在早期发现儿童的认知特长，对家长和老师将会有很大的益处，即原生家庭及早期社会化将会对个体产生很重要的影响。在“多彩光谱”方法的实施中，我们可以观察到，活动角里，儿童们非常喜欢观察能干的大人或年龄较大的伙伴，看他们是怎样完成这些工作或玩游戏的。所以只要我们提供观察的机会，或者说设立学习中心，让儿童自己动手或是和同是新手的伙伴们一起动手，那我们就可以提供给他们一个自力更生的环境，让他们在这个小社会里培养认知和成长。

在家长、教师和“多彩光谱”三者观点的比较中，家长在确认自己孩子的杰出能力时都很积极，也就是说产生了偏见。同时，家长们往往都是望子成龙，不仅力促自己的子女在传统的学业领域里出类拔萃，还希望他们在各个领域都表现突出，使儿童原本承受的压力更加沉重，反而不利于儿童的成长。也正是因为这样，“多彩光谱”分析所得到的信息就不见得一定有用，其中部分还是取决于儿童的家庭环境。观察儿童在“多彩光谱”项目第二年活动中的表现，加上对于家长和教师的采访，结果显示，儿童在第一年里表现出的智能强项，在第二年中继续发展。儿童的一个强项能否再次显现，取决于以下几个条件：家庭对于这种能力的价值观，学生因此在同伴中是否获得声望，学生的兴趣和自己的强项是否吻合。

很明显，不同的原生家庭会对人产生不同的影响。一个来自单亲家庭，生长在充满暴力、辱骂的环境之中的孩子，对一年级的功课感到十分困难，面临着学业不及格，其实这种局面对于这样家庭环境中成长起来的孩子是很常见的。但是这样的一个孩子如果能得到老师的重新认识以及认同，同时对自己产生信心，那么他还是有可能产生进步的，这则是早期社会化对他产生的影响。

六七岁的儿童热衷于幻想和进行有限的尝试，思路倾向于自由翱翔。但是到八九岁的时候，绝大部分儿童在感情和注意力上会有很明显的变化，从而为教育提供了机会。童年中期（8—14 岁）的教育，应有一定程度的专门化。以每日的活动为基础，让少年儿童及早了解学科的意义，掌握学科的内容和有关技巧，与同伴在同一领域内的进展进行比较等是重要的。如果缺乏这种机会，那么将来在工作中这些能力一旦变得非常重要时再想弥补就会感到为时已晚。如果一个人找到了适合自己的行业或职业，他就可能获得满意的人生，为社会做出贡献并实现自己的个人价值。

人是多元智能的载体。虽然人类个体可以在一定范围内发展自己的能力，最后进入各种各样的“最终状态”，但与社会隔绝时却办不到。即使像语言那样普遍的能力的发展，也只有通过儿童与成年人之间的交流才能实现。不仅语言的学习过程需要在儿童与社会的相互影响下进行，而且儿童两岁以后学习的大多数内容，也是由社会所决定的。只有通过真正的早期社会化，才能最佳地发展和促进人类的认知能力。人们在实际生活中遇到的问题，往往不以规则的形式出现，需要综合周围环境中的事件和信息使这些问题成型。所以我们需要知道怎样通过社会这个框架来激励人们能够熟练地运用他们的能力。一旦我们确认智能是通过个人的能力、社会的价值观和社会组织的相互作用而发展的,我们就更有可能制定方针,发挥主动性,从而使人类的智能更有效地发挥作用。

换句话说,原生家庭对于个体早期社会化的影响是不容忽视的。在个体进入职业之前,从幼儿到少年到青年阶段,原生家庭如果能够根据个体的智能情况有针对性地培养,就能够引导个体更好地面对和认识自我与世界,从而形成自己的思考,这对个体将来的职业发展大有裨益。

一个人的职业生涯发展如何在很大程度上取决于自我的行为,然而个体又需要在组织中方能完成职业生涯的具体内容,而组织又是身处环境之中并随之变化的,可以说一个人的职业生涯离不开个体、组织、环境的相互作用和影响,不同个体、不同组织与不同环境将导致不同的职业生涯结果。需要指出的是,上述理论都是西方学者基于西方的个体、组织和环境所取得的成果,在中国情境下或许存在一定的局限性。因此,我们应结合我国的实际并考虑自身情况,在此基础上规划职业生涯,管理职业生涯,以形成适合中国社会的职业生涯理论体系和实践经验。

❑ 案例思考

1. 从钱学森的职业与人生(案例 1-1)中,我们可以得出关于个体与家庭的启示有哪些?

2. 针对褚时健的传奇人生(案例 1-5),请分析他是如何从低谷中爬起,哪些因素鞭策着他创造自己的传奇,我们又可从中获得哪些启示。

3. 请对自我进行分析,并判断自己属于哪种职业生涯类型。在规划职业生涯时,我们应当注意什么?

❑ 读者建议箱

1. 致学生:

(1) 原生家庭是个体社会化的开始,每个人从原生家庭出来后都不可避免地带上原生家庭的“烙印”,因而个体要通过原生家庭来了解自我、正视自我、调适自我。

(2) 没有目标的人可能在职业生涯中走弯路,但光有目标是不够的,要加以行动与沟通。此外,个体必须重视职业生涯规划并加以实践。

(3) 在实践过程中,选择适合于自己人生发展的理论要点作为指导,才能解决实践中的问题。

2. 致家长:

(1) 原生家庭对于个体的性格、能力、价值观、职业走向都有着深刻的影响,而这些影响起源于家长的教养方式,因而家长应当了解并重视职业生涯规划,帮助孩子找到适合自己的职业道路,而不是将自己的想法强加于孩子。

(2) 客观地审视自己在孩子成长过程中提供了哪些内容,这些内容中哪些是限制了孩子发展的，并及时地做出调整。

3. 致组织管理者：

（1）组织管理者作为一个个体同样需要职业生涯规划，正视自己的优势与不足，调适自我以适应职业发展。

（2）管理者需要从组织层面思考问题，要根据员工的特点和组织的需求，实行恰当的组织职业生涯规划政策，做到组织与员工的双赢。

第二章

原生家庭与自我重生

本章要点

1. 古往今来，人们对认识自我这一问题进行了深入的思考。个体总是依托于家庭而成长的，因此，个体要想真正认识自我，就必须找到自我的源头——原生家庭。本章为个体认识自我、了解原生家庭对个体的影响和作用提供帮助。

2. 个体的人生规划离不开家庭这个细胞，在进行人生规划时须考虑家庭的种种因素。职业规划是人生规划的重要内容，把职业规划和人生规划结合起来，既需要有事业又需要有家庭。本章为个体的人生规划、恋爱与幸福婚姻的培育提供指引。

3. 对个体来说，发挥智慧，扬长避短，是个体切断原生家庭的负面因素，实现自我重生的重要途径。本章为读者正确认识自我、识别自己的优势劣势、在大学中实现自我成长与重生提供指导。

4. 对于自我的认知和测试，有很多辅助性工具，本章帮助读者从不同层面了解自我，用不同的工具探知自我，为个体了解自己的气质类型、职业倾向、人格特质等提供工具性的支持。

第一节　认识自我，需要回溯到原生家庭

原生家庭是个体所出生、成长的家庭，即父母的家庭，它不仅为个体带来生活习惯、价值观念等的习得和继承，也会对个体以后的学习、工作和婚姻产生不可磨灭的影响。

认识自我，需要回到原生家庭。从中找到自己的优势和劣势，扬长避短；找到原生家庭中存在的问题，“切断”负面因素。

案例 2-1　透过《都挺好》看原生家庭的影响

苏明玉成长在苏州小城里这样一个糟糕的原生家庭：

苏母管家实行铁腕政策，老公被她治理得服服帖帖。苏母重男轻女，对小女儿苏明玉实行打压，甚至表现出厌恶。苏父自私懦弱，同情苏明玉，但是又不敢站出来说一句公道话。

“我俩哥总是火腿加鸡蛋，我就是一碗泡饭，他俩不是果汁就是牛奶，我就是一杯白开水！我还要洗碗擦桌子扫地……”苏明玉十八岁以前，每天被这些不公平的大事小事折磨着。

苏母省吃俭用为两个儿子买了三间房，却舍不得给苏明玉买一本复习资料，甚至阻止她去念清华大学，建议要么免费上师范大学，要么听安排去做医院的护工。

“凭什么？”

“苏明玉，你是个女孩子，你怎么能跟你两个哥哥比呢。”

苏明玉彻底绝望，扔下父亲给的生活费，逃离了苏家。在她与家人决裂时，父母发过毒誓，立过字据：将来苏大强夫妇就算老死，也不需要苏明玉养老送终。

庆幸的是，苏明玉遭遇的种种不公，都转化为她前进的动力，她发誓要出人头地。终于，苏明玉凭着自己多年的努力，成为一个精明强干的女强人。拿到一手烂牌的她，却打出了最漂亮的翻身仗。“那些受到的伤害，你可以不原谅，也可以选择放下。”

在放下了对原生家庭的心结后，苏明玉与世界的关系不再是紧张而尖锐的，她重新拥有了爱与被爱的能力，并获得了自己的幸福。

案例 2-2　哪吒与敖丙

2019 年 7 月，电影《哪吒之魔童降世》热映，上映当天票房破亿，登顶中国动画电影冠军宝座。

哪吒是魔童降世，人们怕他，恨他，也歧视他。小时候的他偷跑出来，想和小朋友一起踢毽子，却被其他孩子排挤和欺负，冲他砸东西。即使哪吒打跑了妖怪救了人，仍然被人们误解、殴打。愤恨的哪吒，只能在无人的角落，自己念叨：我是小妖怪，逍遥又自在，杀人不眨眼，吃人不放盐……在一次又一次的恶作剧中，哪吒大大咧咧，没有良心，孤独

而倔强地长大。

但是哪怕所有人都孤立、歧视他，父母却始终没有放弃相信他。心怀恐惧的人们要把他处死，生死瞬间，是哪吒妈妈舍身上前，把哪吒护在怀里。哪吒喜欢踢毽子，母亲就陪他踢，一次次被踢倒，一次次爬起来："儿子，敞开玩，玩尽兴。"哪吒被人误解，母亲就安慰他："他们只是还不了解你，多给他们点儿时间。"为了解开儿子身上的天劫咒，父亲日夜奔走，甘愿以命换命。为了给儿子办生日宴，父亲委曲求全，挨家挨户相请。

危急的时刻，坚定守护；孤独的时候，用心陪伴；犯错的时候，接纳引导。父母的爱融化了哪吒那颗孤独脆弱的心，让他在"成魔"的路上，获得了向上和向善的力量。

比起哪吒，敖丙虽为"灵珠转世"，却一直活得很压抑。

这个长着龙角的翩翩少年，更像是我们身边的"别人家的孩子"：听话、懂事、能力出色。他单纯善良、儒雅有度，却从出生起就背负着整个龙族的希望。在父亲眼里，他不是他自己，而是整个龙族等待千年的一个机会，是最后的一根救命稻草。龙王把灵珠给了他，把用全体龙族身上最硬龙鳞铸就的万龙甲给了他，就像我们的父母，把所有最好的东西，尽数倾注在孩子身上。

一边是家族的荣耀，一边是无辜的百姓。要实现父亲说的家族复兴，必须活埋整个钱塘关。敖丙在善恶的纠缠和煎熬中，艰难地选择。

哪吒和敖丙，按照天命，一个是魔丸，一个是灵珠。哪吒在父母爱的浇灌中长大，即使背负着所有人的质疑、憎恨，以及上天注定的悲剧，仍然靠着原生家庭注入的温暖和正义，成功逆袭。而敖丙，从小到大，原生家庭给予他的，是仇恨、是重负、是以爱为名的控制，纵然天生好命，也难逃心魔。

在案例 2-1 中，原生家庭对苏明玉的影响塑造了她的性格，让她成为一个坚韧与自卑的矛盾体。但苏明玉没有放弃自己，她在痛苦中切断原生家庭的负面影响，与自己和解。不同的父母，不同的原生家庭教育方式，也会使得神魔颠倒，就像案例 2-2 中的哪吒与敖丙，邪恶的魔丸拯救了苍生，善良的灵珠却欲摧毁一切，可见原生家庭对个体的影响伴随其一生。

一、原生家庭的成长因素

家庭具有整体性、复杂性和多样性等特征。正是因为家庭的这种特殊性，家庭关系比其他任何一种社会关系更加长久，更加稳定。个体的成长背景、内在誓言和在家中的排行都会对个体社会化及其日后的家庭、工作产生不可估量的影响。

成长背景，在一定程度上决定着个体一生的成长轨迹和成就高度。出身于条件优裕的家庭中的人，从小就有更多的受教育机会和更小的生存压力，对未来也就有更高的期许。出生于父慈母爱的家庭中的人，更容易真诚对待他人，案例 2-3 中自信、开朗的傅园慧就生活在这样一个充满爱的家庭中。

案例 2-3　　傅园慧的原生家庭

2016 年里约奥运会上，傅园慧以优异的成绩、超级自信和开心的表情被网友捧为“洪荒少女”，在全网爆红。但没过多久，因伤病严重，比赛接连失利，她在游泳池大哭，压力大到让自己呕吐。瞬间，所有人都对她感到失望：“什么洪荒少女？人一红，就飘了。”

网络暴力，让傅园慧崩溃了，消失了。父母找了她一天一夜，找到她时，她在倾盆大雨中走了十几公里。爸爸只说了一句：你不要想太多。然后陪着她回家。

傅园慧刚进省队时，有人跑过来跟傅爸说：“你们家傅园慧在游泳队里说自己是天才。”话语里满是嘲笑。一般父母，可能面子挂不住附和说：“哪有哪有，别听她胡说。”转头还要批评孩子：“你要谦虚一点，别到处张扬。”但傅爸却在女儿面前，对那个人说：“是的，我们傅园慧真的是天才。”他的语气里，有一种不容辩驳的坚定。

父母随意说的一句话，可能会成为孩子的信仰。每次比赛前，傅园慧都会对自己说：“我是最棒的，最好的，是个天才。”这听起来挺傻的三句话，成为她遇到困难时最重要的力量源泉。

2018 年世锦赛，傅园慧终于打破亚洲纪录。傅园慧在父母爱的教育下成了一个愿意爱自己、相信自己的人。

有时候，个体总能在自己身上看到父母的影子，看到自己的过去，这就是所谓的“心理按钮”。一个总是看到母亲用眼泪牵制父亲的小孩，当他婚后看见妻子落泪时，会大发脾气。这是因为他在潜意识里认定妻子会像母亲想要控制父亲那样控制自己。妻子触犯了他的心理按钮，让他感觉儿时的影像仿佛又在重演，从而启动自己的防御机制。

“内在誓言”是长久以来存在于个体心中的某种理念或原则。每个人都有一个“心理按钮”，有人害怕遭受不公平的际遇，有人则害怕自己被他人背叛，这深受“内在誓言”的影响。

家庭总会在无形中向个体灌输很多思想。儿时生活在父母的猜忌与争吵中的人，“婚姻不可靠”的想法会伴其一生。一个人儿时听到母亲辛苦工作后的抱怨，就会在心里立志让家人过上更好的生活。

社会化，是指个体通过学习知识、技能和社会规范，使自己有能力独立参与社会生活，从自然人转变为社会成员的过程。原生家庭是个体社会化的初始单元，它无时无刻不体现着个体早期的人际关系和职业倾向。

原生家庭可以通过家庭氛围影响个体社会化。如果家庭关系紧张，孩子就极易产生焦虑不安、恐惧等不良情绪，不仅不利于孩子形成初步的情绪调控能力，还会影响孩子的人际关系、交往能力和心理健康。

案例 2-4　《钢琴教师》

电影《钢琴教师》讲述的是一个跟原生家庭关系密切的故事。女主艾丽嘉(Erika)是一个外表严肃苛刻、内心控制欲极强的女钢琴教师，导致她这种变态心理的是母亲从小对她强势的控制和父爱的缺失。

在影片的开端，年近40的艾丽嘉因没有按时回家而遭到了母亲的辱骂。母亲看到艾丽嘉新买的衬衫说这不是她这个年龄该穿的东西。随后二人在抢夺衬衫的过程中将衬衫撕碎，因而大打出手。

母亲对女主有着过强的控制欲，想方设法地控制她、监视她。而女主看似妥协但内心深处依然有非常强的反抗意识。她通过自残来发泄情绪。母亲限制她和男性接触，女主又从小缺失父爱，所以她对异性缺乏正确的认识，导致了她不正常的恋爱观。

当她和喜欢的男人在一起时，总是想控制男人的行为。如果男主没有按照她的想法做，她就用暴力或者以对方最不舒服的方式对待他，并且还把自己变得脾气很暴躁。

可是等到男主读了她的信，发现了她强烈扭曲的观念而愤然离开后，局势发生了转变。她开始委曲求全，甚至主动去亲近他，告诉他，她再也不做他不愿意让她做的事。这一下子，她又从神坛跌落谷底，成了被动的那一个。

在影片的最后她狠狠刺了自己左肩一刀，这或许是一种情绪发泄，或许也象征着一种重生。

案例2-4中的女主艾丽嘉，从小缺失父爱，又被母亲强势控制，紧张的家庭关系严重影响了她的心理健康，使她丧失了与恋人正常交往的能力。

家中排行也会影响个体的性格。老大一般是父母眼中的“好孩子”，他们听话、懂事，相对于弟妹而言服从性更高，观念更保守，排遣不愉快的情绪需要花费的时间也更长。最小的孩子相对更任性，也更乐观，他们在家里没有决定权，因而依赖性也就更强，更习惯逃避责任，却也更容易拥有美满的婚姻和友谊。排行中间的孩子既没有老大拥有的特权，也没有老幺受到的宠爱，因害怕得不到关注而刻意表现自己，长大后容易对人际关系敏感。

值得注意的是，现在的家庭大多是独生子女，所以很多人兼具老大、老二、老幺的特点。这就要求个体注意甄别自己从原生家庭中遗传到的优势和弊端，并注意发挥智慧，扬长避短。

二、原生家庭类型

依据家庭中的教养方式及文化底蕴两个维度，可以将原生家庭划分为四种类型，如表2-1所示。

表 2-1 原生家庭类型划分

	文化底蕴及资源丰厚	文化底蕴及资源薄弱
教养方式民主	书香门第	普通民主家庭
教养方式专权	富足专权家庭	普通专权家庭

教养方式民主、文化底蕴及资源丰富的家庭,堪称书香门第。在央视《百家讲坛》中妙语连珠的易中天,自身博学超群,家世更是不凡:父亲易庭源,中南财经政法大学教授;叔祖易甲鹇,清朝第一批公费留学生,辛亥革命功臣之一;曾祖易翰鼎,就读于闻名天下的两湖书院。"忠厚传家远,诗书继世长。"案例 2-5 中的梁启超及其子女,也生活在一个这样的书香门第之中。家庭环境的熏陶,让在书香门第中长大的孩子从小就有自己的主见,经过父母的言传身教,个体的职业基础好,职业有潜力。

案例 2-5 梁启超家族

梁启超是我国近现代著名的政治家、思想家、史学家、文学家。除了自身取得卓越成就外,他还通过言传身教和悉心培养,让九个儿女各有所成。

梁启超注重对孩子进行深厚的人文底蕴熏陶。为了充实子女们的国学、史学知识,梁启超聘请他在清华大学国学研究院的学生谢国桢来做家庭教师,课堂就设在饮冰室的书斋里。国学方面,从《论语》《左传》到《古文观止》,唐诗和名家名作,由老师重点诵读。史学方面,从古代至清末,由老师重点讲解。书法方面,每天临摹隶书碑帖拓片,写大楷二三张。

梁启超的长子梁思成后来成为我国著名的建筑学家,当梁启超把梁思成送到美国读书时,专门告诫:"要分出点光阴学习文学。我怕你所学太专门之故,把生活也弄成近于单调。太单调的生活,容易厌倦,厌倦即为苦恼,乃至堕落之根源。"科学做事,人文修身。直到今天,梁启超的见解仍然对人们有深刻的启发意义。

文化及资源底蕴丰富,但教养方式专权的原生家庭,为富足专权家庭。富足专权家庭虽然可以给子女提供优渥的精神及物质食粮,但在这种家庭长大的孩子往往缺少主见,摆脱不了原生家庭的束缚,因此长大后的主要任务便是接管自我。

教养方式民主,但文化及资源底蕴薄弱的家庭,为普通民主家庭。虽然子女在成长过程中得到的来自原生家庭的帮助有限,但是有自己的主见。因此子女在长大后首先要求得生存,在社会上立足,然后做好自己。正如案例 2-6 中的喜剧演员戴维·布瑞纳,在接纳家庭资源不足的基础上,在成长过程中弥补没有充分获取的文化知识教育。

案例 2-6 **一枚硬币**

喜剧演员戴维·布瑞纳出生于一个贫穷但很和睦的家庭。在中学毕业时,他得到了一份难忘的礼物。

“我的很多同学得到了新装,有些富家子弟甚至得到了新的轿车。”他回忆说,“当我跑回家,问父亲我可以得到什么礼物时,父亲的手伸进上衣口袋,取出一样东西,轻轻地放到我手上——一枚硬币!”

父亲对我说:“用这枚硬币买一张报纸,一点不漏地读一遍,然后翻到分类广告栏,自己找一个工作。到这个世界去闯一闯,它现在已经属于你了。”

“我一直以为这是父亲同我开的一个天大的玩笑。几年后,我去部队服役,当我坐在散兵坑道认真回首我的家庭和我的生活时,我才认识到父亲给了我一种什么样的礼物。我的那些朋友得到的只不过是轿车或者新装,但是父亲给予我的却是整个世界。这是我得到的最好的礼物。”

在文化底蕴及资源薄弱,且教养方式专权的家庭中长大的孩子,因自我需求长期被忽视、父母要求严厉,极易自卑,害怕承担错误,往往缺少自己的主见。正如案例 2-7 中出生在美国贫民窟的莉丝,在成长过程中承担着接管自我与解决生存的双重压力。

案例 2-7 **电影《风雨哈佛路》**

莉丝出生在美国的贫民窟里,从小就承受着家庭的千疮百孔,在毒品、艾滋、饥饿充斥的环境中度过童年。莉丝深受酗酒、吸毒父母的虐待,家庭环境极差。在学校,莉丝肮脏的衣着和藏在头发里的虱子让她饱受同学嘲弄,终因逃课被送进女童院。

在 15 岁时,母亲死于艾滋病,父亲进入收容所。莉丝拼尽全力维持的家庭最终破碎,她开始流落街头,捡拾垃圾,偷东西,她整夜乘坐地铁,因为只有在这里才能温暖入梦。但莉丝早就知道,自己的生活之外,还有一个光鲜明亮的世界,只是她与那世界始终相隔。

随着慢慢成长,莉丝决定不再继续这样的生活,她要改变命运,重返高中。无处安身的莉丝常在地铁站、走廊里学习、睡觉。她用 2 年的时间完成了 4 年的课程,并获得“《纽约时报》一等奖学金”。影片的最后,她迈着自信的脚步走进了哈佛大学的学堂。

贫困并没有止住莉丝前进的决心,在她的人生里面,勇往直前的奋斗是永恒的主题,并因此以优异的成绩进入哈佛大学。

三、原生家庭的基模作用

原生家庭是孕育个人身体与心理成长的摇篮,家庭背景下的行为模式为个体今后的职业生涯提供了基模。进一步而言,过去的家庭历史可以帮助个体了解问题产生的根源。原生家庭对于个体职业生涯的基模作用主要体现在家人的角色与关系、家人的沟通模式与习惯、家庭的情感关系以及家庭的适应方式等方面。

过去儒家学说所提倡的人伦观念“君君，臣臣，父父，子子”，就是指君、臣、父、子各自要扮演各自适当的角色，社会才会井然有序。父母对于子女，除了生养，更重要的是帮助子女养成思考、判断、克服困难的能力。

中国家庭的感情表露方式内敛而含蓄，家庭成员比较不善于表达私人的感情，尤其是夫妻不习惯表露亲热相爱之情，关系显得比较平淡；而为人父母者，对自己的孩子也较少当面夸奖，袒露喜爱之情。从根本上说，这是因为传统的中国社会谦虚谨慎，较为内敛，表现在家庭关系上就更为含蓄。

当一个家庭面临日常生活上的困难时，全家应以怎样的方式去面对并且适应？案例2-8中，莫言母亲的故事或许可以给我们一些启发。一家人可能遭遇经济上的危机，或家庭成员重病，或子女受到学校处分，又或夫妻间产生感情上的误会等困难或问题。对此，每个家庭采取的应对方式不同，对子女也会产生不同的影响。

案例 2-8　　莫言母亲的故事之一

我记忆中最痛苦的一件事，就是跟着母亲去集体的地里捡麦穗，看守麦田的人来了，捡麦穗的人纷纷逃跑。我母亲是小脚，跑不快，被捉住，那个身材高大的看守人扇了她一个耳光，她摇晃着身体跌倒在地。看守人没收了我们捡到的麦穗，吹着口哨扬长而去。我母亲嘴角流血，坐在地上。脸上那种绝望的神情我终生难忘。多年之后，那个看守麦田的人成为一个白发苍苍的老人，在集市上与我相逢。我冲上去想找他报仇，母亲拉住了我，平静地对我说：“儿子，那个打我的人，与这个老人，并不是同一个人。”

母亲教会了儿子什么是宽容和理解。

我记得最深刻的一件事，是一个中秋节的中午，我们家难得地包了一顿饺子，每人只有一碗。正当我们吃饺子时，一个乞讨的老人来到了我们家门口，我端起半碗红薯干打发他，他却愤愤不平地说：“我是一个老人，你们吃饺子，却让我吃红薯干。你们的心是怎么长的？”我气急败坏地说：“我们一年也吃不了几次饺子，一人一小碗，连半饱都吃不了！给你红薯干就不错了，你要就要，不要就滚！”母亲训斥了我，然后端起她那半碗饺子，倒进了老人碗里。

母亲教会了儿子什么是怜悯和同情。

原生家庭之所以对一个人如此重要，不仅因为它赋予了个体生命，更因为它是个体社会化的初始阶段，自始至终都影响着个体的自我认知。原生家庭的社会经济地位、父母因素、家庭结构和亲子关系等交织在一起，塑造着个体的性格和能力，对个体价值观和意识形态的形成与发展具有潜移默化的影响，最终影响个体未来的人际关系及职业走向，如图2-1所示。

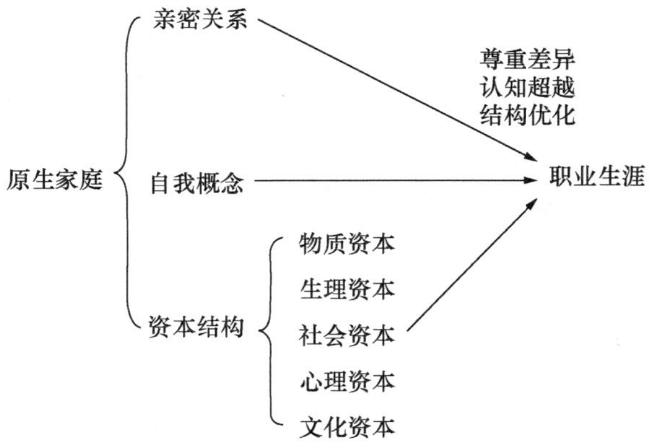

图 2-1　原生家庭的影响机理及自我重生

任何人都不是天生的强者，成为强者的必备条件不仅需要先天的继承，更需要后天的习得。同时，成为强者是一个长期的过程。在这个过程中，原生家庭的影响至关重要，可以说成为强者的第一步就是从原生家庭迈出的。因而，个体需要处理好与原生家庭的关系，认清自己的优势和劣势，不断地拓宽视野范围，进而超越自我，成为职场中具有竞争力的强者。

第二节　人生规划，离不开家庭这个细胞

人生规划，是指一个人综合考虑眼前的机遇和制约因素，合理地确立自己的人生发展方向和奋斗目标，为达到这一目标而确定行动方案并为之努力的过程。人生规划受到家庭因素的影响和限制，需要考虑家庭的种种条件与背景。

一、家庭对于个体的意义

家庭是社会结构的一个基本单位，家庭的物质生活特征和精神生活风貌不仅影响个体幼时的身体和心理发育，也会对其成年后的心路历程与人生发展轨迹产生一定程度的影响。

首先，家庭给了个体生命，给予其营养。在这个过程中，家庭就像是个体的避风港，父母亲人一直无私地为其成长保驾护航。

其次，家庭是智力、生活方式、社会地位和思想观念等传承的介质，这对个体的社会化起着直接的作用。父母是孩子的第一任老师，其言行对孩子的影响是巨大的，无意中的一句话或一个动作都会导致孩子某一习惯的养成。

再次，家庭影响个体性格的养成，包括基因的遗传、家庭氛围和父母教育方式的影响等。尽管个体可以通过后天的塑造调整自己，但一些潜移默化的影响很难完全改变。一个充满攻击性的家庭所培养起来的孩子，其性格中或多或少也是有攻击性的。一个温和淳朴的家庭所教育出的孩子，其性格也会比较温柔，这就是案例 2-9 中莫言母亲的教子之道。

案例 2-9　莫言母亲的故事之二

莫言的母亲,正像那个年代千千万万个母亲一样,不识字、没有读过书,但这并不妨碍这位母亲成为一名成功的"教育家"。

"我记忆中最早的一件事,是提着家里唯一的一把热水壶去公共食堂打开水。因为饥饿无力,失手将热水瓶打碎。我吓得要命,钻进草垛,一天没敢出来。傍晚的时候我听到母亲呼唤我的乳名,我从草垛里钻出来,以为会受到大骂。但母亲没有打我也没有骂我,只是抚摸我的头,口中发出长长的叹息。"

"我在故乡生活了二十一年,期间离家最远的是乘火车去了一次青岛,还差点迷失在木材厂的巨大木材之间,以至于我母亲问我去青岛看到了什么风景时,我沮丧地告诉她:什么都没看到,只看到了一堆堆的木头。但也就是这次青岛之行,使我产生了想离开故乡到外边去看世界的强烈愿望。1976 年 2 月,我应征入伍,背着母亲卖掉结婚时的首饰帮我买的四本《中国通史简编》,走出了高密东北乡这个既让我爱又让我恨的地方,开始了我人生的重要时期。"

最后,家庭是个体情感的依靠、归宿和寄托。人是有感情的,需要通过一个场所释放或收获情感。长期孤僻的人更容易做出让人不理解的行为,极端时甚至会对社会产生危害,尽管这不能全部归因于家庭的缺失,但不健全或是畸形的家庭结构确实会对个体的成长产生不利的影响。

二、恋爱与自我成长

恋爱是建立婚姻和家庭的起点,健康美好的爱情是完美婚姻和幸福家庭的基础条件。恋爱技能的掌握有助于帮助我们找到正确地爱人和被爱的方法,在感情路上走得更加顺畅。要建立良好的恋爱关系,不仅要注重提高与恋人在相处上的沟通技能,也要在恋爱互动中保持自我成长、自我提升。案例 2-10 中张幼仪的故事深刻说明了自我提升的重要意义。

案例 2-10　张幼仪的自我成长

张幼仪,在徐志摩的心里,是一个没有灵性、没有才华的人。她在徐志摩面前表现的端庄、寡言,在他看来却是传统、没见识。晚年的张幼仪在自传里谈起了自己的家庭。

在张家,生女孩子是不作数的。张家总共有十二个孩子,八男四女,可每当外面的人问母亲她有几个孩子的时候,母亲总说自己有八个孩子。在张家,女孩子也没有接受高等教育的机会。曾经张幼仪很向往读书,在她的争取下,父母让她读了两年书。可后来因为被安排嫁人,中断了学业。

在张幼仪出嫁时,母亲依旧给她灌输传统的理念,叮嘱她在婆家只能说"是",不能说"不",并且告诉她与公婆处理好关系,比与丈夫处理好关系更重要。15 岁的张幼仪牢牢记住了母亲的话。后来,张幼仪还坦言,自己会讨好公婆,却不会讨好自己的丈夫,似乎与母亲说的话也有关。

结婚后,张幼仪很快怀孕生子。而自认完成了传宗接代任务的徐志摩,却迫不及待地离家求学。徐志摩为了追求林徽因,不顾已结婚4年,并有了一个儿子的妻子张幼仪。为了方便离婚,他甚至逼她打胎。在张幼仪生下孩子不久,又逼迫她在离婚协议书上签了字。

而离婚及第二个儿子的夭折,都没有打垮张幼仪。在德国,她发愤图强,克服语言关,说得一口标准流利的德语。在裴斯塔洛齐学院幼师教育专业学习,主修幼儿教育,继续完成了在15岁中断的学业。

回国后,她与好友办起了云裳服装公司。虽然是合伙,但其实大家都是凑热闹的心态,她才是主要的经营者。她不做老板,做"经理",一直认为这是"八弟和几个朋友合作的小事业"。而那几个朋友里,也包括徐志摩。凤凰涅槃的张幼仪,渐渐地找到了属于自己的舞台。她将云裳服装公司经营得风生水起,打开了事业发展的窗口。回国后出任上海女子商业银行副总裁,在金融业屡创佳绩,股票市场出手不凡,一时间声名大震。她对丈夫、对夫家、对儿子尽到了最大的责任,也赢得了大家的尊重。1953年,她嫁给了一名香港医生,生活安定富足。

没有受过专业教育的张幼仪,在一开始,命运掌握在丈夫手里。后来通过奋发学习改变自己,驾驭自己的人生。可见,看清自己,看懂别人,可能是比爱情更重要的事。

如表2-2所示,在恋爱中,女性自我成长的途径有很多,比如丰富自己:养成看书的习惯,跟有思想的优秀人士交流,重视自己的身体,学会投资理财,试着发现生活中的美,远离泡沫偶像剧,培养自己的兴趣等。有兴趣爱好的女人,生活一定是丰富多彩的。沉浸在自己的兴趣中,陶冶性情,修身养性,避免成为"望夫石"。

表2-2　女性自我成长与自我管理

自我成长(安全感的提升)	自我管理(与对方相处上)
丰富自己	不要追问过去
有自己的工作	切忌发号施令且试图控制对方
有自主权但不是强权	接受他的家人
适时的性感	允许他有异性朋友
情绪管理,克制感性	赞美他并注意表达方式

对女性而言,工作可以让自己拥有自给自足的经济能力,不卑不亢的社会身份,有节奏的健康生活。尤其是现今社会,离婚率逐年升高,若女性没有独立的经济来源,遇到变故时生活将会非常窘迫。女性在恋爱时也需要保持一颗理智的心,有自己的主见。与有自主权的女性相处,对男生而言是一种刺激的挑战,爱情常常会在这种挑战中坚定下来。

但女生不可太强权,否则会伤害到男生的自尊心。

如表 2-3 所示,男性自我成长的途径有很多,如丰富自己:端正对待工作和学习的态度,养成看书的习惯,跟有思想的优秀人士交朋友,重视身体健康,远离网络游戏等。恋爱中的男性首先要学会在沟通时全神贯注地聆听,让对方感觉到被接纳;同时还要思考,并适当表达自己的观点与判断,切忌不要让对方觉得在自说自话。

表 2-3　男性自我成长与自我管理

自我成长(安全感的提升)	自我管理(与对方相处上)
丰富自己	适度殷勤地灌溉爱情
学会倾听他人	善于交流沟通
学会自我肯定	适当照顾对方的喜好
有自己的事业	给予对方适度的安全感(忠诚)
培养幽默感	切忌自私小气

我们总能够通过亲密伴侣发现自己的"特质"。自我肯定和被恋人肯定能够带来很多好处,其中之一就是在感情上会少些隔阂,这也意味着会给恋爱关系带来更多的良性循环。

事业是男人生存的基础,是男人价值的真正体现。拥有自己的事业的男人是自信的,因为事业是对其能力的一种肯定。钟爱自己的事业并为之奋斗的男人,在女人眼里是迷人的、有魅力的。

男人的幽默感就像女人的好身材一样,是一种天然的吸引力。幽默感是个人魅力的加分项。有幽默感的男生会用轻松诙谐的语言缓解尴尬的谈话氛围,体现其机智聪慧;有幽默感的男生会在适当的场合适度地自嘲,体现其自谦有礼。提升幽默感,需要从内在、外在、修养、思想等很多方面去努力,因为有涵养支撑的幽默感才是幽默,否则可能沦为不讨喜的玩笑。

通过恋爱过程的自我管理与自我提升,个体自然会成长为一位优秀的恋人,优秀恋人应当具备的特质及其具体表现,如表 2-4 所示。

表 2-4　优秀恋人应当具备的特质

有用	有专业能力
可爱	谈资丰富
可靠	踏实靠谱
可敬	有修养有格局

三、从恋爱到婚姻

原生家庭帮助个体完成社会化的过程，也会影响到个体组建新家庭时的恋爱观与婚姻观。在处理恋爱与婚姻的关系时，一方面，个体要考虑自己的原生家庭，如家庭背景、家庭价值观念等，合理规划自己的恋爱方式与婚姻生活；另一方面，个体应留意自己的“心理按钮”，并进行谨慎分析，适时地做好传承或切断。

个体离开原生家庭以后的生活模式，可以从原生家庭中找到最初的影子。婚姻是两个人公开了的海誓山盟，是遇到任何艰难险阻也要履行的誓言，是一个人对另一个人全身心的奉献；婚姻是彼此担当的爱的承诺，是由悔改和宽恕构筑的二人世界；婚姻也是一种相互服侍的召唤，相亲相爱，真正缓和爱人的所有疑虑和恐惧。

进入恋爱或婚姻中的两个人对对方的要求更加苛刻，对彼此的变化更加敏感，在这个过程中，正视并接受现实是拥有甜蜜恋爱与幸福婚姻的先决条件。恋爱与婚姻一样需要经营，男女双方对彼此之间的感情要小心呵护，而且需要更多的技巧，表 2-5 列示的培育幸福婚姻的技巧，供读者参考。

表 2-5　培育幸福婚姻的技巧

发现彼此关系的长处	如沟通、处理矛盾、理财、休闲、感情和性生活、家人和朋友、家务分工等方面
一起度过更多的精心时刻	进行坦率而真诚的沟通，或一起做彼此都喜欢的事情
一起计划，一起实现梦想	开列一张自己这辈子想做的事情清单，让自己的伴侣看看（如案例 2-11）
一起讨论	如讨论自己恐惧的东西。当我们知道一个人害怕的东西是什么时，我们的心会对他更开放

案例 2-11　一起计划，一起圆梦

吉姆和艾米是一对年轻夫妻，他们一起计划，一起梦想，这也是他们结婚前后感情一直保持亲密的诀窍之一。在被问到他们是如何看待这个诀窍时，艾米这样回答：

“结婚前，我的丈夫给了我一本漂亮的空白相册，他在空白处写下了他的一些梦想，等待着有照片去记载他企盼的时刻。看到他写的那些话‘娶艾米’‘买房子’‘生个小宝宝’，使我盼望与他一起实现梦想，一起创造更多值得纪念的东西。”

在培育幸福婚姻的过程中，妻子应当这样对待丈夫：

（1）接受丈夫的全部。女人对男人的接受，对于男人来说十分关键。设法“改造”对方，要求对方变成自己心中构建的那个样子，必然带来对方的愤怒与反抗。通过婚后生活在一起的潜移默化的过程，人的个性会自然而然发生变化。

（2）顾及男人的脸面。比如，当着众人的面，不揭短；当着子女的面，维护他做父亲的尊严；当着朋友的面，保护他的经济隐私；和别的男人适当保持距离等。男人一旦丢掉了面子，心里的阴影便会越积越重，直到冷彻心扉。

（3）懂得对丈夫表达感恩。舍得牺牲、适时“示弱”、懂得感恩。虽然工作繁忙，但也要多花一点心思在爱情及家庭上。对于老公的点滴付出，要懂得感恩，肯定老公对家庭的贡献。

（4）肯定对方的优点。在肯定对方时，也要讲究方法，不能一味肯定和赞美，不能盲目崇拜和敬仰，否则可能导致对方对自己的轻视。如果把对方捧到天上，自己的姿态就势必会低到尘埃里。

（5）支持丈夫所做的努力。每个伟大的男人背后总有一个更伟大的女人。女人不是要停留在男人身后，而是应该支持丈夫所付出的努力。当男性所挚爱的女子以一种独有的方式接受并且鼓励他们的时候，给他们带来的能量是超乎想象的。

与此同时，在培育幸福婚姻的过程中，丈夫应当这样对待妻子：

（1）关爱疼惜她。记得每天一个电话。出门在外，最牵挂自己的人就是自己的妻子，为了让她睡好觉，别吝啬您的电话。记得妻子的生日，世界上最近的人，就是自己的妻子。生日那天，记得不要让她做饭，让她也享受一下浪漫。

（2）陪她聊天。女人天生是喜欢倾诉的，她们通过倾诉把压力释放出来。所以，一个爱妻子的人，一定要学会倾听和沟通。不轻易打断她的话，偶尔表示赞同，让妻子更加爱您。

（3）学会回家。演员陈道明说：“好男人的基本标准：不一定要浪漫，但一定要负责任；不一定要挣大钱，但一定要养家；不一定要事事听父母，但一定要有孝心；不一定要三从四德，但一定要宠老婆；不一定要飞黄腾达，但一定要有时间陪家人。”

（4）充分理解妻子。女人的唠叨是一种关心爱人的形式，千万不要打断她心底那幸福感的奏鸣。妻子撒娇是爱的赐予，鄙视丈夫的女人是不会在丈夫面前撒娇的。男人应该怕老婆，“怕”是谦让，是爱的凭证。

（5）坚守婚姻的承诺。张中行先生写的关于伴侣的断想：“已成伴侣，应珍视如意部分，忽视不如意部分，躬自厚而薄责于人。坎坷经历，时间拉长，会使不如意部分淡化，如意部分浓化。以是，伴侣不难成为恩爱的。”

（6）主动承担部分家务。家务应由夫妻双方共同承担，即便是全职主妇，也不应包揽所有家务。夫妻一起从事家务劳动也是一种家庭生活情趣，所谓男女搭配干活不累。夫妻在一起协作，有利于夫妻加深感情，培养情趣。

（7）保证亲子时间。在中国有着长期的“男主外、女主内”的传统，尽管有“养不教，父之过”的古训，一些男士还是不愿意待在家里。要知道，父母共同参与亲子教育，有助于孩子理解男性和女性的不同角色。4 岁前不与父亲一起生活的男孩在性别角色上趋于女性化。同时，早期失去父爱的女孩在女性角色的形成上也受到影响。

（8）积极开导妻子。女人天生内心敏感、心思细腻，加上兼顾家庭和工作的压力让女人难免有脆弱无助的时候。积极而温暖的话语或许会有帮助，也可以组织户外活动帮助妻子走出低落的情绪。正如案例 2-12 所言，家不是一个讲理的地方，而是一个讲爱的地方。

案例 2-12　家不是一个讲理的地方

一份不在婚礼上的家长的致辞

萍儿：

爸妈听到你要结婚的喜讯，真为你高兴，远隔千里，我们不能参加你的婚礼，不能在婚礼上献上我们的家长致辞，这是我们内心的一点遗憾。但你是我们的女儿，相信你能理解爸妈的一份感受。那天放下电话，我和你妈沉默了良久——我们的孩子怎么一下子就长大了？

后来，你妈对着镜子淡淡地说："你看，我的白头发又多了，萍儿也该结婚了。"我数着你妈的白发，那些白发竟像许多往事，一件一件浮上心头。你妈提醒我："还是给女儿写一封信吧！就算是我们送她的一份新婚礼物。"

萍儿，我们只是天底下最平凡的父母，我们的孩子也是天底下最平凡的女儿，我们不奢求太多，只是希望我们的孩子踏上婚姻之路、走向人生之旅后，能满怀感恩，一路平安。在这里，给你一个我们的生活体会。

首先告诉你："家不是一个讲理的地方。"这句话听起来，很没有道理，但千真万确，这句话是真理，是至理，是多少夫妇、多少家庭(包括我们家)用多少岁月、多少辛酸、多少爱恨、多少是非、多少对错，在纠缠不清难解难分的混乱中，梳理出来的一个最后结论。

当夫妇之间开始据理力争时，家里便开始布上阴影，两人都会不自觉地各抱一堆面目全非的歪理，敌视对方，伤害对方，最后只能两败俱伤，难以收拾。多少夫妻，为了表面的一个"理"，落得负心无情。他们不知道，家不是一个讲理的地方，不是算账的地方。那么，何为"家"，家是什么地方？

萍儿，我们年轻的时候，也回答不了这个问题；也像许多夫妻那样，为一点小事争闹不休。那一年为了你小叔的调动问题，我和你妈大吵了一场，甚至闹到要离婚的地步。只是在那个时代我们还缺乏勇气，直到有一天，一位老战友在他孩子的婚礼上说"希望你们白头偕老，相爱永远"时，爱这简短的字，像春雷响在我心里。

是的，家不是一个讲理的地方，家该是讲爱的地方。爱一时很容易，爱一生一世却不容易，这里有许多妙处需要我们去总结和体会。

其次我们要告诉你：婚姻是个盒子，你必须往里面放东西，才能取回你要的东西；你放的越多，得到的也就越多。很多人结婚时，对婚姻有许多期盼，期盼从中得到富贵、慰藉、爱情、宁静、快乐、健康，其实婚姻开始的时候，只是一个空盒子。走到一起的两个人，一定要养成一个习惯，去给，去爱，彼此侍奉，彼此赞赏，日后那个空盒子才会日渐丰富起来。

空盒子最该先放的应该是"思念"，思念是一种我们刻骨铭心的东西，它是两个人有了肯定，有了感情，然后进而关怀，进而疼爱的一种情绪。"思念"是疲惫时通向家里的一条小路,是寒冷冬夜里的一股暖意,是匆忙推开家门后扑面而来的饭香……

空盒子里还要放进"艺术",婚姻生活中的艺术。在婚姻生活中,需要艺术的地方无处不在,生气有艺术,吵架有艺术。有一对夫妇含辛茹苦养育了五个孩子,其中之艰难,只有他们自己能体会。一天,夫妻为了孩子的一件小事吵起来,越吵越厉害,眼看不可收拾,妻子突然说:"等一下,我要去生孩子了。"这句话,就是吵架的艺术。

婚姻的盒子里,除了放"思念"和"艺术"外,还有许多东西,都可以放进去,这有待你们自己去填补。

写到这里想到一位作家说过的一句话:"你们生养他,教育他,你们的责任已尽,而你们给他最好的礼物,是一对翅膀。"

萍儿,这封信,就是爸妈送给你的结婚礼物,我们希望你带着我们的祝福,快乐地飞翔!

爸爸妈妈

第三节　自我重生,发挥智慧与扬长避短

"梅须逊雪三分白,雪却输梅一段香。"拿破仑身材矮小,林肯相貌不扬,罗斯福小儿麻痹,每个人总会或多或少地在某方面存在一定的缺陷,就算是伟人也不例外。有些缺陷是先天性的,无论个体后天如何努力也无法改变;也有些缺陷可以通过后天的努力得到不同程度的弥补。

著名管理学家彼得·德鲁克曾在1999年的《哈佛商业评论》中发表这样一个观点:一个集体需要克服的是"短板定理"。而对于个人来说,发挥自己的长处,比努力去补齐短板更为重要。发挥智慧,扬长避短,是个体切断原生家庭的负面因素、实现自我重生的重要途径。

一、自我认知是重生的开始

美国著名的"优势理论之父"唐纳德·克利夫顿(Donald Clifton)博士认为:判断一个人是否成功,最主要的就是看他能否最大限度地发挥自己的优势。诚然,每个人都有先天的优势,也有先天的不足,发现并发挥自己的优势是快速制胜的法宝。如果一个人把大部分时间和精力都用来弥补缺点,那么他很可能就失去了成功的机会,因为许多缺陷是后天难以弥补的。

了解自己的优势和劣势是扬长避短的前提,也是个体探知自我的过程。识别自身优势与劣势需要有剖析自己的勇气,需要有深刻反思自身的能力,还需要有正确的方法。

首先,对自己言行进行反思,即自我认知。这是识别自身优、劣势最简单的方法,但也可能是最不准确的方法。因为一个人对于自己的评价带有很强的主观性,个体的思维方式、价值观念限制其对自己客观真实的评价。

其次,通过他人对自己的看法进行识别,即他人评定。但评价自己的对象不能选择

对自己的经历、性格都不了解的人，也不能是仰慕自己或者是惧怕自己的人。应该是经历比较丰富，对很多事情有一定洞察力与见解的人，只有这样的人才能敏锐地发现他人的性格特征，并进行合理分析，指出其长处与短处。

再次，通过将自身的思想、气质、性格等特质与他人加以比较，即比较法。这不仅能使个体发现自己的优、劣势，还能使个体通过分析他人的长处，取长补短，以弥补自身的不足。

最后，借助心理测试。通过测量人的某些心理特征，衡量个体的心理因素，个体可以对自己的内心世界、心理与现实的差异有更好的了解。但心理测验的解释很重要，解释不当会给人带来负面的暗示。并且，心理测试的作用只是提供一定的参考，并不能代表个体最真实的情况。这是因为，一套测试并不能对所有人都适用，而且人是不断变化、不断成长的，心理测试也仅仅能够反映个体在测试时间点上的特征。

案例 2-13　回避劣势法

瑞士银行中国区主席兼总裁李一，1988 年去美国迈阿密大学留学时，最初学的是体育管理专业。他发现那是“属于富人玩的游戏”，于是在离毕业还有半年时，毅然报考沃顿商学院。美国沃顿商学院是世界首屈一指的商学院，李一考得并不轻松，前后面试了三次，仍然未果。

最后一次面试，他干脆在考场上直截了当地问主考官：“如果我没有被录取，最可能的原因是什么？”主考官回答说：“很可能是因为你没有工作经验。在美国，商学院录取的前提条件就是要有商务工作经验。”

李一首先做出的反应不是承认自己的不足，或者说如何弥补自己的短板，而是立刻反驳道：“按你们的招生材料所说，沃顿作为世界最优秀的商学院，肩负着培养未来商务领袖的重任。但世界各国发展很不平衡，如果按你们现在的做法，在商务成熟的国家会招生特别多，在中国这样的发展中国家可能一个也不招，这跟沃顿商学院的办学宗旨是相矛盾的。”

出人意料的是，李一的反驳得到了主考官的欣赏。面试出来后，招生办主席秘书给李一打电话说：“主席对你的印象特别好，说你很自信，与众不同。”后来，在当年 52 个申请该校的中国学生当中，李一成为唯一被沃顿商学院录取的中国学生。

从案例 2-13 我们可以看出，在面临某些问题的时候，巧妙地回避自己的劣势，扬长避短，比一味地弥补自己的不足更为有效。

要想扬长避短，个体首先要正视自己的不足甚至在某些情况下隐藏自己的不足，不让劣势影响成功。这并不意味着个体可以将自己的劣势放任不管，而是要在适当的时候加以改正与完善。如果一味地逃避，致使自己的缺点囤积得越来越多，那么它们在未来也会给自己带来伤害。

其次，个体要认识并定位好自己。每个人都有自己的优点，也有自身的缺点，并不是每个优点都能给个体加分,也并不是每个缺点都能将自己置于不利之地。个体在分析自己的优点与缺点时,要注意把握那些能够给自己带来机遇的优点,并给予更多的关注;要特别注意那些会给自己带来极大负面影响的缺点,并及时规避和改正。

最后,做好自身定位,个体要在明确自身优、劣势的基础上,结合自身资源和现实情况,有效地扬长避短。也就是说,个体要制定切合实际的目标,并为此展开人生的奋斗和策划,案例 2-14 中周冬雨的故事深刻地体现了这一点。如果一个人将目标定得太大、太空,那么无论如何扬长避短,都很难得到理想的结果。

案例 2-14　　鬼马精灵周冬雨

虽然一个演员的演技可以逐渐提升,境界越来越高,但是也总有人因外貌条件的限制而不能演一些角色。如果强行扮演,只会感觉十分违和,从而忽略演员的演技。

周冬雨的长相看上去并不够惊艳,小脸,五官也很小巧,但是透露着一股灵气,让人过目不忘。所以周冬雨饰演的角色大都是非常有个性、活泼可爱的鬼马精灵女孩。这对非常了解自己的周冬雨来说,她演的每个角色看起来都像是为她量身定做的。

她在接受采访时曾说道,有一个导演让她扮演一个世纪美人,当时她就拒绝了。她表示自己不是那种大眼睛的美人,也不会去尝试那些不适合自己的角色。

当被问到自己会不会尝试像妲己那样的角色时,她毫不犹豫地回答自己演不了,并说如果一些角色在自己能力范围之内,她可能会去挑战一下。但是每个演员由于外形、气质等天生的原因,都有一定的局限性。所以虽然大家都在尝试突破自己,但不是任何角色都能够胜任,聪明的演员懂得去扬长避短。

二、自我和解是重生的内在动力

良好的家庭成长环境是个体之幸,幸运的个体生逢其时,令人羡慕,不幸的个体让人惋叹经历,同情命运。面对迥然有异的社会场景,那些或多或少蒙受家庭阴影的个体更需要自我坚强,更需要坚信命运掌握在自己手里。

接受现实、接受自己对于走出原生家庭带来的心理阴影具有特别意义。但是,接受现实不等于消极地随遇而安,而是要正确认识自我、看清自己的优缺点。在此基础上,像案例 2-15 中的苏明玉一样,与自己寻求和解、对自己好一点,这样才有利于个体适应社会、促进心理健康。

案例 2-15　　苏明玉如何实现重生

在曾经势同水火、剑拔弩张的对立和冲突中,我们看到消弭矛盾、重叙天伦的最大功臣,当时苏家的主心骨——明玉。在那个“重男轻女”的大家庭中,受到伤害最严重的她,却成为危机四伏的家庭里最坚强的顶梁柱,成为支离破碎的原生关系中最重要的黏合剂。

苏父的遗嘱，哥哥的道歉，明玉的眼泪，让旧日的痛苦和纠缠渐渐消散了。

苏明玉求不到苏母低头说一声道歉了，哥哥明成也不能体会她多少个夜里愤恨的情绪，她看上去触目惊心的少年时期也得不到她想要的抚慰。

苏明玉来这人间一趟，不是为了解决她家庭种下的恶果，她是要看向美好的太阳。本性的唤醒和回归，夙怨的放下与释怀，与其说这是一场亲情圆满自洽的处理，不如说这是一场爱与生命的疗愈。

我们与家庭的和解，与过往的和解，其实也是一场与自我的和解。

既然一些痛楚无法逾越，我们何不接纳它们，因为缺陷本来就是多彩生活中的一部分。何况，每个人的生命中都有美好的存在，值得我们终其一生去重视，去把握。因此，自我和解，摆脱挣扎与折磨，首先要爱惜自己：

学会借势。张学良借家族之势，身为张作霖最器重的儿子，子承父业，摇身成少帅，年仅 27 岁就成为 30 多万东北军的新首领，风头一时无二。苑子文、苑子豪借学校之势，以"北大双胞胎"之名出书，迅速走红，如今和多个品牌有合作。章泽天借婚姻之势，拥有自己喜爱的事业，与京东相互成就。

发挥优势。任正非曾谈道："我英文不好，但是不等于说我英语能力不行，大学时我是英语课代表，能进行简单交流。但 20 年军旅生涯没有使用这个工具的机会，就生疏了。当我走向新的事业的时候，虽然语言对我很有用处，但我发现我最主要的优势是对逻辑及方向的理解。于是我放弃对语言的努力，集中发挥我的优势，这个选择是正确的。如果用过多精力去练习语言，可能对逻辑的理解就弱化了。"

放松，并欣赏自己。美国诗人沃尔特惠特曼（Walt Whitman）在《我自己的歌》中写道：

> 我赞美我自己
> 我闲步，还邀请了我的灵魂
> 我俯身悠然观察着一片夏日的草叶
> 我，一生下身体就十分健康
> 希望永远如此，直到死去
> 不论我从善从恶，我允许随意发表意见
> 顺乎自然，保持原始的活力。

接受，并顺势而为。接受自己的平凡，努力变得不平凡。"鹰击长空，鱼翔浅底，万类霜天竞自由。"尝试着接受自己，像案例 2-16 中的数学天才一样，接纳自我的不完美，顺应自然，自己的人生才真正开始。

案例 2-16　接纳自我，美丽心灵

电影《美丽心灵》讲的是一个接纳自我，珍惜现实美好的故事。

他是一个有着社交缺陷的数学天才，终其一生都伴随着精神分裂的困扰。由于严重

的社交障碍，同时作为一个骄傲的神秘天才，他内心极度孤独而渴望认可，导致精神分裂幻想出三个与之相关的人物，以获得现实中没有的心理补偿。

一个是小女孩，获得其纯真世界里的信赖。

一个是活泼的室友，获得其激励、陪伴及理解。

一个是为国家执行秘密任务的老大，获得其专职重用和为国家奉献数学价值的机会。

而他们都是他幻想的人。精神分裂让他痛不欲生。然而命运总是公平的，他遇上了一生鼓励与欣赏他的挚爱。

在妻子的帮助和坚持下，他最终学会与自身障碍和平共处。他接纳了天生社交缺陷的事实，接纳了自己精神分裂疾病的叨扰。在影片的最后，他坦然接受了幻想的三个人，也接受了自己。他依然坚持着一生学术上的追逐，终于获得了梦寐以求的成功。

需要提醒的是，要想完全摆脱原生家庭的负面影响是不现实的，在长久的日常生活中，总有一个时刻会重新唤醒那段记忆。然而，每个人的原生家庭又是自己无法选择的。因此，既要利用家庭因素带来的有利条件，又要跳出家庭造成的束缚与禁锢。因此，自我和解，要注意与原生家庭的负面影响做好切断。

经济独立。当自己经济独立之后，就可以有自己独立的空间，做一些感兴趣的事情。经济独立让自己不卑不亢，正视自己的需求并满足自己。

情感独立。当自己不能经济独立的时候，要尽可能地做到情感独立。坚守自己的原则，不让外界一些负面因素过多影响自己。不依靠别人去获得安全感，而是拥有自己的快乐。

锻炼身体。照顾好自己的身体，锻炼独立生活能力。锻炼，带来的是生活的充实，是思维的转变，是精神的独立。

建立自己的人脉圈。人脉圈是有魅力的个人品牌，是需要个人持续、主动地投入而构建、维系。强大、高品质的人脉圈可以帮助自己实现独立。

案例 2-17　　《小偷家族》

《小偷家族》是一部家庭题材的电影，在 2018 年荣获戛纳电影节金棕榈奖。

家人回家路上遇到了在户外挨饿受冻的小女孩由里。信代起初极力主张将女孩送回父母身边，但看到由里被熨斗烫到的伤疤、各种瘀青时，又心生恻隐。

心疼的老人拿着药帮她涂抹，但由里始终不会笑，不会哭。被问及这些瘀青是怎么弄的时，小姑娘只说，这是自己摔倒的，妈妈待她很好。

由里 5 岁还在尿床，半夜起来给她换衣服的信代，发现她身上到处都是没有愈合的伤疤，信代问由里，父母是不是对她不好。但由里小声反驳说：妈妈是喜欢我才打我的，妈妈还给我买新裙子。

后来信代带由里在商店里买泳衣时，由里瑟缩着问她：待会儿不会被打吗？

由里爱上了不用挨打就可以得到的泳衣，吃饭、睡觉、洗澡都要穿着。她抚摸着信代和自己一样的伤口，两道被熨斗烫伤的伤口并排放在一起，好像由里看到了信代同样被虐待的童年。

在由里彻底融入这个家庭的时候，她剪去了头发，也换了名字。信代把由里以前的衣服烧掉时，紧紧地抱住她，告诉她："他们说喜欢你才会打你，是假的。真正喜欢你，会像我这样抱着你。"

案例 2-17《小偷家族》中的由里让人心疼，妈妈打她，她却为妈妈辩护，小小的自己以为妈妈是爱她才打她。她不能选择出生在幸福的原生家庭中，但是她可以选择从家庭带给自己的负面影响中走出去，所以适时做好切断是非常明智的。

三、大学学习是重生的关键环节

步入大学校门，我们的角色发生了转变。大学的学习阶段，是一个不断成长与积淀的过程，是自我成长与重生的关键环节。或许学习的过程不那么美好，但这会增长自己的阅历，为自己的未来助力。

在大学，首先要充实自己的知识，在学习中成长。大学拥有最好的图书馆、优秀的老师、丰富多彩的课堂，这些都可以帮助我们增加知识储备。大学生活也意味着要独立，自己做抉择。除此之外，还要培养自己的思辨能力，批判地看待事物，不囿于一方一线；事后学会反思不足，从中汲取经验。

在大学，其次要提升自己的技能，像案例 2-18 中的俞敏洪一样，在专业学习中成长。专业学习要耐得住寂寞，王国维在《人间词话》中说过，古今之成大事业、大学问者，必经过三种境界。"昨夜西风凋碧树，独上高楼，望尽天涯路。"此第一境也。"衣带渐宽终不悔，为伊消得人憔悴。"此第二境也。"众里寻他千百度，蓦然回首，那人却在灯火阑珊处。"此第三境也。

案例 2-18 俞敏洪的逆袭路

俞敏洪出生在江苏江阴的一个贫困村子里，他虽然是农村田野里的插秧能手，但是从小学习成绩就差。在连续考了三次大学后（他的英语成绩从最初的 33 分、55 分考到 98 分），他出人意料又非常幸运地进了北京大学。

在北京大学，同学们都比从农村来的俞敏洪聪明能干。所以他从上大学的第一天开始，就总是被人嘲笑。到北京大学报到时，农民的儿子俞敏洪穿着布衣、挑着扁担、背着脸盆和棉被走进宿舍，舍友很吃惊，嘲笑他说："你们看呐，没开学就有人来搞推销了！"还有一次俞敏洪进宿舍时，室友在读书。他随口就问："看什么书呢？"舍友说："《第三帝国的灭亡》。"俞敏洪满脸不解地问："英语系，看这种书干嘛？"室友不屑地瞥了他一眼，那个眼神俞敏洪终生难忘。

在农村老家，俞敏洪是村里十里八乡人羡慕的北大学子，而在北京，他仅仅是个从农村来的土老帽。

他提道，世界万事万物，可供做好的点无穷无尽，只需找到一两个点做好即可。像俞敏洪，他在大学期间的最后两年，拼命背单词，到大学毕业的时候，俞敏洪的词汇量已经是全班第一了，有同学过来问他单词，他不用查字典，都可以解释得清清楚楚。这时，同学们开始用一种赞许的眼光看俞敏洪，就这样俞敏洪慢慢走上了自己的重生之路。

俞敏洪曾说，自己脱离自卑整整用了10年的时间，直到从北京大学毕业，办了新东方学校有了钱，最后发现，自己居然能把徐小平和王强从美国非常好的岗位上拉回来一起创业，才开始对自己有了内心的认可。

在大学，在社团中寻求成长。成长是一个人的果，当众人温暖即成了“社”，沟通是两个人的事，当人才汇聚便成了“团”。在社团中，我们可以找到与自己有共同兴趣爱好的知己，在相互关心与激励中变得活泼开朗，锻炼自己的沟通与人际交往能力。

在大学，兼职是一个提前适应社会的好机会。兼职的过程可以磨炼一个人的胸怀。从精致利己到格局有度，一个人的格局，是需要在做事中慢慢提升的。当然，大学生兼职也存在被骗的情况，需要仔细辨别，兼职有风险，入职需谨慎。

在大学，选择很重要。决定成为什么样的人，是个人的选择，而并非能力。案例2-19中凯金斯的经历，传达了选择的重要性。但愿每次回忆，都不后悔自己当初的选择和经历的生活。

案例2-19　　凯金斯：为自己做的负责

2008年8月，美国女孩塔米卡·凯金斯和她的队友夺下了北京奥运会女子篮球赛的冠军。之前，凯金斯已经参加过许多重大的比赛。“如果没有我父亲的教导”，凯金斯说，“我不会出现在任何一个赛场上”。

凯金斯天生听觉受损。3岁时，父母带她配了一副大而笨重的助听器。她讨厌这副助听器，尤其上小学后，她讨厌同学们的取笑。一次，老师问她：“4加2等于多少?”凯金斯紧张地答道：“6……6。”同学们顿时哄堂大笑，她的脸霎时变得通红，泪水涌满了眼眶。“我不会再在课堂上说一句话！”她告诉自己。

二年级的一天，凯金斯的母亲和耳科医生把正在上课的她叫到了教室外面。那一刻，凯金斯感觉到全班同学的眼睛都在盯着她，坐在她旁边的男孩更是“哧哧”地笑。“为什么我不能像别人一样?”凯金斯在心里质问。

那天下午放学路上，当凯金斯和姐姐路过一片荒野时，她猛地扯下助听器扔了出去。姐姐愤怒地盯着凯金斯说：“你为什么要这样做?”“不知道。”凯金斯耸耸肩。“爸爸和妈妈会发疯的。”姐姐说。凯金斯也有点儿害怕了。

回到家，凯金斯的母亲果然大怒。母亲命令凯金斯跟她回到荒野把助听器找回来，但找到天黑也没找到。那晚，凯金斯的父亲郑重地对她说：“你已经做了一个选择，以后你就必须在这种选择中生活。”凯金斯不明白父亲的意思。“你不想戴助听器，从今以后你就不必再戴着它了。没有了它，你必须照顾好自己的生活。”父亲说。让她掌握自己的人生，这也是父亲对凯金斯的行为做出的选择。

丢开助听器，凯金斯发现自己原来非常擅长唇读。没有了刺眼的助听器，其他孩子也不再取笑她。后来，凯金斯爱上了篮球。高中时，她的篮球技能超过了大部分同学，“当你在比赛中准确地投进3分球时，没有人会介意你的听力是好还是坏。”凯金斯笑道。

多年来，凯金斯一直祈祷能得到别人的喜欢。当她在篮球场上奔跑时，她发现自己得到的已经远远超过了她所祈祷的。父亲说：“这是你自己掌握了自己的人生的结果。”这个结果让凯金斯顺利地进入了征战伦敦奥运会的美国女篮代表队。“在伦敦奥运会，我将展示我最好的表现。比赛完回到美国后，我会把自己的经历和感受带给那些像我一样有听力障碍的孩子。”凯金斯对记者说。

“你会鼓励他们扔掉助听器吗？”记者笑问。凯金斯哈哈一笑，说：“当然不会，我会告诉他们，每一个人都是特别的，只要把握好自己，他们同样会得到上帝的眷顾，美好的事情也将会发生。”

在大学交友过程中，要以人为镜，发现自己的优势与不足；在与老师交流过程中，可以寻求专业帮助，从老师身上汲取营养和光；在恋爱过程中，建立成熟的爱情观，坚持独立的人格，增强自信。

第四节　测试自我，其他辅助工具的应用

在进行自我认知与自我识别的过程中，个体需要借助某些辅助工具，从不同的层面和角度去了解自我，用不同的工具方法去探知自我。辅助工具的应用能够帮助个体更好地、更准确地测试自我。

一、从不同的层面和角度了解自我

自身因素在一个人的职业生涯发展中起着决定性的作用，能否发挥好这一作用，不仅与技巧有关，更与修养有关。一个有良好个人修养的人，他的职业生涯发展一定会左右逢源。自身因素通常包括身体因素、性格因素、心理因素、价值观因素、心态因素、行为因素及能力因素。

（一）身体因素

一个人职业生涯的发展与自己的身体状况密切相关，它确确实实是“革命的本钱”。健康的身体是职业生涯开始的首要条件。紧张忙碌的职场生活会导致个体压力增加，因此采取一些技巧，保持适度的压力来激励自己，但又不伤害身体是十分重要的。凡是积极追求健康的人，大多满意他们过去的职业经历。他们看重生命，关心健康，执着追求。

另外，性别问题对事业的挑战别具意义。男性觉得他们很难把时间充分分配到工作、家庭和休闲三个领域；女性则在家务需求和工作需求的协调方面感到困扰。每个人都必须找出自己真正的欲求，以便充分发挥自己的性别优势，成功扮演应该扮演的角色。

（二）性格因素

人们常讲，性格决定命运。可见性格对一个人职业生涯发展的影响是非常重要的。有些人故意强调自己的个性，让人感到孤僻、不合群、难以与其共事，这便压缩了自己职业生涯发展的空间，使自己难以成为团队中的核心成员。

性格是由各种特征所组成的有机统一体。许多工作对性格品质有着特定的要求，要选择某一职业就应该具备这一职业所要求的性格特征。人的性格千差万别，或热情外向，或羞怯内向，或沉着冷静，或火爆急躁。虽然每个人的性格都不能百分之百地适合某项职业，但可以根据自己的职业倾向来培养、发展相应的职业性格。

（三）心理因素

一个人对职业的心理感觉非常重要，职业生涯发展中的很多问题都是心理因素造成的。曾有学生大学毕业后被分配到一个偏远的基层单位，开始他满怀激情，结合自己学习的专业知识和工作实际，给领导提出一些建议和意见。但是领导并没有马上采纳和接受，这使得原本就有被发配感的他心里极不舒服，于是越发不屑与同事为伍，从此开始懈怠自己的工作。工作几年后，他不仅什么也没学到，没有做出一定的业绩，而且周围的人对他评价也不高。再回头看看，他发现很多不如自己的人相继提职晋级，他的心理就更加失衡，难以继续发展下去。

（四）价值观因素

价值观是一种内心尺度。它凌驾于人性之上，支配着人的行为、态度、信念，引导着个体认识世界、明白事物对自己的意义、自我了解、自我定向、自我设计等，也为个体自认为正当的行为提供充足的理由。

一个人在社会中必然会受到社会价值观念的影响，大多数人的价值取向，在很大程度上都是受社会主体价值取向所影响的。一个人的思想发展、成熟的过程，其实就是认可、接受社会主体价值观念的过程。社会价值观念正是通过影响个人价值观念而影响个人的职业发展的。

（五）心态因素

人的心理反应对思维和行为具有导向和支配作用。一个心态好的人，会心平气和地待人，客观公正地对己，脚踏实地地做事，乐观对待挫折，积极对待困境，冷静对待问题，理智对待是非；而不会因冲动而做错事傻事，不会因满腹牢骚而影响别人的情绪，不会因一时的失败而气馁，他会始终以积极、乐观、向上的精神状态去面对一切，职业生涯发展道路也会在其良好心态的呵护下变得更加平坦和宽敞。

案例 2-20　　高斯解千年难题

1796 年，解开两千多年数学悬案的高斯在德国哥廷根大学读书。他是个很有数学天赋的学生。每天，高斯都要认真完成老师布置的三道数学题。有一天，他顺利完成了前两道题，第三道题却做得非常吃力。

题目是这样的：只有圆规和一把没有刻度的直尺，画出一个正十七边形。高斯用尽了自己所学的知识，但依旧毫无进展。于是，他尝试着用超常规的方法，终于解开了这道数学题。

第二天，高斯把答案交给了导师，导师看了非常吃惊，问道："这是自己做出来的吗？"高斯回答："是我熬了一个通宵才完成的。"岂知导师激动地喊道："你解开了一个两千多年的数学悬案！"原来，这位导师努力多年，一直试图解开这道题，昨天不小心把这道题误交给了高斯。

很久之后，高斯笑着回忆道："如果知道这道题两千年来无人能解，我可能永远没有信心解开它。"由此可见，心态决定成败。

（六）行为因素

扎扎实实、一步一个脚印地做好自己的本职工作，是落实职业生涯设计思想的关键所在。设计得再好，想法再多，不去做也是白纸一张。老子说："合抱之木，生于毫末；九层之台，起于累土；千里之行，始于足下。"见异思迁的结果是，总是感到自己的处境不如别人，缺少明确的目标和不懈的努力。虽然整天忙忙碌碌，但是收效甚微，始终达不成自己的职业生涯发展的预期目标。

（七）能力因素

能力是职业生涯发展的根本因素，能力的大小决定着一个人的职业生涯发展状态，正确评价自己的能力，可以预知自己的职业生涯发展潜力到底有多大。一个人的能力是不断变化的，如果一个人能够不断学习，不断充实自己，不断提高自己的能力，就一定会获得职业生涯的快速发展。

二、用不同的工具方法探知自我

一个勇敢的人是敢于面对真实自己的人，也是一个接受现实的自己的人。很多大学生面对自己的世界时，感到非常的茫然，很想探寻一些答案却因不能客观地认识自己而出现过度的自我接纳或自我拒绝，甚至出现封闭于自我世界中、以自我为中心的倾向。在职业的选择中，客观的自我认识和积极的自我态度本身就是做出正确选择的资源，寻找到认识自我的正确方法是探知自我的基础。

（一）现实情境检验法

人们在苦苦地寻觅自我的时候，常常忘记了一个最质朴的方法，那就是在现实情境的释放中去认识自己。金利来公司在招聘员工的时候，总是在等候大厅里随意地放倒几个拖把，丢弃一些垃圾，甚至会有突然奔跑的孩子摔倒在地。在等待面试的人中，有的人聚精会神地背诵着求职的黄金法则，有的人会不断地装饰自己的衣着，有的人在仔细地阅读公司的相关背景资料，有的人则会很自然地扶正放倒的拖把、捡起垃圾、扶起摔倒的孩子。最后的结果是扶正拖把、捡起垃圾、扶起孩子的人会被录用，因为他们在没有任何矫饰和防御的情况下，自然地释放着对人、对事和对周围环境的一种态度。

（二）通过过去的成长经历认识自己

每个人的成长都是一个积累的过程，每个人都是背负着成长的经历走到今天，自己的过去一定会给自己的今天抹上一缕特殊的色彩。一位心理学家总结说："自己现在的人际关系是自己过去人际影响的全部总和的再现。"

北野武，一位享誉国际的导演，曾经以《坏孩子的天空》《菊次郎的夏天》等多部电影赢得了广泛的赞誉，他对 20 世纪 90 年代的日本电影有着深远的影响。有一次，他在接受电台的采访时，坦言在他的潜意识里，总希望通过暴力引起别人的注意和关怀，他最想引起父母对他的注意和关怀，正是这个情结成就了他的创作基调。

（三）适当地利用心理投射测验

在信息传播如此迅速的今天，很多人选择网络、短信或杂志上的一些投射测验来了解自己。但是投射测验不能滥用，应严肃地选择、应用并合理地解释。应该选择中国心理测量委员会正式出版和声明有效的测验。而且心理测验的解释也很重要，解释不当会给人带来负面的暗示。

（四）通过镜像自我来了解自己

著名的心理学家库里提出别人的存在就像是自己的镜子。通过别人对自己的态度和行为方式来了解自我，判断自我，给自己一个客观、公正的定位。在社会生活中，总会有人告诉自己真实的声音，这些声音在成长中是宝贵的，如果自己有十个朋友，他们就像是自己的十面镜子，从不同的方向照射自己，促进自己的自我完善。因此，不要怕刺眼，要勇敢地正视镜中的自己。

（五）通过内省的方法来了解自己

人能够与自己的内心真实地接触，通过和自己进行对话来认识和反思自我也是一个很好的方法。《论语》中孔子说要"吾日三省吾身"。人在内心深处整理自己的时候，会发现自己以前不曾发现的领域，甚至有的时候会产生顿悟，在心里打开一扇窗，以主动、积极地做出建设性的改变。

三、从九型人格看自我认识

九型人格论是讲求实践效益的理论，属于人格心理学的范畴，是应用心理学中的一种，其应用范围非常广泛。九型人格论的原作者已无从考究，20 世纪 80 年代，美国斯坦福大学的心理学系教授 Helen Palmer 和 David Dine，通过研讨会、工作坊、报告及讲座等各种形式，传播和推广九型人格。

九型人格论把人格清晰简洁地分成九种类型，每种类型都有其鲜明的人格特征。九型人格论所描述的九种人格类型，并没有好坏之别，只不过不同类型的人回应世界的方式具有可被辨识的根本差异（见图 2-2 和表 2-6）。

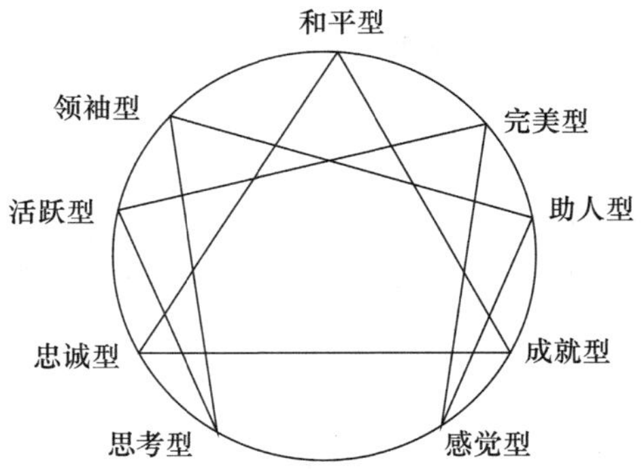

图 2-2　九型人格

表 2-6　九型人格与行为特征

性格类型	外表和气质	领导特色	在企业中特点
完美型	穿着整齐，端正，站姿挺直，严肃拘谨，没有太多表情	以事为中心，以成果为重，依计划行事，有时会独裁	• 优秀的组织人才，能觉察计划及工作进展的漏洞； • 有系统，按部就班，依计划行事； • 集中注意力在成果； • 努力勤奋，埋头苦干，少享受及轻松快乐，少嘉许自己； • 对同事要求严格，会板起面孔，欠耐性
助人型	笑容满面，热情，讨人喜欢，天真	以人为本，善于鼓励同事发奋图强，会顾全大局而放下自己的意见	• 热心帮助同事，主动与别人建立关系； • 支持及鼓励团队，产生亲密关系； • 善于给予建议； • 较少向别人求助
成就型	醒目、风头趸，讲究配搭，仪表出众	以目标为本，重视成就、爱表现、有效率，有时会变得专制	• 目标感强； • 爱冒险，有效率； • 有奋斗心，立志成功，向上爬； • 爱与别人比较及竞争，独来独往，与团队较疏离； • 较注重自己的成败得失，有时会炫耀自己
感觉型	有个人风格与品位，有眼光；感性，有艺术家气质	勇于尝试创新，创造传统以外的气氛；易被情绪控制，不容易妥协	• 有创意，直觉性，能从传统的规范以外看到事情； • 较为看重工作过程的感受，而对成果与目标的关注不强
思考型	冷静、不苟言笑，凡事不会有太大反应，喜怒不形于色，文静，深沉，有书卷气	能看清事情的来龙去脉，喜遥控领导，善于策划	• 策划力强，善于对环境及策略做出有创意的分析； • 精于通过专门知识研究事情； • 在实际操作及领导方面较逊色； • 与他人的关系较疏离
忠诚型	拥有警觉性的眼神，容易焦虑及不安	以人为本，是一位忠诚的政策执行者，警觉性高，善于处理危机	• 尽忠职守，忠心； • 有团队精神，为大局着想； • 忠于上头任命，较难自己拿主意； • 较被动及安全

(续表)

性格类型	外表和气质	领导特色	在企业中特点
活跃型	快乐热心,不停活动,不停获取,怕严肃认真的事情,多才多艺,对玩乐的事非常熟悉也会花精力钻研,不惜任何代价只要快乐,嬉笑的方式对人对事	人生目的是"快乐",乐观,要新鲜感,追上潮流,不喜欢承受压力,怕负面情绪,喜欢投入经验快乐及情绪高昂的世界	• 爱讲自己经验,喜欢制造开心气氛; • 乐观、精力充沛; • 做事欠缺耐性,易冲动行事
领袖型	有大将之风,霸气,有威严,声音嘹亮	指挥能力高,有控制力,有时令人觉得专制,率真而不客气	• 爱出主意,主持大局,挑大梁; • 善于指挥,任命他人,有领导力; • 不容易妥协,较易与伙伴产生冲突
和平型	祥和,好好先生一名,淡定平静,朴实无华	以人为本,能体恤团队的需要,顺其自然,凡事往好处看	• 能与团队和谐共处; • 能安抚同事,调停冲突; • 善于欣赏别人,看到他人的长处; • 心肠软,容易受人影响放弃自己的立场; • 容易分心,有拖延重要事情的倾向

充分了解九型人格,有助于个人成长、企业管理以及人际沟通和关系的处理,九型人格特别适合个体进行自我探知,也适用于组织中的人员招聘、项目合作、团队沟通。

首先,九型人格有助于认识自我、管理自我。掌握了九型人格,个体能明白自己的优劣势,认识自己的性格特质。更重要的是,掌握九型人格能够使个体进行自我管理,扮演好自己的角色,扬长避短。

其次,九型人格有助于个体明确自己的职业兴趣和职业目标。了解了自己的外表和气质,能够使个体明确自己的性格,也能明确自己在组织中的特点,从而有针对性地选择自己的工作。担任领导者角色的人,知道部属是哪一类型人,还有助于得其心,得其心则得其人;同时也会知道哪一种职位找哪一类型的人担任会做得更好,做到人尽其才。譬如,财务人员可找第一型"完美型",业务员可以找第三型"成就型",公关人员可以由第七型"活跃型",领导人才可以找第八型"领袖型",等等。

最后,九型人格有助于个体改善沟通,促进合作。知道了自己的性格以及对方的性格,个体就能够在与对方的交谈中有意识地加以控制,从而实现更好的交流。对于项目经理及项目人员来说,掌握了九型人格后,也可以明辨客户的性格特征,用其喜欢的方式与其沟通,知己知彼百战不殆。

九型人格是一张详尽描绘人类性格特征的活地图,是每个人了解自己、认识和理解他人的一把金钥匙,是一件与人沟通、有效交流的利器。但同时也要注意:勿在未能全面掌握时,乱贴标签,随便判断别人属于哪一类型;勿把别人看作某一类型的代表;勿把这套学问的"教条"套在别人身上;勿利用自己所属的类型当作不当行为的借口。

四、通过乔哈里窗认识自我

说到了解自己，一般人总想“我姓氏为何，家住何处，成长背景如何，有哪些心底事不欲为人所知，恐怕普天之下就我自己最清楚了！怎么会说我不了解自己呢?”这样的想法其实是很自然的，但心理学家乔瑟夫·鲁夫特（Joseph Luft）与哈利·英格汉（Harry Ingram）则针对这点提出质疑，并且以一个模式即乔哈里窗（Johari Window），来强调事实上人们常有许多连自己都不了解的地方。

乔哈里窗根据我们对自己的了解程度与别人对我们的了解程度，把每个人的资料分割成四个部分，说明自我披露及回馈两个重要因素与四个自我区域之间的关系，如图 2-3 所示。

	自己知道	自己不知道
别人知道	开放我	盲目我
别人不知道	隐藏我	未知我

图 2-3　乔哈里窗

可以发现，左上角那一扇窗称为“开放我”，这个部分指的是我们自己知道而别人也知道的部分，例如长相、身高等。

右上角那一扇窗称为“盲目我”，这个部分指的是我们自己不知道而别人却知道的部分，例如我们的口头禅和小习惯等。“盲目我”的大小与一个人自我观察、自我省察的能力有关，有些人内省特质比较强烈，他的“盲目我”就会比较小一点。

左下角那一扇窗称为“隐藏我”，这个部分指的是我们自己知道而别人不知道的部分。例如很多童年往事、痛苦辛酸的经验、身体上的隐疾等。缩小“隐藏我”是一件很不容易的事，因为一个人很可能会因此丧失自己原本拥有的自尊、荣誉或原本呈现给人的美好印象。诚如鲍威尔（Powell）在《为什么我不敢告诉你我是谁?》一书中所说的那样，“假如我告诉你我是谁，你将会不喜欢我，但那却是真正的我”。

右下角那一扇窗称为“未知我”，这个部分指的是我们自己不知道而别人也不知道的部分。艾森豪威尔①若未争取赴欧作战，可能永远不知道自己是一个天生的将军，具备卓越的领导才能。因此，这一部分通常指的是某些尚待开发的能力、特性。当然，如果将弗洛伊德潜意识的观念带进来，那么“未知我”里面也可能藏有许多不为意识层面所接受的欲望、痛苦和罪恶。

---

① 德怀特·戴维·艾森豪威尔（Dwight David Eisenhower，1890—1969），美国第 34 任总统，陆军五星上将。

五、测试软件或量表工具

（一）气质类型测试

气质主要是由先天决定的。通常心理学家认为，人的气质可分为胆汁质、多血质、黏液质和抑郁质四种。下面的调查表是由心理学教授陈会昌编制的，它可以帮助个体了解自己属于哪一种气质类型。

本测试题共60道题目，看清题目后请赋分，认为最符合自己情况的记2分，比较符合的记1分，介于符合与不符合之间的记0分，比较不符合的记－1分，完全不符合的记－2分。

1. 做事力求稳妥，一般不做无把握的事。
2. 遇到可气的事就怒不可遏，只有把心里话全说出来才痛快。
3. 宁可一人做事，不愿很多人在一起。
4. 很快就能适应一个新环境。
5. 厌恶那些强烈的刺激，如尖叫、噪声、危险镜头等。
6. 和人争吵时，总是先发制人，喜欢挑衅。
7. 喜欢安静的环境。
8. 善于和人交往。
9. 羡慕那种善于克制自己感情的人。
10. 生活有规律，很少违反作息制度。
11. 在多数情况下，情绪是乐观的。
12. 碰到陌生人会觉得很拘束。
13. 遇到令人气愤的事，能很好地控制自我。
14. 做事总是有旺盛的精力。
15. 遇到问题时常常举棋不定，优柔寡断。
16. 在人群中从不觉得过分拘束。
17. 情绪高昂时觉得干什么都有趣，情绪低落时觉得干什么都没意思。
18. 当注意力集中于某一事物时，别的事物很难让自己分心。
19. 理解问题总比别人快。
20. 碰到危险情况时，常有一种极度恐惧感。
21. 对学习、工作、事业抱有极大的热情。
22. 能够长时间做枯燥、单调的工作。
23. 符合兴趣的事，干起来劲头十足，否则就不想干。
24. 一点小事就会引起情绪波动。
25. 讨厌做那种需要耐心、细心的工作。
26. 与人交往不卑不亢。
27. 喜欢参加热烈的活动。
28. 爱看感情细腻、描写人物内心活动的文学作品。

29. 工作学习时间长时，常感到厌倦。
30. 不喜欢长时间讨论一个问题，愿意实际动手干。
31. 宁愿侃侃而谈，不愿窃窃私语。
32. 别人说我总是闷闷不乐。
33. 理解问题常比别人慢一些。
34. 疲倦时只要经过短暂的休息就能精神抖擞，重新投入工作。
35. 心里有话时，宁愿自己想，不愿说出来。
36. 认准一个目标就希望尽快实现，不达目的，誓不罢休。
37. 同样和别人学习、工作一段时间后，常比别人更疲倦。
38. 做事有些莽撞，常常不考虑后果。
39. 老师和师傅讲授新知识、新技术时，总希望他讲慢些，多重复几遍。
40. 能够很快忘记不愉快的事情。
41. 做作业或完成一件工作总比别人花的时间多。
42. 喜欢运动量大的剧烈活动，或参加各种娱乐活动。
43. 不能很快地把注意力从一件事上转移到另一件事上去。
44. 接受一项任务后，就希望迅速完成。
45. 认为墨守成规比冒风险好一些。
46. 能够同时注意几件事。
47. 当我烦闷的时候，别人很难让我高兴。
48. 爱看情节起伏跌宕、激动人心的小说。
49. 对工作认真严谨，具有始终如一的态度。
50. 和周围人的关系总是处不好。
51. 喜欢复习学过的知识，重复检查已经完成的工作。
52. 希望做变化大、花样多的工作。
53. 小时候会背许多首诗歌，我似乎比别人记得清楚。
54. 别人说我"出语伤人"，可我并不觉得这样。
55. 在体育活动中，常因反应慢而落后。
56. 反应敏捷，头脑机智灵活。
57. 喜欢有条理而不麻烦的工作。
58. 兴奋的事常常使我失眠。
59. 老师讲新的概念，常常听不懂，但是弄懂以后就很难忘记。
60. 如果工作枯燥无味，马上情绪就会低落。

测试结果：

做好后请根据下列题号的顺序分别算出您在四种类型上的得分。

胆汁质：2，6，9，14，17，21，27，31，36，38，42，48，50，54，58

多血质：4，8，11，16，19，23，25，29，34，40，44，46，52，56，60

黏液质：1，7，10，13，18，22，26，30，33，39，43，45，49，55，57

抑郁质：3，5，12，15，20，24，28，32，35，37，41，47，51，53，59

计分标准:如果某种气质的得分均高于其他三种气质得分 4 分,则可定义为该气质类型的人。此外,该气质的得分超过 20 分,则为典型型。如果得分为 10—20 分,为一般型。若两种气质的得分差小于 3 分,又明显高于其他两种气质达 4 分以上,可判定为两种类型的混合型;同样,如果三种气质的得分高于第四种,而且很接近,则为三种气质的混合型。

(二)气质类型与职业选择

1. 多血质(活泼型)

神经特点:感受性低;耐受性高;不随意反应性强;具有可塑性;情绪兴奋性高;反应速度快而灵活。

心理特点:活泼好动,善于交际;思维敏捷;容易接受新鲜事物;情绪和情感容易产生也容易变化和消失,同时容易外露;体验不深刻。

典型表现:敏捷好动,善于交际,在新的环境里不会感到拘束。在工作、学习上富有精力而且效率高,表现出机敏的工作能力,善于适应环境变化。在集体中精神愉快,朝气蓬勃,愿意从事合乎实际的事业,会对事业心向神往,能迅速地把握新事物,在有充分自制能力和纪律性的情况下,会表现出巨大的积极性。兴趣广泛,但情感易变,如果事业不顺利,热情可能消失,其速度与投身事业一样迅速。从事多样化的工作往往成绩卓越。

合适的职业:导游、推销员、节目主持人、演讲者、外事接待人员、演员、市场调查员、监督员等。

2. 胆汁质(兴奋型)

神经特点:感受性低;耐受性高;不随意反应性强;外倾性明显;情绪兴奋性高;控制力弱;反应速度快但不灵活。

心理特点:坦率热情;精力旺盛,容易冲动;脾气暴躁;思维敏捷,但准确性差;情感外露,但持续时间不长。

典型表现:具有强烈的兴奋过程和比较弱的抑郁过程,情绪易激动,反应迅速,行动敏捷,暴躁而有力;在语言、表情、姿态方面都有一种强烈而迅速的情感表现;在克服困难上有不可遏止和坚忍不拔的劲头,但不善于思考;性急,情感易爆发而不能自制。这种人的工作特点带有明显的周期性,埋头于事业,也准备克服通向目标的重重困难和障碍。但是当精力耗尽时,易失去信心。

适合职业:管理者、外交人员、驾驶员、服装纺织业人员、餐饮服务业人员、医生、律师、运动员、冒险家、新闻记者、演员、军人、公安干警等。

3. 黏液质(安静型)

神经特点:感受性低;耐受性高;不随意反应性弱;外部表现少;情绪具有稳定性;反应速度快但不灵活。

心理特点:稳重,考虑问题全面;安静,沉默,善于克制自己;善于忍耐;情绪不易外露;注意力稳定而不容易转移,外部动作少而缓慢。

典型表现:在生活中是一个坚定而稳健的辛勤工作者。由于这种人具有与兴奋过程相均衡的强抑制,所以行动缓慢而沉着,严格恪守既定的生活秩序和工作制度,不会为无谓的诱因而分心。黏液质的人态度持重,交际适度,不做空泛的清谈,不易激动,不易发脾气，也不易流露情感，能自制，不常显露自己的才能。这种人能长时间坚持不懈，有条不紊地从事自己的工作。其不足之处在于不够灵活，不善于转移自己的注意力。惰性使他因循守旧，固定性有余而灵活性不足。具有从容不迫和严肃认真的品德，性格上表现出一贯性和确定性。

适合职业：外科医生、法官、管理人员、出纳员、会计、播音员、话务员、调解员、教师、人力主管等。

4. 抑郁质(抑郁型)

神经特点：感受性高；耐受性低；随意反应性弱；情绪兴奋性高；反应速度慢，刻板固执。

心理特点：沉静、对问题感受和体验深刻、持久；情绪不容易表露；反应迟缓但深刻；准确性高。

典型表现：有较强的感受能力，易动感情，情绪体验的方式较少，但是体验时持久且有力，能观察到别人不易察觉的细节，对外部环境变化敏感，内心体验深刻，外表行为非常迟缓、忸怩、怯弱、怀疑、孤僻、优柔寡断，容易恐惧。

适合职业：校对员、打字员、排版员、检察员、雕刻工作者、刺绣工作者、保管员、机要秘书、艺术工作者、哲学家、科学家。

(三) 职业能力评估单[①]

目的：分析自身能力和目标职位的匹配性。

方法：按照指示语填写完整，如果您还想到一些项目表上没有的能力，可以填上。看自己和目标职位是否匹配，看还存在哪些差距，并思考如何去补充。

为了检视您对职业的认识，以及您所具备的能力与理想工作所应具备的能力，请您根据目前的职业目标，选定一项工作或职位，然后查阅相关资料，试着回答以下问题。(工作所需及自己已具备能力两部分，确定打√，不确定或不知道打△，不需要或缺乏此能力打×)

工作职位名称	工作所需具备的能力	自己已具备的能力	整体心得感想
	□1. 文字能力	□1. 文字能力	
	□2. 表达能力	□2. 表达能力	
	□3. 沟通协调能力	□3. 沟通协调能力	
	□4. 领导能力	□4. 领导能力	
	□5. 专业技能	□5. 专业技能	
	□6. 办公软件操作能力	□6. 办公软件操作能力	
	□7. 行销能力	□7. 行销能力	
	□8. 会计能力	□8. 会计能力	

① 方伟主编：《大学生职业生涯规划咨询案例教程》，北京大学出版社2008年版。

（续表）

工作职位名称	工作所需具备的能力	自己已具备的能力	整体心得感想
	□9. 机械操作能力	□9. 机械操作能力	
	□10. 法律知识	□10. 法律知识	
	□11. 判断力	□11. 判断力	
	□12. 创造力	□12. 创造力	
	□13. 直觉与敏感度	□13. 直觉与敏感度	
	□14. 其他重要专业知识	□14. 其他重要专业知识	

（四）SWOT 分析法[①]

SWOT 分析方法是一种较为普遍的职业生涯规划方法。SWOT 的意思就是 Strength（优势）、Weakness（劣势）、Opportunity（机会）、Threat（威胁）。SWOT 分析的常用表格如表 2-7 所示。

表 2-7 SWOT 分析

优势(S) • 什么是我最优秀的品质？ • 我曾经学习了什么？ • 我曾做过什么？ • 最成功的是什么？	**劣势(W)** • 我的性格有什么弱点？ • 经验或经历上还有哪些缺陷？ • 最失败的是什么？
机会(O) • 什么样的环境会是我的机会？ • 什么样的行业？ • 什么样的职业？ • 什么类型的组织？	**威胁(T)** • 什么样的环境会是我的威胁？ • 什么样的行业？ • 什么样的职业？ • 什么类型的组织？
总体分析 对自己做一个整体的评估	
核心竞争力 分析自己的核心竞争力，这也是在职场需要重点发挥的	

SWOT 分析是检查个人技能、能力、职业、喜好和职业机会的有用工具，分析自己的优点和缺点，并且仔细评估自己所感兴趣的不同职业道路的机会和威胁所在。面对一个具体的职位，可以采用这一工具对自己进行一番从里到外的检验，同时面对外部环境进行认真的洞察和分析，发现获得该职位的可能性，并制定相应的职业生涯规划实施方案。

① 方伟主编：《大学生职业生涯规划咨询案例教程》，北京大学出版社 2008 年版。

（五）艾森克人格测试量表

艾森克人格问卷（Eysenck personality questionnaire，EPQ）由英国心理学家 H. J. 艾森克编制的一种自陈量表，是在《艾森克人格调查表》基础上发展而成的。20 世纪 40 年代末开始制定，1952 年首次发表，1975 年正式命名。有成人问卷和儿童问卷两种格式，包括内外倾向量表（E）、情绪性量表（N）、心理变态量表（P，又称精神质量表）和效度量表（L）四个分量表。P、E、N 量表得分随年龄增加而下降，L 则随年龄增加而上升。精神病人的 P、N 分数都较高，L 分数极高，有良好的信度和效度。中国的修订本仍分儿童和成人两式，但项目数量分别由原版的 97 项和 107 项变为 82 项和 82 项。因量表题目少，使用方便，比较适用。①

1. 您是否有广泛的爱好？
2. 在做任何事情之前，您是否都要考虑一番？
3. 您的情绪时常波动吗？
4. 人家做了好事，而别人以为是您做的，您会洋洋得意吗？
5. 您很健谈吗？
6. 您会无缘无故觉得自己可怜吗？
7. 您曾贪心想让自己多得一份物质利益吗？
8. 晚上临睡前您是否会小心地把门锁好？
9. 您认为自己活泼吗？
10. 看到小孩子或小动物受到了伤害，您会难过吗？
11. 您是否经常担心自己会说不该说的话、做不该做的事？
12. 若您说过要做某件事，是否不管遇到什么困难都要把它做成？
13. 在愉快的聚会中，您通常都会尽兴吗？
14. 您是一位很容易被激怒的人吗？
15. 您是否有时自己做错了事反倒去责怪别人？
16. 您喜欢去会见陌生人吗？
17. 您认为储蓄是一种好办法吗？
18. 您的感情是否很容易受到伤害？
19. 您想服用有奇特效果或有危险性的药品吗？
20. 您是否常感到“极其厌烦”？
21. 您曾多占别人的东西（即使是一针一线）吗？
22. 如果条件允许，您喜欢时常外出（旅行）吗？
23. 对您所喜欢的人，您会开过头的玩笑吗？
24. 您时常有犯罪感吗？

① 车文博主编：《当代西方心理学新词典》，吉林人民出版社 2001 年版。

25. 您会谈论自己一无所知的事吗？
26. 您是否宁愿有时间多看些书，也不愿意去会见别人？
27. 有坏人要害您吗？
28. 您认为自己神经过敏吗？
29. 您的朋友多吗？
30. 您是个忧虑重重的人吗？
31. 您在儿童时代是否很听大人的话？
32. 您是个无忧无虑、逍遥自在的人吗？
33. 有礼貌、爱整洁对您很重要吗？
34. 您是否担心将要发生可怕的事情？
35. 在结识新朋友时，通常是您主动的吗？
36. 您觉得自己是个非常敏感的人吗？
37. 和别人在一起的时候，您是否不常说话？
38. 您是否认为结婚是个框框，应该废除？
39. 您有时会自吹自擂吗？
40. 在一个沉闷的场合，您能给大家添点生气吗？
41. 慢腾腾开车的司机是否会令您讨厌？
42. 您担心自己的健康吗？
43. 您是否喜欢说笑话和谈论有趣的事？
44. 您是否觉得大多数事情对您都是无所谓的？
45. 您小时候曾对父母鲁莽无礼过吗？
46. 您喜欢与别人打成一片、整天相处在一起吗？
47. 您失眠吗？
48. 您饭前必定洗手吗？
49. 别人问您话时，您能对答如流吗？
50. 赴约时您是否喜欢早点动身？
51. 您常常会无故觉得疲倦、无精打采吗？
52. 游戏、打牌时您会作弊吗？
53. 您喜欢紧张的工作吗？
54. 您常觉得自己的生活单调吗？
55. 您曾为了自己而利用过别人吗？
56. 您是否参加的活动太多，已超过自己可能分配的时间？
57. 是否有那么几个人一直想着您？
58. 您是否认为人们为将来的保障而精打细算、花的时间太多了？
59. 您曾想过去死吗？
60. 若您确知不会被发现，您会少付人家钱吗？

61. 您能成功地组织一场联欢会吗？
62. 您是否尽力使自己不粗鲁？
63. 一件使您为难的事过去之后，您还会烦恼好久吗？
64. 您是否坚持按照您的想法办事？
65. 您去乘火车时，是否最后一分钟到达过？
66. 您是否有点神经质？
67. 您时常感到焦虑不安吗？
68. 您总是言行一致吗？
69. 您有时喜欢玩弄动物吗？
70. 有人对您吹毛求疵，会伤害您的积极性吗？
71. 您上学(上班)、赴约时，曾迟到过吗？
72. 您喜欢周围时常有热闹、高兴的事吗？
73. 您愿意别人怕您吗？
74. 您是否有时兴致勃勃、有时却懒散不想动？
75. 您会把今天要做的事拖到明天吗？
76. 别人会认为您是个富有朝气的人吗？
77. 您觉得别人对您说过很多谎话吗？
78. 您是否对有些事特爱着急上火？
79. 若您犯了错，是否都愿意承认？
80. 您是个整洁严谨、有条不紊的人吗？
81. 在公共场合，您总是会把废物放进垃圾箱吗？
82. 遇到为难的事，您是否会拿不定主意？
83. 您曾随口骂过人吗？
84. 您乘车、船、飞机外出时，会不会担心出意外？
85. 您很喜欢交际吗？

得分标准：

P(20)－2，－8，－10，－17，＋19，＋23，＋27，－33，－38，＋41，＋44，－50，＋57，＋58，－62，＋65，＋69，＋73，＋77，－80。

E(21)＋1，＋5，＋9，＋13，＋16，＋22，－26，＋29，＋32，＋35，－37，＋40，＋43，＋46，＋49，＋53，＋56，＋61，＋72，＋76，＋85。

N(24)＋3，＋6，＋11，＋14，＋18，＋20，＋24，＋28，＋30，＋34，＋36，＋42，＋47，＋51，＋54，＋59，＋63，＋66，＋67，＋70，＋74，＋78，＋82，＋84。

H(20)－4，－7，＋12，－15，－21，－25，＋31，－39，－45，＋48，－52，－55，－60，－64，＋68，－71，－75，＋79，＋81，－83。

多血质(外倾、稳定型)：善交际的、友好的、健谈的、易受刺激的、平易近人的、活泼的、无忧虑的、领袖的。

黏液质(内倾、稳定型):被动的、仔细的、富于思维的、温和的、克制的、可信的、一团和气的、镇定的。

胆汁质(外倾、神经过敏型):易怒的、不安定的、好斗的、易兴奋的、易变的、冲动的、乐观的、主动的。

抑郁质(内倾、神经过敏型):喜怒无常的、焦虑的、严厉的、严肃的、悲观的、保守的、孤僻的、文静的。

除了以上的自我认知的测量工具,还有一些其他测量工具。如霍兰德人格测试量表、九型人格量表、MBTI 量表(详见第一章第三节)等。由于篇幅有限这里不多谈,下面的各个章节里会对这些问卷有所涉及。

❑ 案例思考

1. 通过阅读“透过《都挺好》看原生家庭的影响”(案例 2-1)和“哪吒与敖丙”(案例 2-2),您认为原生家庭对个体的影响有哪些方面?个体应该怎样通过原生家庭认识自我?

2. 通过阅读“张幼仪的自我成长”(案例 2-10),您认为如何在恋爱中实现自我管理与自我成长?

3. 通过阅读“俞敏洪的逆袭路”(案例 2-18),您认为个体在大学中应该如何成长,实现自我重生?

❑ 读者建议箱

1. 致学生:

(1) 自我认知是我们每一个人都需要思考的问题,本章为读者认识自我提供帮助。读者可以通过了解原生家庭对自身的影响,从而更全面地了解自己。第四节中“九型人格”“乔哈里窗”“气质类型测试”“SWOT 分析”“艾森克人格测试量表”也为个体认识自我提供了工具支持。

(2) 大学生面临工作、家庭等各种选择,本章为大学生毕业时的就业选择、家庭组建提供帮助,为大学生处理好工作、恋爱、原生家庭等各种问题提供指引。

2. 致家长:

(1) 个体的自我一方面来自原生家庭,另一方面作为影响因素也在影响自己的子女。家族性格、价值观、习惯和观念就是通过家庭这个纽带进行遗传和变异的。

(2) 家长应该在做好自我认知的基础上,培养子女健全的自我,帮助他们认识自我,并逐步学会管理好自我。

3. 致组织管理者：

（1）组织管理者也需要透过原生家庭及其他工具获得自我认知，每个人都有优点和缺点，发挥智慧扬长避短对于个体和组织的发展非常重要。本章第三节为读者提供了识别自身优势和劣势的方法，为个体扬长避短提供指导。

（2）本章第四节“职业能力评估单”有助于职场中的个体分析自身能力和目标职位的匹配性。

第三章

教育反思与自我调适

本章要点

1. 教育是人类培养新生一代准备从事社会活动的整个过程，也是人类社会生产经验得以继承发扬的关键环节。有关教育本质的探讨，可以从三个角度加以展开：从个体发展的角度出发，可以将教育看作个体开发潜能的过程；从社会传承的角度出发，可以将教育理解为传承知识和社会经验的过程；从个体与社会联结的角度出发，可以将教育看作促进个体社会化的过程。

2. 教育的类型包括家庭教育、学校教育、社会教育和自我教育。每个教育类型所扮演的角色更不相同。家庭教育，教会人学会爱与坚强；学校教育为大家创造尽可能公平的环境；社会教育，让人与岗更加匹配；自我教育，成就自己并创造价值。

3. 当个体逐渐脱离原生家庭、从学校步入社会并走向独立时，教育也经历了由被动接受到主动选择的变化过程。这时个体需要在客观认识自我的基础上，根据自身特点设定合适的职业目标，通过理性反思、合理的规划和积极的行动，来主动选择未来的教育，通过不断学习来促进自身成长。

4. 当个体进入企业之后，企业管理者需要在与内部各部门沟通的基础上，结合员工自身发展，构建可持续的培训体系。通过一系列培训引导员工完善自身不足、开发自我潜力，从而发挥企业人力资源的价值。

第一节　教育本质与教育类型

一个人成长的过程也可以看作他不断接受教育的过程。从出生后的家庭教育开始,到成长过程中的学校教育,再到社会教育、自我教育,所有的教育方式都是在指导个体该做什么、怎么做、为什么这么做。而当个体走向独立,教育的选择权逐渐由父母、老师转移到自己身上时,就需要对教育有更多的思考。为了更好地审视以往自身教育的不足,并对未来的教育进行规划,首先需要回顾一个最基本的问题:一个人为什么要接受教育?从小到大,个体投入如此多的时间、父母和师长投入如此大的精力所经营的一件事情,其意义究竟何在?而回答这个问题,就要回到教育的本质上面来。

首先,教育是培养新生一代准备从事社会生活的整个过程,也是人类社会生产经验得以继承发扬的关键环节。广义上讲,凡是增进人们的知识和技能、影响人们的思想品德的活动,都是教育。有关教育本质的探讨,许多学者形成了各种不同观点和理论,如生产力说、上层建筑说、双重属性说和特殊范畴说等。从个体发展的角度出发,可以将教育看作个体开发潜能的过程;从社会传承的角度出发,可以将教育理解为传承知识和社会经验的过程;从个体与社会联结的角度出发,可以将教育看作促进个体社会化的过程。

其次,教育是开发潜能的过程。无论何种教育,其主体都是人,其过程都是培养人,最终任务都是要解决"人"的问题。相较于很多人仅仅把教育看作一种技术、一种获取知识的手段,教育更应当被解读为促进个体发展的过程,换句话说,教育的本质就是发掘人的天性、潜能以及潜在价值的过程。教育的目的并不仅限于教授学生知识,应以学生的全面发展为导向,而非只注重片面发展。

再次,教育是传承知识和社会经验的过程。人类社会要想得到延续和发展,就需要将前人的生活经验代代相传,而这个过程就需要通过教育,即通过传授知识或者传递社会生活经验来完成。教育使个体由无知变为有知,由无社会经验变为有社会经验,这个过程正是教育得以产生、存在和发展的意义。

最后,教育是促进个体社会化的过程。从个体适应社会的角度来讲,教育就是根据社会提出的要求,通过传授社会经验,引导个体把社会经验转化为个人经验,从而使个体的心理水平达到社会要求的过程。这一过程将社会发展的需要与人的发展需要相结合,是个体社会化的重要过程。

案例 3-1　　莱特兄弟的好奇心

世界上第一架飞机的发明者莱特兄弟,小时候是一对富有好奇心的孩子。有一次,兄弟俩在大树底下玩,两人产生了爬上树去摘月亮的想法。结果,当然不仅没有摘到月亮,反而把衣服都钩破了。他们的父亲见此情况,不仅没有责骂他们,而是耐心地开导他们。

在父亲的引导下,兄弟俩日夜为制作能骑上天的"大鸟"而努力。这期间,父亲不失时机地买了一架酷似直升机的玩具送给他俩,这更加激发了他们对制造升空装置的浓烈兴趣。他们不断地学习升空技术方面的知识，翻阅了大量有关飞行的资料。在父亲的鼓励下，经过多次试验，兄弟二人终于发明了世界上第一架飞机。

孩子由于好奇自然会提出些问题，可是有些父母会对孩子说："问这么多，烦不烦！"也许，孩子的好奇心就在父母的不断呵斥声中被毁灭了。如果在教育中，家长也能够像莱特父亲那样，注意倾听孩子的问题、想法，尊重孩子的观点，积极地引导孩子的好奇心，培养孩子独立思考、探索新知的能力，孩子就能在不断地好奇和思考中增强创新能力。

一、家庭教育

个人出生后，首先受到的就是来自家庭的教育，家庭教育对个体此后个性的形成和人格的发展起到了至关重要的作用。家庭教育主要是指父母或其他年长者在家庭中对子女或其他晚辈的教育。其主要任务包括：促进个体的身心健康发展；在个体入学前，帮助个体为接受学校教育打好基础；在个体入学后，配合学校教育，使个体在德、智、体等方面健康发展。其内容主要包括培养个体的卫生习惯、向个体传授基本的社会文化规范和价值标准、培养个体运用语言的能力、发展个体的个性和兴趣爱好等。家庭教育因发生在个体所生活的家庭之中，从而具有学校教育、社会教育等所没有的优势，同时也对个体的成长产生巨大的影响。

我国古谚有"染于苍则苍，染于黄则黄"。幼儿期是人生熏陶染化的开始，人的许多基本能力是在这个年龄阶段形成的，如语言表达、基本动作及某些生活习惯等，性格也在逐步形成。有关个体早期的人格发展，艾里克森(Erikson)最早将人的一生作为一个发展过程来分析并提出各种民族共同的人格发展学说，获得跨文化的普遍认同。他把人格发展分为八个心理社会性发展阶段，每个阶段面临不同的心理发展问题，如果顺利完成各个阶段的任务，个体会表现出正性的结果，反之则会产生负性影响。

个体出生后，从小到大有相当一部分的时间都生活在家庭之中，时时刻刻都在接受家庭教育。这种教育是在有意和无意、计划和无计划、自觉和不自觉之中进行的，不管是以什么方式、在什么时间进行教育，都是家长以其自身的言行随时随地地教育并影响着子女。这种教育对孩子的生活习惯、道德品行、谈吐举止等都产生了潜移默化的作用，并且对其一生都将产生重大影响。

案例 3-2　比尔·盖茨的家庭教育

比尔·盖茨和他的微软帝国几乎是家喻户晓的，我们在用诸如"天才""传奇"等辞藻赞美他时，却往往忽略了他成功背后的家庭教育。在本篇案例中我们将着重分析比尔·盖茨的家庭教育。

比尔·盖茨出生于1955年10月28日，家中还有两个姐妹。他们的父亲 William H. Gates 是美国著名律师，曾任华盛顿州律师协会主席，并且还出任过数届全美律师联合委员会的主席。母亲 Mary Gates 曾任中学教师、华盛顿的教务委员以及 United Way International 的女主席，是美国著名银行家詹姆斯威拉德·马克斯维尔的千金，是数家大公司的董事,其中便包括IBM。

比尔·盖茨从小就精力过人,极爱思考,一旦对某件事情产生兴趣便能全身心投入。在他的启蒙阶段,外祖母总是循循善诱,长大后,父母则不辞辛苦地为比尔·盖茨寻找能够让他充分发展其天分的学校和社团,盖茨的父亲担心盖茨整日沉迷于书籍而忽略了人际交往,还会鼓励盖茨参加他们举办的聚会,以锻炼他的交际能力,这些都为盖茨的成长奠定了基础。盖茨从小便酷爱读书,他父母的大量藏书更是为他提供了很好的精神食粮。

盖茨小学毕业后,父母便在征求他的意见之后,将其送入湖滨中学就读,这是一所在当时令全美男孩深具优越感与自豪感的私立预科学校,学风浓厚,教学严谨,也是收费最高的一所贵族男校。在这里,傲人的环境,激发了盖茨聪明智慧的灵性释放,也令他天才般无拘无束的创造力频频闪耀火花。也正是在湖滨中学就读期间,盖茨迷上了让他今后倾注毕生精力的计算机。

1973年,比尔·盖茨考入哈佛大学,幸运的是,盖茨的父母并没有要求盖茨必须按照他们的喜好选择专业,没有强求他当律师,因此盖茨在大学得以自由发展。一年之后,盖茨准备离开哈佛大学,放弃学业,创办计算机公司。盖茨的父母最初对此比较反对,但是当盖茨多次与父母沟通之后,父母认为不应该限制他的发展,应该让儿子充分发挥自己的天赋,最终决定尊重盖茨的决定。此后,盖茨便开始在软件领域大展宏图,并于1975年正式创办微软公司,二十年之后,成为世界首富,个人资产近200亿美元。

二、学校教育

随着个体年龄的增长,家庭教育的作用逐渐减弱,学校取代家庭成为最主要的社会化途径。在学校里,教育者按照社会或阶级的要求,引导学生将前人的社会经验转变为个人掌握的经验,将社会规范和标准内化,促进其扮演不同的社会角色,成为社会所需要的人才。学校教育指各级各类学校对学生的教育,对象主要是少年和青年。主要任务是有组织、有计划、有目的地向学生系统地传授社会规范、价值标准、知识和技能,把他们培养成为为一定社会或阶级服务的人。学校教育有着明显区别于社会教育和家庭教育的特点,在个体的成长过程之中起到非常重要的作用。

(一)学校教育的类型

学校教育依据个体的受教育阶段可以分为初等教育、中等教育和高等教育,每个阶段的教育各有侧重,培养个体在不同阶段应有的能力。

1. 初等教育

初等教育即小学教育,或称基础教育,是使受教育者打下文化知识基础和做好初步生活准备的教育,通常是指一个国家学制中第一阶段的教育,对象一般为7—13岁儿童。这种教育对提高国家民族文化水平极为重要,因此各国在其经济发展到一定的历史阶段时都将其定为实施义务教育或普及教育的目标。在我国,小学教育是各类教育的基础,任务是培养国家新生后代,为他们以后接受中等教育打下基础,学制一般为6年。

2. 中等教育

中等教育是在初等教育基础上继续实施的中等普通教育和专业教育，这种教育在整个学校教育体系中有承上启下的重要作用。实施中等教育的学校为各类中等学校，包括普通中学和中等专业学校等。其中，普通中学担负着为高一级学校输送各类合格新生以及为国家建设培养劳动后备力量的双重任务；中等专业学校，包括中等技术学校、中等师范学校，担负着为国民经济部门培养中等专业技术人员的任务。各类中等学校的办学情况直接影响着一国教育建设和劳动力的培养质量，影响着国家各方面的发展和巩固，因此日益引起世界各国的重视。

3. 高等教育

高等教育是在完成中等教育的基础上进行的专业教育，是培养高级专门人才的社会活动。在我国，高等教育包括全日制高等教育和成人高等教育两个类型，后者属于成人教育范畴。我国高等教育分为专科生、本科生、硕士生、博士生 4 个层次，授予相应的学士、硕士、博士学位。从学科分类来看，我国高等院校内部分为文学、理学、工学、管理学、农学、医学、教育学、哲学、经济学、法学、历史学和艺术学等学科。

（二）我国高校类型与职能定位

根据办学特点的不同，我国高等院校主要可分为普通高等院校和成人高等院校。而普通高等院校则可分为本科院校和高职（专科）院校。其中，高职（专科）院校以教学为主，普遍属于以人才培养为中心的单中心职能大学，主要承担的是大众化教育使命。本科院校类型多样，既有研究型大学又有教学型大学，既有重点建设大学又有非重点建设大学，既有综合性大学又有多科大学和单科大学。

尽管本科院校都有人才培养、科学研究和社会服务的职能，但受制于办学理念、办学传统、办学条件、社会需求和内部多元化利益诉求等因素的影响，不同类型的职能侧重点有所不同。在教学上，我国本科院校多是精英教育与大众化教育并存，既有注重精英人才培养的本科院校，又有侧重大众化人才培养的本科院校；在科学研究上，我国本科院校多从事科学研究，既有整体研究能力特别是基础研究能力突出的本科院校，又有侧重于应用研究的本科院校，还有较少参与科学研究的本科院校；在社会服务上，我国既有向多领域多区域提供多层次服务的本科院校，又有向所在地区所长领域提供特定服务的本科院校，还有较少参与社会服务的本科院校。

案例 3-3 梁思成的学校教育

梁思成先生是我国现代建筑教育的开创者，也为中国古建筑研究做出了杰出的贡献。他在专业领域所取得的成就与他早年接受的学校教育有着密不可分的联系。

童年时代的梁思成在日本的华侨学校上学，在父亲的影响和督促下，自幼就攻读《左传》《史记》等古籍，对中国古文化有良好的基础和浓厚的兴趣。他 11 岁由日本回到北京，14 岁进清华学校（清华大学前身）。梁思成在学习期间，不但学业优秀，而且兴趣广泛。他爱好美术和音乐，经常为校刊画插图，被聘为美术编辑，他参加学校的合唱队、军乐队，担任过乐队队长和第一小号手；他还爱好体育，喜欢踢足球。梁思成也很关心政治，五四运动时，他是清华学校“义勇军”等爱国组织的中坚分子。

1924 年，梁思成赴美国入宾夕法尼亚大学学习建筑，他刻苦好学，尤其对西方文化和建筑历史有特殊爱好。他自己说是用“笨功夫”到图书馆博览群书，研究古代历史，参观古代文物，把著名古建筑一个个默画下来，1927 年，以优异成绩获得建筑硕士学位。

1928 年，梁思成回国后应东北大学之邀创办了中国现代教育史上第一个建筑学系，并担任系主任和教授。1946 年创办清华大学建筑系后，他一直在清华大学工作，直至 1972 年病逝。他为国家培养了大量优秀的建筑人才，成为中国建筑发展史上一座不朽的丰碑。

学校教育对人的发展作用是全面的。社会教育和家庭教育对人的成长影响多少都带有一定的片面性，影响的范围也往往只侧重在某些方面。而学校教育不仅要关心教育对象的知识和智力的增长，也要关心学生的思想品德形成，还要照顾受教育者的身体健康成长。培养塑造全面、完整的社会人，是学校教育的特有职责，而这一职责也只有学校教育才能承担起来。

人们普遍认为，学校教育最基本的是要做到普适，让人人有机会接受基本的通识教育。却不知，在普适之外，学校教育一定要确保公平。准入公平，让寒门可以出贵子；实施公平，让教育成为改变人们阶层的路径之一；结果公平，每一位受教者都可以在相同的机制、标准下，获得改变命运的机会。如果学校难以保证教育公平，那么最终一定会自食恶果。

通过努力、奋斗，夯实知识并创造价值，这是无数寒门学子期望改变命运的方式，学校教育应该保障学子的权利，这是基础且重要的一步。

如今在本科毕业的大学生中，会有相当大的一部分人，选择继续进行国内或国外的研究生教育。不过，选择继续深造之前，他们有必要对自我认知进行到底。

到底该不该考研究生？究竟要不要出国？高一级的文凭或者留学经历，能够为自己带来什么？高等教育能否帮助受教育者弥补自身缺陷？如果不能，花费时间与金钱的学历是否还有价值？这些都是我们在抉择时，需要考虑清楚的问题。

第一，明确自己的优势。考察自己的专业知识、科研能力、综合素质。其中，自己的专业知识，可以通过成绩排名、期刊阅读量、发表情况等进行检验；科研能力可以通过自己的理论知识是否全面、扎实，实践是否具有价值等进行评判；综合素质要求检验自己的品格与态度是否健康。

第二，明确自己的定位。如表 3-1 所示，如果跨院校考研，要考虑好自己的学校优势、专业优势在哪里，跨专业考研，要清楚自己的原有专业基础，以及在新的专业领域能否实现突破。

表 3-1　考研跨校跨专业的选择与对策

	同专业	跨专业
同校	双同：复试有优势，先保证通过初试。作为裁判的圈内人，要将优势转化为最后的录取通知书	同校跨专业：笔试有挑战；最好辅修或提前听相关课。处于圈内圈外之间，扬长避短，笑到最后
跨校	同专业跨校：笔试有挑战；了解所跨院校，明确跨校理由，作为圈外运动员，最好实力超过裁判的圈内人	双跨：笔试有挑战；有劣势；作为圈外运动员，要学会在跨界时髦背景下展示自己的优势

学历能够锦上添花，而自身综合素质强、能力强，才是真正的强强结合。学历与能力结合的教育，才能够最大限度地发挥自己的价值。不断自我反思，才能少走弯路。

三、社会教育

当个体完成学校教育，逐渐走向社会时，社会教育便成为个体继续接受教育的主要形式之一。社会教育主要指学校以外的社会文化教育机构对青少年及成年人的教育，其主要任务是使受教育者进一步确立符合社会要求的思想品质和世界观；普及科学文化知识，增加和更新人们头脑中储存的知识和信息，引导人们从事健康的文体活动，使受教育者成为合格的公民。

目前我国社会处在剧烈的转型时期，社会的发展方向在不断调整之中，教育的基本元素也随之不断发展和变化。作为社会教育的重要方面，媒体在传播信息、引导民众舆论、促进社会化等方面起到不可忽视的作用。近年来，随着市场经济的不断发展，为了宣传市场经济，媒体在价值观方面有一些引导，这些价值引导起到正向作用(例如鼓励民众创业致富等)，但是也在民众之中产生一定负面影响(例如金钱至上观念等)。因此，媒体在对民众进行价值引导的同时，还要把握基本的道德准则，引导民众建立正确的价值观。

随着市场经济的发展，在引入西方先进政治、经济和文化理念的同时，中国的传统文化和观念受到了巨大的冲击。尤其是我国目前的教育更多的是照搬西方的教育理念所建立的，教育模式和教育内容等更多地来自西方。这对于我国继承和发展传统历史文化是非常不利的。因此，无论是学校机构，还是媒体或者其他社会机构，在学习西方先进理念的同时，都要结合国情，继承和发扬我国传统文化，对外来文化要取其精华去其糟粕，引导社会的健康发展。

案例 3-4　公司培训让我看得更远

小李加入这家大型央企已经 4 年了。4 年前的他，从 985 学校硕士毕业，找到了一份不错的工作。大家都在问他，现在跳槽、离职这么普遍，为什么你不考虑改变一下现状呢？以你的能力，找到一家朝气蓬勃发展的企业，获得丰硕的收入，并不是一件难事，是什么让你对这家央企这么忠诚呢?

小李仔细地思考了很久,其实在他心里,他不是没有产生过离开的想法,以他的学历、能力和资历,离开后找到更好的一份工作确实不是一件难事。可是,好的之上永远存在更好的。与其一直在盲目地追求,不如脚踏实地立足当前,解决手头上的问题,提升自己。没有真正的铁饭碗,让自己成长为更强大、更优秀的人,才是真正拥有了铁饭碗。

在这家企业里,小李最喜欢的就是公司组织的培训。公司为了员工能够紧跟时代发展的步伐,总是创造各式各样的机会,让员工和各领域知名人士、专家进行近距离沟通,一起探讨各自领域当前发展的现状和未来发展的趋势。这样的资源,让小李总是拥有可以站得更高、看得更远的机会,也是他觉得入职这4年来自己一直在进步的原因之一。

企业或者组织根据各个领域发展的态势,为员工创造学习的机会,其实就是一种社会教育的形式。通过反馈获得大家的满意度情况从而更加深入地开展形式各异的培训,就是帮助员工开阔眼界、提升能力和提高员工对于组织的忠诚度。

就企业层面而言,可以开展的相关培训主要包括内部定期课程、短训班、主题研讨会、考察班和外部培训课程,需要管理者结合培训目标进行合理选择。

1. 内部定期课程

企业内部定期课程,也称作内训,主要是针对企业内部员工开展的培训项目。培训一般采取由企业内部优秀主管或员工担任培训讲师为员工进行授课的方式。内部定期课程培训的优点是可以结合企业自身的实际情况展开讨论,通过培训强化企业价值观和文化,同时培训费用较低,易于在企业内部操作。

2. 外部培训课程

除了内部定期课程,企业还可以聘请社会上的专业培训机构、咨询公司或者外部讲师来实施培训。外部培训可以充分利用社会上的培训资源,能够将来自学界或者其他企业的先进管理理念引入企业内部,增强企业与外界的交流,开阔企业内部员工的视野。

3. 短训班

除了上述培训方式,企业也可以通过短时间、高强度的集中培训来针对某一目的开展短训班。短训班时间短、强度大、课程集中、灵活性高,能够在短时间内针对某一具体问题进行培训,从而达到及时强化的效果。当企业需要就某一具体问题(如某种操作技术、某种理念)进行培训时,可以采用短训班的方式展开。

除此之外,企业还可以通过主题研讨会、考察班等方式开展培训工作,每种培训方式都各有利弊,要求企业结合实际需要具体判断。

各个职能部门作为企业执行的子模块,其培训相较于企业培训更为细致,也更具有可操作性。部门培训的形式主要包括“师带徒”、读书会、例会、新员工入职培训和针对具体工作的技能培训等。

4.“师带徒”

“师带徒”培训的主要优点是可让学习者在学习的同时获得收入。因为这一培训会持续好几年，学习者的能力和对应的薪酬也会随着他们技能水平的提高而自动增长。而且，“师带徒”培训还是一种有效的学习经历，因为学员受到的指导来自老师的言传身教，老师指出了为什么及如何执行一项任务。一般情况下，培训结束后会将受训者吸纳为全职雇员。

5. 读书会

读书会是一种旨在拓展视野、开阔思维、交流知识、提升生活质量的活动。让部门成员体会在生活、工作中学习，也是学习生活的素质；在思维运转中成长，也是成长思维的动能；在彼此交流中精进，也是思想交流的平台。

6. 例会

例会的目的是实现有效管理，促进公司上下的沟通与合作，以提高公司各部门执行工作目标的效率，追踪各部门工作进度，提出改进性及开创性的工作方案，协调各部门的工作方法、工作进度、人员及设备的调配。

7. 新员工入职培训

入职培训主要是公司对每一个初入公司的新员工进行公司历史文化、基本工作流程、行为规范、组织结构以及人员结构等基本内容的介绍与培训，目的是使员工快速融入这个团队。经过有效的培训，新员工能逐渐地认可公司文化，并很快地进入工作角色。

8. 技能培训

技能培训即对员工使用工具、按要求做好本职工作、处理和解决实际问题的技巧与能力的培训，员工通过技能培训能够迅速提升在某方面的专业能力，使之更好地运用到工作之中。

四、自我教育

当个体逐渐拥有独立的思考能力、判断能力时，自我教育开始慢慢成为教育的重要内容和手段。它能帮助个体审视以往教育的不足，通过自我调适寻找更合适的教育途径，弥补以往教育的缺陷。只有当个体把教育者提出的教育要求变成自我要求，并将它付诸实践的时候，教育目的在他身上才能真正地实现。相反，没有自我教育，教育就会变成一种硬性的灌输，难以起到预期的作用。

自我教育是指人通过认识自我、要求自我、评价自我和调控自我，来对自己进行教育。当其他教育存在不足时，需要个体通过自我认识、自我管理来有效调节自己，做好自我教育。只有当一个人学会了不仅仔细地研究周围世界，而且仔细地研究自己本身的时候；只有当一个人不仅努力地认识周围的事物和现象，而且努力地认识自己的内心世界的时候；只有一个人当他的精神力量用来使自己变得更好、更完善的时候，这个人才能成为一个真正的人。

案例 3-5　李嘉诚的自我教育

李嘉诚，长江实业集团有限公司创始人、董事局主席，1999 年亚洲首富，2013 年，以 310 亿美元净资产位列《福布斯》全球亿万富豪排行榜第八名，并蝉联全球华人首富、亚洲首富。李嘉诚富有传奇色彩的辉煌的一生势必在历史中留下浓墨重彩的一笔，也为我们每个人留下宝贵的精神财富。李嘉诚的成功之道为很多人津津乐道，而他的自我教育在其成功道路上起着尤为重要的作用。

李嘉诚出生于潮州的书香世家，其父李云经饱读四书五经，走的是治学执教之路，李嘉诚深受其父影响，从小便聪颖好学，日夜泡在家里藏书阁中阅读诗文，如果不是之后风云急变，李嘉诚很可能将继承父业，做一名教师。

1937 年 7 月 7 日，抗日战争全面爆发，潮州也很不太平，当日军的铁蹄踏上潮州土地后，烽火连天，兵荒马乱，李家迫于生计，不得不前往香港投靠李嘉诚的舅舅庄静庵。雪上加霜，一年后香港沦陷，李云经劳累成疾郁郁谢世，为了挑起生活重担，李嘉诚不得不终止学业独立谋生。舅舅庄静庵在当时事业有成，有一家自己的钟表公司，却没让李嘉诚去他公司就职，李嘉诚只得和母亲一道四处奔波求职，历尽艰辛，也因此看到世态炎凉、人情冷暖。

为了在香港生存下去，李嘉诚知道，不懂粤语寸步难行，因此他便把学粤语当成大事来对待，勤学不辍，很快便学会一口流利的粤语。同时，李嘉诚还苦学英语，几乎到了走火入魔的地步，不管是吃饭还是走在路上，他都坚持背单词，在夜深人静的时候还会跑到户外的路灯下读英语，经过一年多刻苦努力，终于逾越英语关，哪怕是之后为生计四处奔波的时候，他也常年坚持学习英语，这让李嘉诚在日后的商战风云中受益匪浅。

李嘉诚的第一份工作是在一间茶楼里当跑堂，他每天都会把闹钟调快 10 分钟，最早一个赶到茶楼，最晚一个离去，并且稍有空闲便偷偷背单词，读英语。同时，他还会观察茶楼中的人和事，会揣摩茶客的籍贯、职业、财富、性格等，因此养成观察人的习惯，这对他以后的工作大有裨益。他还会注意聆听茶客们的谈话，从中了解到社会和世界的事情，这些都是在书本中学不到的，正是如此，李嘉诚的思路逐渐开阔。一年后，他离开茶楼前往舅舅家的公司就职。在这里，他并没有因为自己是老板的亲戚而有所懈怠，相反，他不仅完成自己的日常工作，还利用空隙，跟钟表师傅学艺，仅半年时间便学会各种型号钟表的装配以及修理。他还给自己定下新目标——利用工余时间自学中学课程。因为没有钱，他想出一个绝妙的点子，即花一点点钱从学生手中买来旧教材，学完后再卖给旧书店，这样循环往复，李嘉诚终于自学完成课程。同时，从这件小事，我们可以看出，少年李嘉诚已经具备商业头脑。

李嘉诚并不想从此在舅父的荫庇下谋求发展，他想在社会上闯荡，锻炼自己，于是便毅然决然地离开了发展势头正旺的钟表公司，开始了推销员的生活。李嘉诚说，这段经历，是他一生中最好的经商锻炼。李嘉诚不善言辞，但是为人诚恳，他善于给自己施加压力，并变压力为动力，奋发搏命。他勤勉且善于思考，推销时他不会夸夸其谈，而是让产品自己说话。他还有意识结交朋友，不谈生意，而是建立友谊，友谊常在，那生意就自然不成问题。出色的业务表现使得李嘉诚在18岁的时候就被提拔为部门经理，20岁升为总经理，全面负责日常事务。他深知生产和管理是自己的弱项，因此虽然身为总经理，他却把自己当成小学生，总是蹲在工作现场，身着工装，同工人一起工作。李嘉诚以其勤奋和聪颖，很快就掌握了生产的各个环节。这一切，都为他日后的成功创业奠定了坚实的基础。1950年夏，功成名就却不满现状的李嘉诚，开始新的人生搏击，在筲箕湾创立长江塑胶厂，开始了他充满艰辛与希望的创业之路，并凭着一股干劲勤俭好学刻苦努力，最终创立了自己的事业王国，成就经济史上的一段传奇。

自我教育因素是影响人成才的重要因素之一，而这一因素的重大作用过去一直被人们忽视。当然，自我教育是在一定的遗传基础上，在环境和他人教育的条件下生成和发展的，但是它一旦生成，就发挥积极的作用，极大地影响着个人的成长；而且随着人的成长，它的作用在四个教育因素中越来越占据重要地位，并最终成为最重要的影响因素。随着个体逐渐走出学校、步入社会，教育的选择权逐渐落在自己手里。如何通过自我教育提升自己，就需要在客观审视以往教育状况的基础之上，做出合理选择，发挥自身优势、弥补自身不足。

第二节　教育整合与自我反思

接受教育是人类进行自我认知与塑造的第一步。教育，帮助我们发掘更好的自己，变成更好的自己。经历过接受教育到产出成果这个过程，我们变成了社会上需要的人才。但是，“学而不思则罔，思而不学则殆”，只是单纯接受教育，没有自我认知、自我思考与自我蜕变，教育就只是单方面的给予，难以培养出社会需求的人才，如何利用教育，成为一个充满个性、难以替代的社会个体，是我们从接受教育的那一天起，就需要思考的问题。

儿时接受家庭教育，求学时接受学校教育，毕业后接受社会教育，终身接受自我教育。不论哪种类型的教育，都是帮助我们更好地认识自我、塑造自我的过程与阶段。从家庭教育中学会爱与坚强，塑造我们受益一生的人格与品质；从学校教育中学会基本的知识与技能，并在建立系统性思维的过程中，渐渐做到学以致用、举一反三；从社会教育中，掌握职位运行基本的法则，做到“人行其事”并创造价值；而让我们终身受益的自我教育，则是驱使人类保持前进的不竭力量源泉。

除了接受教育，将人与人进行区分的重要过程就是个体对于自我的期待与探索。只知道盲目地接受学校与社会强制执行的教育，即接受通识教育而不进行自我探索，不能意识到教育背后的真正目的与意义，教育也是暂时的、盲目的，不能起到启发人、让人获得人生智慧的目的。

为了能够让教育起到真正启迪人智慧的作用，受教育者也需要不断进行自我探索与鞭策，对习得的知识、培养的能力进行整合；对现有的学历情况、社会层级、能力范围等进行反思。总之，教育并不是一蹴而就的，也不是被动接受的；相反，无论我们接受了怎样的教育，真正为我所理解、领悟、应用，并通过个体发挥出巨大的能量，才是我们接受教育的真正意义所在。

一、从知识结构进行整合与反思

在初中、高中的时候接受“语数外物化生史地政音体美”的课程教育，是建立基础、扎实的知识性工具；在大学接受专门的学科教育，目的在于建立起对于特定领域的深刻理解，培养特定学科的思维模式，尤其是逻辑性思维与辩证性思维。由此看来，个体的知识结构整合阶段，主要是大学阶段或者高中向大学过渡的阶段实现的。

这个阶段的我们，从“填鸭式”教学模式变成“主动探索型”教育模式，其中扮演重要角色的除了老师，还有自我。知识不再是书本上的公式、概念，更包括发现一个新问题、解决一个新问题的思路与办法等。而想要做到发现问题并解决问题，又需要我们在初高中阶段打下坚实的基础。所以，每一个阶段，做好每一个阶段应该做好的事情，才能一步步实现创造性与创新性。

学校会从简单地将文理分科变成设置详细的分类学科体系，从而培养专业的人才，但是人为的分科，并不是理不懂文、文不晓理的推脱借口，相反，知道自己擅长什么，喜欢什么，从而进行弥补，是一个人进行自我提升的极好机会。时常自我反思，整合知识结构，关注德智体美劳全面发展，才能使教育价值最大化。

由此，知识结构的整合，在当今社会，是十分必要的。尤其是走上工作岗位之后，企业对于人的需求是多样的，复合型人才也是稀缺的。既要理工科背景又要文科知识体系，既要会编程又要有管理学相关专业知识。社会为从业者提出了苛刻的需求，“适者生存”是我们要一直思考的问题。所以，毕业只是走向社会的一个过渡阶段。社会不断为我们提出了新的挑战：系统性思维的培养有助于我们从本质上理解知识，知识网络的建立有助于我们随时从大脑库中调取知识，文理皆通有助于我们全面地看待问题和分析问题。

案例 3-6　　让知识结构全面化

小明到互联网公司进行应聘，面试官问了一个与当代社会发展紧密相关的互联网问题，小明的表现不是很好，因为他说了：“不好意思，我不了解。”面试官认为，他对这个岗位连最基本的兴趣都没有，否则，一定会提前查阅相关资料，或者在生活中一定会予以关注。如此不充分的准备，并不是小明的作风。后来，他和朋友聊到这场面试，小明说：“我是理工科背景，面试官问的问题，和理工科没什么关系，不是我对这个岗位不感兴趣，而是我之前想得太过于简单，我觉得理工类知识的详尽准备足以帮助我面试成功了，没想到复合型人才才是企业真正想要的。看来，我对于文理分科泾渭分明的认知，是错误的。这种错误的认知，不仅让我在生活中、工作中区别对待我接受的知识，更让我产生了错误的思维习惯，我作为理工科学生，文科的一切都与我毫无关系的错误想法，以后可不能有了。”

二、从能力结构进行整合与反思

案例 3-7 “李约瑟难题”和“钱学森之问”

《中国科学技术史》的作者李约瑟曾问：为什么近代自然科学只能起源于西欧，而不是中国或其他文明？这就是“李约瑟难题”。它提出了一个悖论：“为什么古代中国人发明了指南针、火药、造纸术和印刷术，工业革命却没有发端于中国？而哥伦布、麦哲伦正是依靠指南针发现了世界，用火药打开了中国的大门，用造纸术和印刷术传播了欧洲文明！”

温家宝总理曾看望钱学森，钱老感慨地说：“这么多年培养的学生，还没有哪一个的学术成就，能够跟民国时期培养的大师相比。”钱老又发问：“为什么我们的学校总是培养不出杰出的人才？”这就是著名的“钱学森之问”，这是关于中国教育事业发展的一道艰深命题，需要整个教育界乃至社会各界共同破解。

钱老的发问引人深思，作为受教育者，我们也应时常主动反思，教育的真正目的是什么？为什么教育不能百分之百地满足社会的需求？为什么不是所有的教育接受者都是合格的社会人才？由于每个人本身的天赋不同、成长环境不同、境遇不同等，每个人的能力养成因此会呈现不同的结果。

初等教育时代，成绩是衡量学习能力、区分所谓“好学生”与“坏学生”的主要手段，这种能力不需要天赋，不需要特质，只需坚持钻研、坚持努力，结果一般不会太差。

进入到大学阶段，学习能力不再是决定学生成绩的主要能力，而是重点关注沟通能力、社交能力、抗压能力，通过日常的学习和生活去提升这些必备能力。和老师沟通、和同学室友沟通，通过沟通解决日常生活中的矛盾；和本学院的学生交流、和跨学院的老师同学交流、和各种各样性格的人相处、和社会上各行各业的人打交道，收集充分的样本，有意识地锻炼理解与表达能力，懂得倾听并能够准确地表达自己的观点；面对工作和生活中的压力，能够找到合适的方法进行疏解，找到让自己快乐的方式。

走上工作岗位之后，对人的能力要求则更加全面。除了最基本的与人打交道的能力，职场人还应该注重体现自己的学习能力：学会主动接受新鲜事物和新的理念；注重提升发现问题和解决问题的能力：职场中会出现源源不断的挑战和危机，能够化解它们，才会不断成长与进步；让自己快乐的能力：找到一个好的工作，解决最基本的生存问题，往往不是人类追求的终极意义。适合自己，让自己觉得快乐，才是意义。每天早上睁开眼睛，意识到自己要走上工作岗位会快乐，和同事领导和谐相处、为公司带来价值并具有不可替代性会快乐，下班了结束一天的工作有自己独处的时间会快乐，这些快乐凝聚在一起，共同构成高品质、高质量的生活，这才是我们需要追求的。

三、从学历层次进行整合与反思

取得学历证书不是最终目的，提升解决问题的能力和创造价值才是追求学历的终极意义。

2017 年，报考研究生入学考试的人数是 200 万；2018 年，增至 234 万；2019 年，达到 290 万。每一年的考研报名人数都在创历史新高。越来越多的大学生选择本科毕业后，在学校继续深造。无论是出于对高学历的追求还是出于对学术的敬畏，抑或是出于对就业的逃避，追求更高学历已经成为本科毕业学生越来越倾向选择的一条路。

追求更高学历没有错，盲目跟风、逃避现实才是错，因为考研毕竟是独木桥，不是努努力就可以获得成功的独木桥，这条路充满了艰辛与挑战，想要取得最终的胜利，还需要勇气、选择、坚持和机遇。

获得高学历，就可以获得当初选择攻读研究生期望达到的效果吗？答案是不确定的，因人而异。

追求高学历，最终的目的还是需要通过就业，来释放更多的能量，创造更高的价值。而用人单位最看重的是能力胜于学历。

故宫在招募新员工时，规定报名者需要有名牌大学硕士以上的学历；华为招聘的 8 位 2019 届博士生年薪最高为 201 万元，最低为 89.6 万元。人们不禁思考：学历比能力重要多了，没有高学历，连面试的资格都没有。

其实这样想，也不完全正确。企业真正需要的人才，是能够解决问题的人。可如何在茫茫就业大军中，锁定具备解决问题的潜力人才呢？学历是非常有说服力的一个资质。在短时间的面试接触中，面试官难以准确判断求职者的能力，更愿意相信高学历的人才将来会为公司创造出更多的价值，尤其是加上组织的培养和任命，可能会释放更大的能量来。当然，这其中也有例外，虽然例外只是一小部分，而这一小部分的识别，就需要面试官独具慧眼了。

学历是个敲门砖，决定我们可以走进哪里；能力才是决定我们最终可以走多远的重要因素。

学历有上限，能力没有；能力强就去保家卫国，能力有限就扮演好自己螺丝钉的角色；社会的分工让具备各种能力的人各司其职，都能够施展自己的才华、发挥自己的能量。

案例 3-8　莫让学历成为绊脚石

任总是人力资源部门的一把手，他自己早就知道，学历对于他今天所得的一切来说，是多么的重要。由于企业性质的原因，公司提拔人才有明确而严格的硬性规定：某些部门的某些岗位，除了有严格的任职年限、绩效表现的要求，还有学历要求。虽然公司为核心潜力人才开辟了绿色通道，但是对于大多数人来说，要晋升，还是要满足基本的学历要求的。任总刚被调入公司的时候不是部门的领导，但那时他就注意到公司在晋升方面的硬性规定，于是他利用休息时间，考取了 MBA 的学历，而公司对于这个学历是认可的。这样，清理了晋升过程中的一大绊脚石，加上出色的能力与良好的工作表现，他很快就受到公司的重用，走到今天的位置上。

把目光放长远，决定一个人在漫漫人生长河中究竟能够走多远的，不仅是学历和能力，更重要的是品德。

“小赢靠智，大赢靠德。”一个品德高尚的人，不管走到哪里，做什么，都会有贵人相助，再加上自身优越的条件，容易获得成功；这种品德包括对外的为人处世，也包括自身的性格修炼。一个综合能力优秀的人，再具备一颗不断进取的心，出成果不是一件难事。而一个有着高学历却没有品德，没有关键能力、核心能力的人，脱去学历这件外衣，就只能徒有其表了。

具体什么时候选择提升学历这条路呢？只能是多问、多看、多反思、多交流。有记录、有证据、要咨询、整合后要有规划，根据自己的实际情况，做出适合自己的抉择，才是一位接受了高等教育的人必须具备的素质。

第三节 终身学习与自我调适

地铁上、高铁上，总是有人拿出书，利用乘车时间获取精神食粮；大学课堂上，总是有一些在社会闯荡多年甚至走上了领导岗位的人，选择重回学校，打造自己。不是他们清闲，不是他们没有别的兴趣爱好，是因为，他们进行自我认知之后，做出要终身学习的决定。

一个学技术的人不懂管理，可能就无法带好团队从而导致项目失败；一个做市场的人被提拔做了人力部门的领导，可若是不懂管理领域的重要理论与为人法则，可能就会工作得很吃力。职场中总是会出现各种各样的挑战，有些是无法预料的，就像世界的发展，谁也不知道下一个风口究竟在哪里、何时会出现。为了获得机会的垂青，让自己时刻做好准备才是王道。如何才能让自己一直紧跟时代的步伐而不被时代淘汰呢？没有捷径，终身学习是必由之路。

一、所学专业与从事工作的关系

大学的专业选择，是在我们参加完全国的高考之后，在亲戚朋友和自己意愿的考量下，做出的选择。曾经以为，那个选择会决定我们一生的发展方向。在一定程度上是这样的，可是事在人为，真正决定我们未来发展的，是自身的实力以及时代给予我们的机遇。专业并不能限制我们，如果十分擅长和人打交道，学工科也可以去做管理；如果对财务既有天赋又有兴趣，学计算机也可以去做财务。

既然我们所学的专业不能限制我们未来的职业选择，那么专业就不重要了吗？如果不重要的话，那么用人单位在招人的时候，为什么还会有专业的要求呢？

大学四年，教会我们某个专业领域特定的思维方式与思考模式，更教会我们去思考，究竟自己将来是否能够从事这个领域的工作，是否愿意从事这个领域的工作。人，总是在不断的尝试中发现未来的可能性。

所以，对于不知道未来能够做什么的人来说，为他们设置专业，为社会输送可用之才，也是一种培养人才的方式。在这个过程中，发现自己真正喜欢和擅长的领域，然后发挥自己的价值，是一件十分幸运的事情。

进入大学,可以换专业;进入工作岗位,可以从事和专业不相关的工作。专业只是一个开始和基础,未来真正奉献一辈子的岗位和职业究竟是什么,需要在工作和实践中不断摸索。

案例 3-9　专业是打辅助、奠基础

小婉攻读研究生期间学习的是生物医学工程,毕业后,找了一份与专业不相关的工作,家人都说,这么多年的专业书都白读了。小婉自己知道,这个工科类学科为自己带来的,远远不是一个学位学历证书。

在校期间,相关计算机课程为自己培养了严密的逻辑思维,思考问题滴水不漏;同时,她参加了学生会等社团组织,锻炼了自己的领导力和沟通能力。这些能力与素质,都帮助她在职场中,无论从事什么样的岗位,奠定了解决问题的基础。

小婉就职的是方案解决类岗位,在工作中,她面对别人解决不了的问题,简直是如鱼得水,获得了满足感。在别人看来,生物医学工程的硕士,做职能类岗位,不一定能做得好,可是小婉却凭借着自己多年工科学科打下的坚实基础和学生工作锻炼提升的能力,在工作中不断挖掘自己的潜力。

没有什么付出是无用功,没有什么努力全都会打了水漂,只要是一直努力与前进,未来总是存在很多的机会。

专业不对口不会为我们关上通往其他岗位的大门,自我否定才会;专业的设置一方面使得"术业有专攻",另一方面也让我们反思自己究竟适合什么行业。不断反思与自我提问,发现自身真正的优势,才能找到适合自己的岗位。

二、工作中学习是第一生产力

学校的教育并没有为每一个即将步入职场的大学生提供应对未来困难的所有武器,企业也没有期待每一位应届毕业生在入职的时候就可以解决所有的问题。在学校接受10多年的教育甚至将近20年的教育,更多的是在挖掘学生的潜力,培养他们应对困难、难题的品质与能力,学校不能将社会中出现的所有可能的问题,都展现在学生面前,让其不断地尝试、改正、反思、进步。初入职场的学生,在各个方面,都存在很大的进步空间。用人单位在招人的时候,也会倾向于选择那些具备发展潜力的学生,因为他们具有可塑性。

案例 3-10　不会但我可以学

小红是部门新来的实习生。最开始面试的时候,可以看出来各个方面的条件都不错。无论是从学历还是其做过的事情,都可以看出来,她是一个上进、会做事、善于沟通的人。

领导交代给她一件事情,没有说明怎么做,只说了什么时间要,以及需要做到什么程度。时间紧、任务重，虽然没有什么难度，但是之前没有处理过这么大量的数据，短时间想要学会一个新的软件去批量处理，这不太现实。要是使用笨的方法，也能做，但是需要加个班才能完成。

最终，小红选择了后一种解决方法，牺牲个人休息的时间完成了任务。

完成任务不是结束，她想了一下，在以后的实习中，包括在未来的工作中，她都会遇到类似的问题，若是一直使用笨方法，工作效率太低了。于是，她查阅了很多资料，学习了很多软件。果然，在领导后来为她布置的工作中，类似的问题又出现了，而这一次，通过努力，她又快又好地解决了问题。

小红甚至在结束实习的时候，将遇到类似问题的处理方法整理好，留给了领导，因为她希望自己做过一回，所有的成果在现在和未来都能够发挥出最大的价值。

职场中，不怕新人说不会，不怕遇到暂时无法解决的麻烦事，怕的是躲、懒。躲，表面上失去的是暂时的麻烦，实际上，失去的是向更高、更远的成长与进步。懒，表面上享受着暂时的舒适，实际上，是在将自己边缘化，变成企业首要淘汰的一分子。

职场是残酷的，企业不是养闲人的地方，不能创造价值本身就是一种资本的浪费。不论是面试的时候还是入职工作的时候，遇到难题，才正是需要我们展示出主动性的时候。“不会，但是我可以学”，这句话的背后，是积极进取的体现，是解决问题、创造价值的体现。企业不需要人人成为一个天才，面对任何问题都能轻松解决。企业需要人有进取心，面对任何问题都有解决它的能力。学习，让一个人拥有永久的竞争力和不可替代性。

三、终身学习方能适应时代变化

案例 3-11　终身学习典范——袁隆平

2019 年，中华人民共和国成立 70 周年之际，“杂交水稻之父”袁隆平因为其突出贡献，获得共和国勋章。他在接受采访时表示，自己的研究永远不会止步，自己要活到 100 岁，让中国人的饭碗牢牢端在自己的手中。

确保国家粮食安全，让人人都能吃饱吃好，辗转各地辛苦研究，将自己个人的利益抛之脑后，永远想着国家的利益，90 岁高龄的袁老，依然活跃在田间地头。

终身学习、终生奋斗、没有终点。第一届中非农业合作发展研讨会，89 岁的袁隆平发表了一场英文演讲，震惊全场。天才背后付出的汗水，远远比常人想的要多得多。他是大国农业的脊梁，是中国的脊梁，是中国的骄傲。

社会在不断地向前发展，谁也不能凭借自己过去的积累就跟上步伐。唯有终身学习，才能不被社会淘汰。而那些已经在世人眼里获得成功的人，其实背后远比普通人还要努力。越努力越幸运、越成功越谦逊。

21 世纪为人们带来了新的机遇和挑战，同时，对于人才的要求也是越来越高。一劳永逸已经被变化、发展、创新等词汇替代成为时代的关键词。关注某个领域最新的前沿发展动态,不断审视自己,找到进步的切入点,然后付出汗水,才是新时代青年人应该有的状态。我们接受良好的教育,找到体面的工作,这些才是人生的开始,真正的历练要到社会浪潮中去经历,去体会,去成长。

一个有自知之明的人,不是"知而止",而是"知而行"。想要成长与成功,既要有自我认知,又要有自我推动。既要有想要学习与进取的意愿,又要掌握学习的方法。而学习,不再局限于概念与模型、定义与公式,而是应该对方法论、世界运行规律等方面给予更多的关注。

在新时代的社会背景下,每个细分的领域都有可能出现蓝海。具备慧眼不一定拥有创造价值的机会,具备机会不一定具有收获成功的可能。在遍地都是未知数的情况下,沉下心来,脚踏实地,解决问题,创造价值,才能驾驶自己的一叶扁舟永远航行。

❑ 案例思考

1. 对案例 3-2 和案例 3-3(比尔·盖茨与梁思成),谈谈家庭教育与学校教育的区别。

2. 案例 3-7 中,面对"李约瑟难题"和"钱学森之问",作为大学生,有哪些值得反思的问题?作为教育者,有哪些值得反思的问题?

3. 案例 3-10 有何启示?在职场中遇到难以解决的问题时,有哪些解决办法?应当找谁寻求帮助呢?

❑ 读者建议箱

1. 致学生:

过去已经接受的教育无法改变,但如果能够客观认识自身的不足,并在今后的受教育过程之中主动寻求弥补,就能够帮助自己更好地发展未来的职业生涯。首先,个体要在了解教育本质和教育类型的基础上,对自身过去所受到的教育进行客观的评估,了解自身所受教育的不足,分析如何在未来的教育之中进行弥补。其次,个体要对自我进行客观的认知,可以参照本章以及本书其他章节的测试量表,分析包括如何判断自己是内向还是外向、如何判断自己的性格等在内的各项特征;最后,在评估自身不足和规划未来教育的基础之上,设定职业目标并为之努力。

2. 致家长:

要正视以往教育中的不足,及时进行调整,避免以往的过失对子女今后的职业生涯发展产生负面影响。首先,父母需要明确自身在子女职业生涯发展过程中所扮演的角色。对于即将毕业的大学生而言,他们已经是独立的、可以自己进行思考的个体,此时父母在他们的职业生涯发展过程中扮演的更多的是引导、支持的角色,而不是帮他们做出决定。其次,在明确角色定位之后,父母需要反思原生家庭对于子女的家庭教育有哪些不足,这些不足导致子女在未来职业生涯发展的过程中存在怎样的问题。最后,父母可以在与子女交流的基础之上,与其共同制定未来的职业发展目标,并通过对家庭教育的调适来帮助孩子发展今后的职业生涯。

3. 致组织管理者：

需要在与内部各部门沟通的基础之上，结合员工自身的发展构建可持续的培训体系。首先，在帮助员工进行职业生涯规划的同时，结合员工需求和企业实际情况，确定培训目标；其次，根据培训目标设置相应的培训课程，并逐渐建立起培训体系，邀请来自企业内外的讲师进行培训；最后，根据培训结果不断调适，以建立起适合企业和员工发展的培训体系。

第四章

毕业就业与自我呈现

本章要点

1. 从学校人到职场人的转型是巨大的。大学毕业生在就业前要做好充分的准备,具体表现在以下几个方面:树立端正的就业观与人生观、主动出击寻找合适的组织、搜集目标行业和组织信息、调整好心态,完成从学生向社会人的转变。不打无准备之仗,有的放矢地搜寻心仪职位。

2. 做出一份美观精炼的简历是每一位求职者需要掌握的基本求职技能,合宜的简历也会给阅读简历的招聘者心旷神怡的感觉,进而提升求职成功率。本章将介绍简历的基本模板、如何在简历中突出个人核心优势以及如何打磨简历,让自己的简历脱颖而出。

3. 出色的面试表现需要前期周密的准备,全方位考虑各种影响面试表现的因素,找准对方需求,将自己的目标变成对方的需求。在面试过程中,从明确面试的形式与内容、注重个人的形象与动作、思维与谈吐、礼节与细节、状态与心态以及避开面试禁忌六个方面提升面试的成功率。

4. 入职初期,积极融入组织,正确看待理想和现实间的差距,学会心态归零;尽快完成角色的转变,学会在放大镜下生活;处理好人际关系,争取得到组织的认同。另外,需要培养基本的职业意识,注重职业道德和职业精神,抓住每一次提升自我和呈现自我的机会。

第一节　就业前的准备

大学生只有在就业前做好充分的准备，才能在竞争激烈的就业市场谋得一席之地。笔者与大学生交谈，不少人表示自己就业前过得“神仙快活”，盲目乐观，毕业时才发现自己不够了解求职过程的艰难性以及社会和职场的复杂性。由此，大学生在就业前需要做好充分的准备，包括树立端正的就业观与人生观、主动出击寻找合适组织、搜集目标行业和组织信息、调整好心态，完成从学生向职业人和社会人的转变。

一、树立端正的就业观与人生观

在第三章提到的“李约瑟难题”与“钱学森之问”，在表达对科学关怀的同时也提醒我们要经常反思教育。引导大学生树立端正的就业观与人生观，这不仅需要学校、社会和家庭教育的努力，还需要大学生主动端正就业观与人生观。大学生是社会的新鲜血液，是国家未来的中坚力量，只有大学生树立端正的就业观和人生观，才能实现个人的发展、社会的进步、国家的富强。

教育与毕业就业前后顺呈，在“重智教而轻德育”的应试教育背景下，大学生难以形成良好的融入社会的心态和观念。有人凭借一技之长或个人能力，得到他人的认可，找到了心仪的工作，有人凭借家人或他人的帮助，找到了工作。而没能力又没有他人支持的毕业生找工作屡屡碰壁，由此他们可能会感到迷茫，心生抱怨。

随着社会经济的发展，企业或单位的用人标准也发生了转变，在笔者调研的过程中，某公司人事经理谈道：“我们不会青睐那些所谓学习好的尖子生，如果不踏实、眼高手低、团队协作能力差、总想着跳槽，即便学习好，我们也是不会聘用的。曾经有毕业生进来以后感觉自己很了不起，但其实连进门、打电话的礼貌规矩都不懂，对他们的培训往往要从最基本的礼仪开始，真是很无奈……”可见，企业或单位的用人标准已经从原来的重文凭，转变成现在的重能力、重态度。这些变化都给大学生的毕业就业带来前所未有的压力。

近年来，高校毕业生人数连年大幅增加，就业形势严峻，就业压力大，就业难题也逐渐浮现出来。临近毕业，有的学生按照自己提前制定好的职业规划，顺利地找到了心仪的工作；也有学生发现对于未来的规划不明确，陷入了迷茫。有人很快走出了迷茫，有人却在迷茫中迷失，甚至蹉跎岁月。

迷茫者，或是在等待和焦虑中，看到其他同学陆陆续续都有了着落，自己乱了阵脚，选择盲从；或是没有考虑长远规划，受眼前利益吸引，武断决定，进了单位才发现各种矛盾和问题；也不乏有人信心满满，一腔热血走入了职场，却因为没有理性认识企业或单位与学校的差异，难以融入组织，屡屡碰壁，最终被挫折击垮。

职业生涯与人生规划，就是帮助大学生在迷茫中找到奋斗的方向，走出迷茫。引导大学生树立端正的就业观与人生观。端正的就业观与人生观主要包括以下方面：

(一) 谈就业观与人生观前,先提升自身实力

其一,在大学,学习仍是主业,首先要将专业知识学习扎实,将基础夯实,完成自己的本职工作,做一名合格的大学生。

其二,提升实力不仅要求学习成绩好,还要讲真才实干,能将储备的知识学以致用,主动学习并掌握企业或单位真正看重的职业技能,以适应从大学进入社会的变化。提升实力是保证顺利毕业、就业乃至实现人生价值的基础。

(二) 知己知彼,有多大能力干多大事

知己知彼,首先要知己。大学生应实事求是,明确自我认知,摆正自己的位置,认清理想与现实之间的关系,通过自己努力和向他人寻求帮助,来填补理想与现实之间的差距,循序渐进地实现理想。

其次是知彼,大学其实是从学校向社会过渡的阶段,大学生应积极与外界建立联系,了解家国大事,更要关注与职业生涯及人生规划相关的讯息,特别是未来准备从事的行业,需要什么样的人才,有哪些具体的要求,以为未来做好充分的准备。

有多大能力干多大事,切不可好高骛远,眼高手低。

(三) 要么有能力,要么态度好,最好两者都好

杜月笙先生曾谈道:“人分为三等。头等人,有本事,无脾气;二等人,有本事,有脾气;末等人,没本事,大脾气。”

如果自己能力强,要懂得“强而不霸”的道理,既能充分发挥自身优势,又能戒骄戒躁,既能把事情做好,又能让他人和自己相处得很舒服;如果自己能力弱,就要懂得“弱却有心”的道理,勤能补拙,做事付出更多的努力,花更多的心思,即便行走较慢,也可以做龟兔赛跑中的赢家。

此外,端正的就业观与人生观指引我们做对社会有价值的人,通过实现社会理想来实现个人理想,通过实现社会价值来实现个人价值。

从理想的角度出发,学自己喜欢的专业,干自己喜爱的工作,拥有稳定的收入是最佳的选择,但要认识到理想与现实是存在差距的,要从现实的角度出发。毕业后第一份工作的工作内容、工作平台等因素,对于未来的职业发展有一定影响。建议即将毕业的大学生,对于自身的职业选择,要结合专业、学校、兴趣、专业能力、综合能力、职业发展空间、现实可能性等多方面的因素综合考虑,并制订可行的方案。

由此,树立端正的就业观和人生观后,不可守株待兔,要主动出击,寻找自己毕业后的第一份工作与合适的组织。

二、主动出击寻找合适组织

案例 4-1　“被动失业”的阿冷

毕业生阿冷学习成绩和其他方面条件都不错,在就业的初期满怀信心。但由于专业冷门,阿冷找过几家单位都碰了壁,逐渐产生了自卑感,在后来的择业过程中表现得越来

越差，陷入恶性循环而不能自拔，以至于到了新的用人单位，只能被动地问人家："学某某专业的要不要"，其他什么话都不敢讲，最终未能找到合适的就业单位。

阿冷的失败是其自卑心理在作怪。在择业遭受挫折后，一蹶不振，对自己评价过低，对专业缺乏认同感，对自己丧失了信心。择业时缺乏主动争取和利用机遇的心理准备，不敢主动、大胆地与用人单位交谈，何谈表现自己的优势、找到心仪的工作？这种被动心理严重妨碍了一部分毕业生正常的就业竞争，那些原本在某些方面比较出色的毕业生，也会因此陷入"不战而败"的困境。

三顾茅庐的故事，其实让很多千里马坐失良机。要知道"千里马常有，而伯乐不常有"。机会与实力同样重要！储备实力是时间的函数，需要日积月累从量变达到质变，而机会却是离散的，因此要主动出击，抓住机会。

（一）如何主动出击

毫无疑问，首先要主动联系用人单位，可是联系谁、联系哪些单位，怎么进行联系？大学生可以通过自己已有的社会关系（如与师长、同学、朋友等）联系，也可以自己主动建立关系，如邮递简历、参加招聘会、网上申请或登门造访进行毛遂自荐等。总之，要和用人单位负责人力资源管理或者是直接负责招聘的人联系。当然，如果有足够的把握，直接与心仪单位的领导联系也并无不可，这种表现往往会产生不俗的效果。

（二）寻找合适组织

古人云"男怕入错行，女怕嫁错郎"，而在男女都需自食其力的今天，无论男女都怕入错行，寻找合适的组织变得尤为重要！

职业选择是个人对于自己就业的种类、方向的挑选和确定。它是人们真正进入社会生活领域的重要行为，是人生的关键环节。构成职业选择的基本要素有三个，即职业能力、职业意向和职业岗位。

如图 4-1 所示，职业能力是基础，决定了职业选择的可能性区间，往往和专业以及个人兴趣爱好相联系；职业意向也影响着职业选择，但受职业能力及各种现实因素的影响，职业意向往往与现实可能性存在差距；职业岗位则是具体的职业选择，毕业后的第一份工作在一定程度上影响着未来的职业生涯发展方向，然而很多毕业生对毕业后第一份职业岗位不满意，因此职业选择决不能盲目、任性。

一般来说，职业选择可以按照下面的步骤进行：

首先，列出自己所希望从事的三种工作。从工作内容、任职要求等方面，看看自己对想从事的工作能理解多少，是否有能力胜任。如果有许多内容不甚了解，甚至连最基础的操作都不熟练，而这份工作门槛又高，那就要考虑这份工作的现实可能性了，或者回过头去重新学习，加强练习。

其次，志愿单位的具体化。列出几个志愿单位，进行适合度的衡量，譬如对单位的了解、对从事岗位的了解、现实的可靠性如何等。对志愿单位进行排序，主要考虑的条件有地理位置、单位性质、单位规模、行业、收入、福利、提升机会、专业对口度、工作环境、调动工作的可能性以及稳定性等。

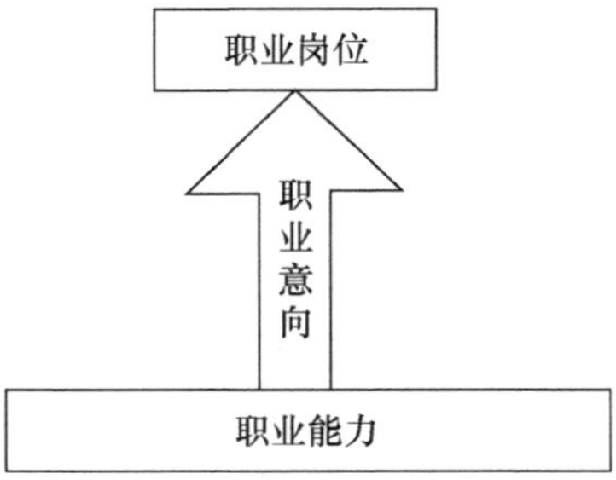

图 4-1　职业选择三要素

最后，对制约条件进行权衡与取舍。任何一个就业单位，都有其有利条件和不利因素。在选择时，有些条件能够妥协，其他无法妥协的条件就是制约条件。譬如，若通勤距离太长，要考虑是否有能力在工作单位附近租房。毕业生可对就业单位进行综合评估，如果不能妥协的条件占大多数，就应重新考虑了。如果条件都允许，自身兴趣、能力、态度、资源等又匹配，即可初步锁定目标，准备出击。

（三）学会理性出击

主动出击不是盲目出击，读者需结合自己的情况，调整心态，理性出击，避开以下误区：

（1）存在盲从的心理，忽视自己的优势和特色，急于求成；

（2）心理承受能力弱，求职被拒便一蹶不振，转而陷入被动；

（3）盲目自信，对自身不足和困难估计不够，在择业中受挫；

（4）盲目自卑，找个单位草草签订就业协议，日后存在隐患；

（5）过分看重“实惠”，只看中一些眼前利益，忽略长远发展。

以上种种都是不可取的心态和做法。主动出击寻找合适组织，还要擦亮眼睛，知己更要知彼，认清自己的优势和目标还要使其满足对方的需要，所以搜集目标行业和组织信息的重要性也就不言而喻了。

三、搜集目标行业和组织信息

案例 4-2　都怪没看经验贴

张晴毕业于某知名传媒高校新闻传播专业，因为成绩出色又有很强的美术功底，很多知名的媒体平台都主动联系她面试，但临近毕业，她还没有确定好要去哪家单位工作，也没有主动去了解这些联系她的单位。

终于当身边那些表现平平的同学都已经找到工作时，张晴才开始着急，刚好这时一家知名互联网公司联系了她，请她面试时尚设计编辑的岗位，要求第二天就去面试，她匆忙地准备了一下便去参加面试了，但是结果一塌糊涂。

到了面试单位她才发现自己有那么多的竞争对手，在众多面试者里只有她穿着黑白西装，其他人都穿得很时尚，而且其他人都带着各自的设计作品，只有她两手空空只带了一份简历。进了考场只好和面试官尬聊,面试结束后,张晴垂头丧气地离开。后来在经验贴上得知,原来在这家互联网公司尤其是在时尚设计编辑部,没有人工作时是西装革履的,并且官网的招聘公告上明确写着“请带上您的设计作品”。

张晴虽然具备很好的就业竞争力,但是缺乏明确的目标,没有搜集目标行业和组织的信息,因此在求职过程中处于被动的状态,可见收集信息在求职中的重要性。

我们现在处于“信息社会”,完成任何一项工作,都离不开信息的收集。求职过程中信息也同样重要。倘若不知道近来在什么时间、什么地点、有什么企业在举办招聘会,精心准备的简历投向哪里?倘若不了解当前的经济发展形势和各行业、各类企事业单位的经营状况和用人需求信息,谈何找到自己心目中的理想工作?信息的重要性不言自明。需要注意的是,在收集信息的过程中应做到有的放矢,目的明确,收集的信息要准确、客观、全面,对自己的求职有切实的帮助。

如今,“两耳不闻窗外事,一心只读圣贤书”的学习方式已经行不通了,用人单位更看重的是毕业生的综合素质,大学生走向社会的第一件事,也是最重要的一件事,就是亲眼看一看、亲耳听一听,现实中的就业形势究竟如何。

(一)搜集所学专业和相关专业的就业信息

从所学专业的就业形势去考察就业市场,是比较切合实际的做法。有人抱怨找不到工作,其实这与其所学专业及该专业领域的就业情况有着密切的关系。专业领域不同,就业情况相差悬殊。对于与自己不相关的就业领域的信息,要适当了解,学会理性判断,避免道听途说,否则只会徒增压力。

如果所学专业比较冷门,可以考虑相关的专业、行业,就业形势如何。有些行业有许多交叉点,可以突破专业限制,同样能找到适合的工作。譬如中文、新闻、文秘三个专业虽有不同,但是都可以在出版、媒体行业就业,也可以做文职类的助理、秘书等,就业领域很广。又如计算机应用、计算机管理、计算机网络等专业中许多内容是交叉的,就业领域也较宽。还有些专业看起来并不相干,但是也能从中找到相关的就业优势。大学教育除了教授专业知识,很重要的是思维方法的训练,具备灵活的思维方式,跨专业跨领域就业是不成问题的。譬如在销售、保险行业内,法、理、工、农、医等几乎所有专业领域的人才都有。转换思维面对就业,才能抓住就业市场上的许多机遇。

(二)向有经验者请教就业相关的问题

在了解清楚所学专业的就业领域之后,还要细心考察该就业领域的市场状况。通过上班族了解就业领域的市场状况是最有效的方法。上班族在就业第一线,不但对就业形势、市场行情十分了解,对一些工作要领也一清二楚,积极向他们请教,收集信息、借鉴方法,定有点石成金的功效。另外,老师、师兄师姐、亲朋好友的资源要好好加以利用,他们大都是过来人,深知就业艰辛,只要虚心请教,他们乐于赐教。

走上社会的大学生可以虚心请教,不要怕被看不起,只要能获取信息,众多方法都可以尝试。

（三）通过合适的求职渠道锁定目标组织

在毕业求职之际，要多加关注各大高校的毕业生就业信息网和纵向求职论坛专区，了解校园宣讲会和招聘会的情况，到有意向企业的官方主页上找到校园招聘链接，积极主动地搜集各种渠道的信息，全面地获取自己想要从事的行业和组织的信息，才不会因信息不对称而做出错误的职业选择。表 4-1 为读者总结出毕业生常用的求职渠道。

表 4-1　毕业生常用的求职渠道

类型	特点	举例	
大中型公司的企业招聘官网	官方信息准确、权威、易获取；岗位竞争压力大	阿里巴巴集团官网招聘	精准式 ↓ 大众式
		腾讯官网招聘	
		字节跳动官网招聘	
		京东官网招聘	
大中型公司专门发布招聘信息的公众号	定期推送招聘信息，关注就业动态，了解企业文化；竞争激烈	腾讯招聘公众号	
		京东招聘公众号	
		百度招聘公众号	
		滴滴出行校园招聘公众号	
寻找公司内的人内推	程序简单，节省时间，成功率高；需要较好的人脉和社交能力	亲朋好友、校友师长的推介	
		专业网站与论坛	
		社交网站和 APP：脉脉、领英、赤兔等	
		社交媒体：微博、知乎等	
垂直行业专业类的招聘网站	精准度高，专业性强；拓展空间小	数字营销类：独角招聘、数英网招聘	
		产品经理类：秒聘网、产品经理社区、PMCAFF 社区产品招聘	
		互联网行业：BOSS 直聘、拉勾网	
		事业单位：全国事业单位招聘网	
		建筑行业：建筑英才网	
		基于行业垂直细分和区域横向细分：一览英才网	
		中高端人才：猎聘网、领英	
综合类	大众式，方便快捷；资源条件有限，可靠性有限	智联招聘	
		前程无忧	
		中华英才网	
		51job 招聘网	
		大街网	
		应届生求职网＋boss 直聘	
地方类		58 同城招聘	
		各省、市人才网	

（四）整合已搜集的信息

对于搜集到的信息要注意归纳整理，培养整理信息的意识。譬如，对于所搜集到的各个企业单位的信息可以按照下面的层次进行整理：

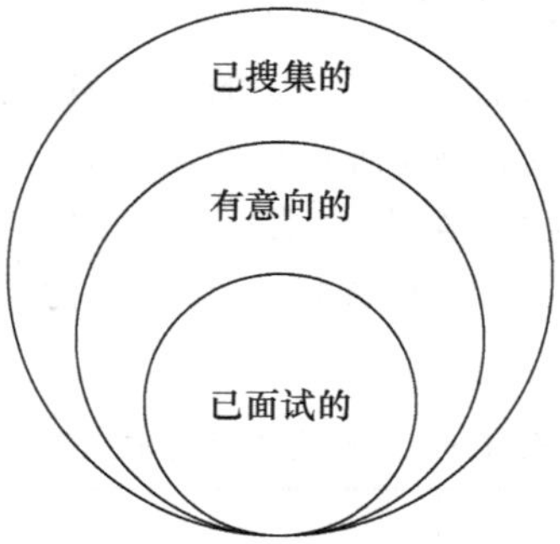

图 4-2　对于搜集到的组织信息分层次整理

将注意力更多地聚焦在自己有意向的组织上，对于已面试的单位要保证心里有数，最好能再深入地搜集已面试的单位的信息，做好准备。若面试的单位较多，突然打来一通电话说："您好，恭喜您通过面试了，请问何时可以来上班？"若这时再问："不好意思，您是哪家啊？"会显得有些尴尬，为后续关系蒙上阴影。

整理搜集的信息不仅是一个好习惯，也是一个人有良好职业人心态的体现。大学生在为毕业就业做准备的过程中，调整好心态很重要（见图 4-2）。

四、调整心态，从学生向职业人和社会人转变

从学校步入职场，简言之，就是"从学习到干活"。调整好心态很重要！

（一）从理想到现实

由于之前没有踏入职场，不少应届毕业生在心态方面还有提升空间，避免"大事干不了，小事不愿干""工作轻松愉快，挣钱多多益善"的想法。即便自己寒窗苦读十几载，又出身名校，也不要对初入职场的事务性工作不屑一顾，甚至认为自己应该在工作中发挥独当一面的作用。这是一个误区，或者说是一种过于理想化的心态。

作为职场新人，需要克服学生时代的个人想象与社会、单位实际情况的落差所带来的不安全感和失落感，以适应单位的软硬环境，掌握工作的规则和程序；只有先改变自己，使自己适应新环境，并慢慢融入社会，将来才有希望改变社会。

（二）从学习到能力、态度

学校以培养人才为主，企业和单位则是以用人为主，培养为辅，因而更加重视员工创造价值的能力和工作的态度。

大学生初入职场，虽然有着高涨的工作热情，但工作经验、实践能力和职场技能都有欠缺，一般不会一开始时就承担重要的工作，应学会"边干活边学习"，一步一个脚印地成长起来。

心态归零对初入职场的大学生是至关重要的。保持一颗热诚的心，乐于接受挑战，工作中保持积极主动的态度，表现出进取精神，尽快适应环境，以融入集体的氛围，同时肯学习，善提问，多讨论，敢创新。良好的态度，也有助于开发自己的潜能，这些潜能有些是之前就已经具备的，而有些是需要在工作中慢慢锻炼和培养的。

（三）从学生到职场人、社会人

完成角色的转变，是调整心态最重要的一步，以前在学校只需扮演好听话的"学生"的角色即可，但进入职场，要扮演的角色比在学校复杂得多，在供应商面前是可信的甲方，在客户面前是可靠的服务者，在领导面前是工作的执行者，在同事面前是团队的好榜样。

综上所述，树立良好端正的就业观和人生观，主动了解目标行业和组织，拥有准确而完备的信息，还要在心态和能力上完成从学校到社会的转变。这些为求职所做出的准备工作是十分必要且有效的。

在求职的过程中还要注意"证据意识"。成绩单、获奖证书、推荐信、技能证书等材料的准备很重要，如果不想在面试之前就对自己失去信心，那么先要对自己的诚信和资历进行评估；如果不想在面试的时候多费口舌进行诸多解释，那么先要将所有能证明自己能力、经历的材料准备齐全，越全面越客观越好。为了证明自己的能力，一份精雕细琢的简历，一篇热情洋溢的求职信当然是必不可少的。

第二节 简历的制作

薄薄的一纸简历，其中却暗藏"玄机"，如何做到既有亮点又不突兀，让自己的简历从众多的简历中脱颖而出？这不仅需要个人在学习、实践和工作方面有一定的积累，还要会合理地布局，精彩地提炼，并不断将其完善。

案例 4-3 一组关于简历的调查数据

(1) 招聘者在每份简历上所花的平均时间为 15 秒；

(2) 每 245 份简历中有一份获得面试机会；

(3) 某些大公司一年内会收到超过 10 万份的面试简历；

(4) 在报纸上刊登一个招聘岗位，可以收到 200 份简历；

(5) 所有简历中，约有 85%以上的结局是被扔进垃圾桶。

以上数据来自美国劳工部对用人单位的调查统计，统计结果真实而残忍。调查进一步表明，在被扔掉的简历中，有 70%的简历被淘汰的原因是简历的样式而不是内容。越来越多的求职者习惯于直接套用网上下载的简历模板，大多千篇一律，或花里胡哨。超过 74%的招聘经理认为简历应该自己做，而不是直接套用模板。

在调研过程中，一位招聘者对毕业生的简历做出了这样的评价：今年又看了很多简历。第一，针对性还是差，我为了找一个行政助理，岗位要求已经很明确了，但是要从简历里很明确地筛选我需要的条件还是很难。毕业生一如既往地搞批发，不愿意给任何一个岗位哪怕稍微多一点点的关注，做一些有针对性的调整。第二，还是执着地贴上美化无限的"照骗"，致使我对其本人充满遐想，可是真正见到时大跌眼镜。与其如此，不如不贴啊！

对于高校毕业生来说,在严峻的就业形势之下,劳动力处于买方市场,多数情况下是用人单位来挑毕业生而不是毕业生去挑用人单位,筛简历是挑人的第一步,并且初筛扔掉的简历是最多的。一份优质的简历可以为自己赢得更多机会,甚至影响自己未来的职业生涯。如何制作出一份优质的简历?本节将从简历的基本模块、制作简历的基本原则以及完善打磨简历的方法来给出具有可操作性的建议。

一、简历的基本模板

有调查显示,近八成的大学生简历存在问题:在15 119份简历样本中,76%的简历是按照个人成长经历进行内容组织的,能够以工作为核心并围绕具体岗位要求进行内容组织的寥寥无几。专家认为,绝大多数简历看起来更像一篇个人经历的流水账,自说自传,这让用人单位很难从中看出求职者是否具备与目标职位相关的素质。

那么如何才能制作出一份令招聘者满意的简历呢?首先要知道一份完整的简历应包含的基本模块。

(一) 个人信息

个人信息是最基本的模块,要求是简洁、直观、紧凑,通常包括姓名、通信地址、电话、电子邮箱等必备信息。没有必要将个人信息一条不漏地搬到简历上,好像查户口。身高、体重、籍贯、民族、身份证号和婚姻状况等私密的个人信息就不需要列在简历上(有特殊要求除外)。至于照片,要保证照片与真人出入不大,照片清晰干净,照片中的个人形象最好是精神干练、朴素大方的,因此到专业的照像馆拍一张精神帅气、美丽干练的证件照往往会为自己的简历增分。

(二) 求职意向/目标职位

求职意向或目标职位是简历十分重要的组成部分,却经常被忽略。调查显示,写明求职意向的简历占64.8%,求职意向与投递职位相关的仅占12.6%。求职意向让简历更有针对性,能给用人单位留下目标明确、专业性强的印象。因此,简历一定要写清求职意向,并尽可能具体,写上相关的1—2个,尽量选择和使用专业用语。准确填写求职意向的方法是大量浏览招聘启事,结合自己的技能和兴趣从中选出两三类职业,对于每一类职业,根据招聘启事整理出岗位任职资格要求,结合自己的实践活动,整理并制作简历。

求职意向举例:电气工程专业方面的研究、设计等领域的工作。

(三) 教育背景

教育背景部分要写明就读时间、学校、专业、获得的学位,采用倒序罗列,如果成绩(GPA)优异或者排名靠前可以注明。是否罗列相关课程,视情况而定,如果简历的内容较为充实,就没必要把自己专业的全部课程罗列出来,占据很大篇幅,显得十分啰嗦;但如果简历完成后版面较空,不足一页,则可以列一些主修和辅修课程,注意优先列明与工作岗位所需知识相关的课程,而不是对所有课程不加分类地堆砌。如果所列课程成绩优异,还可以附上课程的成绩。不过前提是要保证自己确实熟悉该部分内容,以免面试时回答不出相关内容。

（四）工作经历和实践经历

这一部分是表明个人竞争优势的核心部分，也是简历中占比最大的一部分。这个模块一般应包含五部分：任职/活动时间、任职单位/活动名称、职位、主要职责、工作业绩/收获。调查显示，实践经历一栏中能够完整填写这五部分内容的只占12.2%，有将近10%的学生甚至在这一栏交了白卷。其实可以介绍的内容很丰富，如工作经历、社会活动、校园活动、实习经历及兼职等。应注意有选择性地列明与应聘岗位相关的经历，一般按照倒叙方法，将最近发生的且含金量最高的经历重点突出地列在前面。

在语句表达上，用动词开始句子的表达（如组织、领导、策划、建议），用动词表现取得的成绩（如提高、锻炼、改进、增强）。学会用数据说话，强调结果导向，突出贡献，展示与专业和职位相关的可迁移技能。在面试中被问及简历，强调自己做了什么，如何做的，取得了什么（成功的）结果，突出自我管理能力。

举例：2019年6月到2019年9月，在人民日报社实习，期间参与了30余期报纸的编辑排版工作，提高了审美能力，熟悉了发排的基本操作，具备了编辑发排的基本业务能力。

（五）获得荣誉奖项

简历的这一部分能够证明在校期间的优异表现以及个人突出的能力。通常列出获奖名称（可简要说明奖励条件，突出奖项含金量）、获奖级别和获奖次数。注意，所列奖项需与应聘岗位具有一定的相关性，若奖励项目少，则并入“实践经历”中，改为“实践与奖励”。

（六）个人特长和相关技能

这一部分是向用人单位传达自己能够胜任这份工作的职业技能，重点列出外语水平、计算机技能（专业相关的软件操作及办公自动化），以及其他与岗位相关的技能，如果考过相关的证书或资格认证要标注出等级或成绩。同样，需要注意真实性，要能够“经得起检验”。

（七）兴趣爱好/自我评价

简历中这一部分的目的是针对职位需求，补充说明自己的素质与能力。一方面，可以展示个人的兴趣爱好，譬如某项运动或某种乐器，若有与工作相关的兴趣爱好要优先罗列。这样做的好处，一是体现业余生活和个人才艺，让自己更立体；二是通过爱好特长体现自己可以热爱并坚持做一件事的优良品质。另一方面，可以通过个人评价展现自己的品质，如团队协作、沟通能力等。但是要注意针对性和真实性，不要泛泛而谈，夸夸其词，要做到有理有据，在面试中能够证明自己确实具备简历中所说的品质。

二、制作简历的基本原则

了解了简历的基本模块后，就可以为自己心仪的岗位制作自己的简历，要注意三个基本原则：

（一）突出优势

推销自己是现代社会必备的基本能力，简历就是推销自己的名片。设计简历要特别注意30秒印象管理，简历的重心在于逻辑，让招聘者沿着自己的逻辑发现其中的亮点，知道自己的优势。简历不等于求职材料，要在平实朴素和标新立异之间寻求平衡。

推销自己最好的方法是突出优势。个人的优势体现在很多方面，专业知识和专业能力、性格品质和个人特质、资源条件和积极因素等。在寻找工作之前就要结合自身的优势来做职业选择，并要学会概括自己的优势。如果专业学得好，就展示自己曾经做过的工作，并附上成果；如果工作能力强，就客观真实地总结活动的收获，取得的成果，以及遇到了什么困难，是怎样解决的，这样从侧面反映自己的工作能力上的优势，更具有真实性和说服力。

（二）体现匹配

“量体裁衣，对症下药”，不同的目标，要有针对性地采取不同的措施。从简历角度来说，毕业生应该有针对性地突出自己的职业定位来制作简历，这就是强调匹配关系思维。

不要觉得职业定位只是一个简单而理想的描述，没有现实的指导意义，更不要误以为“虚”“泛泛”的职业定位会赢得更多的求职机会。在用人单位看来，一个有职业定位的人，必然是能主动控制自己职业发展的人，也必然明确自己未来的职业发展和学习方向，并且清楚自己的优劣势，能客观地了解社会需求。而那些群发简历、职业定位混淆的求职者，缺乏的正是这些。所以说，毕业生切忌采用“撒网捕鱼”的方法制作简历，应结合自身知识结构、性格特点、社会关系等多方面因素制定出今后发展的职业规划，选择一个适合自身发展的职业，把自己的目标和优势变成对方的需要，有针对性地制作简历，体现出自己与对方的关系。

（三）注意细节

简历设计与传递中的细节决定成败，切忌在设计简历时马马虎虎，行间距参差不齐，歪歪扭扭；将油渍无意中滴到简历上，或者将简历折叠得皱皱巴巴；更不要把联系电话或邮箱写错，这些细节问题很可能会葬送自己的面试机会。在细节上如果能体现出用心和创意往往会为自己争取到获得关注的机会，譬如把目标企业的标志放在简历的合适位置上，表示“我是专门为您而来，我愿意加入您的大家庭”。

适当地在细节上采取一些自己合理且别出心裁的创新设计，让自己的简历与众不同，却又不哗众取宠。

案例 4-4　小一号简历

即将毕业的我们一头扎进求职大军中。学校为我们准备了一种蓝色的简历封皮，A4纸大小，封面与封底是由学校最好的教授设计的，端庄大方，无可挑剔。于是，我们将创意发挥到简历内容里，每个人都想方设法把内容做得更有特色一点。

参加招聘会那天的路上，我们都拿出自己的简历来展示，猛然看到小涛的简历非常独特，他的简历居然比我们的简历整整小了一号，里面也没有过多的修饰。我们笑了起来，问他：“小涛，你不会连简历都偷工减料吧？”他笑了笑，顺口回答说：“我这叫节省资源！”

我们笑得更厉害了，心想，这家伙真是吝啬到家了，连一份简历都偷工减料。

招聘会场，人山人海，我们很快就被人潮淹没了。当我走过一个个展台的时候，我不禁汗颜，因为在每一个招聘人员的身边都堆着小山般的简历。我每投出一份简历心里就一阵迷茫，因为总是不出几分钟，我就能看到自己精心准备的简历被新的简历重重地压在下面。我甚至怀疑招聘官是否还会在招聘结束之后去重新翻出我心爱的简历。我和同学们谈论起自己的担心时，大家的脸上也露出了同样的担忧。

带着这样的失落与好奇，一直到招聘会结束之后，当招聘官们都开始收拾东西离去的时候，我们却迟迟没有离去，特意到几个我们比较抱有期望的公司展台上去看我们的蓝色简历处在什么“位置”。这时，我们惊讶地看到一本小一号的简历，几乎都摆在每个简历堆的最上面。我们一眼就看出来那就是小涛的简历。

我们诧异地问小涛：“你小子暗地里说了什么好话啊！招聘官居然都把你的简历放在最上面，放在第一位啊！那可是最佳位置啊，就是最好机会啊！”

小涛笑着说：“其实也没有说什么啊，就是事先把简历做小了一号，招聘官大概都觉得不好堆在下面，只好放在最上面啦……”

我们顿时惊讶得目瞪口呆，原来，他把简历做成小一号，根本就不是偷工减料，而是为了得到最好的位置，这是多么聪明的做法啊！

他的创意果然得到了收获，他成了同学中第一个找到满意工作的人。

小涛的简历也许不是最好的，但他的简历与众不同，别有用心，细节感人，显示出了他的创意和诚意。制作简历不可一蹴而就，是一个反复完善的过程，没有最好的简历，只有更好的简历，没有完美的简历，只有合适的简历。

三、完善简历九个关键点

制作简历不可一蹴而就，在学习工作中要经常完善、打磨、管理好自己的简历，完善简历需注意以下九个关键点：

（一）让简历外表醒目点

简历的外表就像人的外表，能发挥很好的首因效应，不论是“高端大气上档次”，还是“低调奢华有内涵”，只有简历的外表做到醒目，体现出用心，才能从众多竞争者中脱颖而出。一般传统的企业喜欢简单大方的简历，譬如大部分央企；而活泼的企业更青睐精美别致的简历，譬如年轻的互联网创意企业。应具体情况具体分析。

（二）让简历内容丰富点

简历的外表为招聘者留下良好的第一印象，简历的内容才是真正帮自己说话的部分，所以要让简历的内容丰富，大量积累学习、工作和实践的经历，并及时总结整理和反思，以呈现出更为翔实的内容。仅有漂亮的外表而无内容的简历是不会吸引人的。

（三）为简历明确定位点

招聘者最想知道求职者可以为用人单位做什么。含糊、笼统的并毫无针对性的简历无形中会使自己失去很多机会，所以有必要为自己的简历定位。如果有多个目标，最好为每一份工作有针对性地准备简历，在每一份简历中突出一定重点，运用匹配的关系思维，为简历精确定位，这将使自己更有机会脱颖而出。

（四）让简历简单大方点

招聘者可能会扫视一眼简历，然后花 30 秒来决定是否约见求职者。内容过长，阅读友好度低的简历往往将阅读者拒于视野之外，一张纸简历效果最好。如果职业经历较为丰富，一张纸写不下，就要有所取舍，写出最近 5—7 年与目标工作相关性最高的经历，组织出一张最有说服力的简历，删除那些无用的信息。

（五）突出成功经验点

招聘者想要我们用证据证明自己的实力。简单来说，要证明以前的成就以及自己以前为用人单位创造了什么价值，包括节约了多少钱、多少时间等。说明自己有什么创新，取得了什么建设性的突破，并仔细分析自己的能力，阐明自己能够胜任这份工作。

（六）简历介绍精确点

阐述自己的技巧、能力、经验时要尽可能精准，因为用人单位更关心的是求职者究竟会做什么，能胜任什么工作。不夸大也不误导，确信所写的内容与实际能力及工作水平相同，经得起推敲和考验。在展示成果时，为了增强可信度和真实性，还要适当地将成果量化。譬如在经历前加上时间，在课程前加上成绩，在奖项证书前加上分数和等级等。

（七）用词打磨斟酌点

许多招聘者说："当我发现错别字时就会停止阅读。"简历中要坚决杜绝错别字。另外，要对简历中的每句话、每个词负责，反复打磨，尽量使用专业术语和有影响力的词汇（如证明、分析、有创造力的和有组织的），但要注意适度，避免弄巧成拙。

（八）简短概括说一点

每个模块后加上一句简单的"概括"，非常重要。可以写上自己最突出的几个优点，简单明了，直击人心（如了解人力资源各大模块、在实战中不断积累经验、提升综合能力）。对于招聘者来说，这是引起他们注意的好办法，因为他们读起这样的简历时更舒服。

（九）最后测试问题点

一份好的简历应该可以肯定地回答以下问题：简历是否清楚并能够让招聘者尽快知道自己的能力？是否写清楚我对这份工作的要求和期望？已经简练到没有可删除的信息了吗？

综合以上内容，求职者应注意以下要点：

首先，简历是给别人看的，要突出简历的可视性，将个人的优势提炼概括出来，而且要想方设法地让自己的简历在诸多简历中脱颖而出，既不能花里胡哨，也不能过于呆板，要清晰明了，使人看一眼就能抓住关键词。

其次，"简历"突出的是"简"，所以简历不宜过于冗长，招聘者没有时间在长篇大论中总结归纳需要的信息。而"简历"的"简"也不能理解成简单地平铺直叙，而是突出重点，在短短的一页纸中自己的亮点展现出来。

再次，简历要避免千篇一律，选择合适的简历模板，加上自己的特色内容，适当创新，在和大家相似的经历中，突出自己与众不同的地方，或者把一段经历用不一样的方式写出来，展示个人特色。

最后，简历是动态化的，应根据自己的经历不断调整，学会及时修订简历，随时可以拿出一份合格的简历，不要因懒惰而将一份简历用几年，以致无法将新近取得的成绩展现出来。简言之，站在招聘者的角度，用心做一份与众不同的简历，会为自己的毕业就业添彩。

示例简历(本科)：

照片

X X X

基本信息

姓　　名：XXX
籍　　贯：XXXX
出生年月：1997/XX/XX
政治面貌：中共党员
联系电话：xxxxxxxxxxx
邮箱：xxxxxx@ruc.edu.cn

荣誉证书

新闻学院优秀学生干部
XX大学优秀学生干部奖学金
XX国际交流奖学金（＜5%）
XX大学学习优秀二等奖学金（＜10%）
XX大学学习优秀三等奖学金（＜15%）
XX大学社会工作与志愿服务二等奖两次
第七届首都高校国旗仪仗队升降旗仪式比赛二等奖（校国旗护卫队成员）
2018年校男子篮球甲级联赛冠军两次
2017年北京高校新闻院系篮球联赛第四名

个人技能

语言能力：沟通表达能力强；大学英语六级水平，书面、口语交流熟练
技术应用：初步掌握 **Office、PS、Pr、AE** 等软件，掌握摄影摄像、视频剪辑技术
媒体实务：熟悉新媒体运营、互联网应用，新闻专业基础扎实
爱好特长：热爱篮球、摄影（XX大学摄影协会副会长）、跑步（完成北京鸟巢半程马拉松）、篆刻、排球等
性格特征：热情开朗、与人为善；善于思考、勇于挑战；规划性强、执行力强；持守原则、性格坚毅

此处可放学校LOGO

学习经历：系统学习新闻专业知识，基础扎实

教育背景：2015.09—2019.06　XX大学　新闻学　本科　　GPA 3.65/4.0（班级第3）
出境交流：2018.01－02 新西兰奥克兰大学；2018.07－08台湾政治大学，学习经济、文化、传播等全英文授课课程，开拓全球视野，进行境内外文化交流，提升英语交际能力。
科研项目："大学生创新实验计划"**国家级立项**，项目名称《对热点推荐模式与个性化推送模式传播效果的比较研究——以微博热搜榜与今日头条为例》。

实习经历/创业活动：提升业务能力和综合能力，粉丝数量达320万+

2018.09—2018.12　　新京报社　　新闻策划与采访报道
1.选题策划：参与**时政、社会类的新闻选题策划**，如"北京民宿管理规范""北京南部地区未来三年规划"等有关主题内容。作品见诸《新京报》纸质版。
2.采访报道：负责有关东城区生活话题的采访报道，参与各类新闻发布会并积极提问，曾面对面采访姜昆、宋德全等知名相声演员。作品见诸《新京报》矩阵微信平台"北京知道"。
3.新闻观察：收集与雄安新区、农业农村部有关的重大新闻，进行整合报道，作品见诸《新京报》头条号、"北京知道"公众号等平台。
4.媒介转型：为**《新京报》APP**的策划运行提出加强个性化推荐、增加底部延伸阅读的建议。

2017.06—至今　　一号哨位网络科技公司（创业公司团队）　　内容编辑与品牌推广
1.平台建设：参与微信公众平台、新浪微博两大主体平台运营，进行内容和选题的策划及分发、粉丝社群打造等，微信平台粉丝数由40万达到**70万+**，微博粉丝数达**320万+**。
2.品牌推广：突出"**一号哨位**"**军旅文化品牌定位**，并扩展到百家号、头条号、QQ公众平台、大鱼号、一点号等；通过个性化发布推介提升粉丝关注度，与粉丝保持密切互动。
3.产品创新：参与策划哨位日历、军旅饰品等数款**周边产品**，并通过电子商务平台推广营销，增加用户黏性。

2017.07—2017.09　　北京电视台　　节目编排与运营管理
1.实践操作：参与"**北京时间**"**栏目**24小时直播流工作，了解节目编排、播出延时控制等注意事项，熟悉直播后台及中控操作。
2.平台提升：调研分析电视台微信公众平台，撰写总结报告，提出增加原创性文章、深度报道、推送文章数量等建议。

学生工作/社会实践：工作踏实，成绩出色，实践经历丰富，新闻学院男篮社创始人

2016.09—2017.03　　XX大学新闻学院学生会　　新闻中心　　副部长
1.部门建设：促进部门间明确分工、协调合作；负责部门团建，增强凝聚力；组织部门例会，鼓励部员建言献策，优化工作。
2.媒体运营：负责新闻学院"新闻一家人"公众号运营，积极承担摄影、采写、美编等任务；任职期间，**公众号在"各院系微信平台影响力榜单"上名列前茅**，影响广泛。

2017.03—2018.03　　XX大学新闻学院学生会　　男篮社　　社长
1.创建男篮社，组织社团参与北京高校新闻院系篮球联赛、校男子篮球甲级联赛等，负责赛程、人员、后勤、宣传等事宜。
2.组织主办校际、院系间的交流联谊赛，促进双方篮球水平共同提高；组建篮球"风华杯"赛事，创新参赛模式，鼓励新生参与、以老带新，增强新生归属感与荣誉感。

2018.06至今　　XX大学学生处　　阳光公益协会　　副会长
1.主管**绿色成长事业部与校园安全事业部**，负责贫困助学与校园安全方面有关事项，组织开展相关活动。
2.协助学生处开展相关活动，例如"迎新季""毕业季""奖学金评选"等。
3.组织召开周例会与协会团建，增强协会团队凝聚力与归属感，提高团队工作效率。

2017.09—2018.09　　XX大学就业指导中心　　用人单位服务部　　学生助理
1.维护学校就业指导中心官网运营，处理就业信息数据，是维持部门运转的重要成员。
2.接待用人单位来访，沟通招聘事宜；协办**上百场**宣讲招聘会及面试、笔试等活动。
3.参与部门相关报账工作，对财务工作流程较为熟悉。

2018.02—2018.07　　XX大学党委宣传部　　新闻科　　学生助理

社会实践：八十周年校庆系列活动之**"寻根人大青年行"**，调研学校历史、探访学校流脉；**"学长来了"**宣讲活动，助力学校招生宣传；先后参加支教活动、"温暖衣冬"等**志愿服务**，累计志愿时数达100余小时。

示例简历（硕士）：

X X X ——人力资源岗位

联系方式：xxxxxxxxxxx　E-mail：xxxxxxxxxxx@XX.com　求职意向：**人力资源岗位**

出生年月：199x.0x　政治面貌：中国共产党党员　民　族：汉　族　**照片**

生 源 地：X省X市　通讯地址：XX市XX区XX大街X号XXXX大学

教育背景

热爱人力资源专业，学习能力强，有扎实的理科基础知识，逻辑思维与发散性思维兼备

2013.08—2017.06　XXXX大学　化工与制药+公共事业管理（转专业）　本科　**专业排名第二**

2017.09—2019.07　XXXX大学　组织行为与人力资源管理（保研）　**全日制学硕　优良率100%**

实习经历

了解人力资源各大模块，工作踏实且责任心强，在实战中不断积累经验，提升综合能力

➢ **2018.07—2018.12　北京小米移动软件有限公司　组织发展OD实习生**

- 协助搭建能力素质模型，参与方案制定、构建能力库、组织研讨会、建模整个流程，协助开发多个岗位的能力项指标，记录整理与高层领导的一对一访谈，成为直接主管的得力助手，高效率推动项目落地；
- 协助建立公司岗位职级体系，组织公司高层管理者的职级评定答辩，与各业务部门的HRBP做好对接和沟通工作，灵活应对各种突发情况，确保职级评定顺利开展，被部门总监授予“执行总监”称号。

➢ **2017.03—2017.05　北京新能源汽车股份有限公司　人力资源部实习生**

- 协助员工岗位设置与编制工作，研究三去柱模型（HRBP等），配合美世咨询公司推进人力资源部改革；
- 表现突出得到总监的高度赞赏，根据项目竞争撰写案例并参加“全国百篇优秀管理案例”大赛。

➢ **2016.10—2017.02　科锐国际人力资源有限公司　RPO实习生**

- 筛选万份简历，覆盖多个行业，联系598位并推荐75位候选人（5份offer，团体第一），创利数万元；
- 参与中车、海尔、民生、澳门国际银行、华夏等招聘项目，代表团队参与浪潮项目，获得总监高度赞赏。

科研项目

具有刻苦钻研的精神，勤于思考，工作效率高，文笔功底好，撰稿字数高达30万+

➢ **2018.04—2018.07　国家电网有限公司　“企业文化及员工行为”项目成员**

- 开展实地访谈，了解企业文化的建设和传播过程，国网的组织架构，员工招聘、培训、考核、晋升等；
- 针对每年2万名新员工，分析其融入企业过程，独立撰写案例，荣获“全国百篇优秀管理案例”。

➢ **2018.04—2018.05　工业和信息化部财务司　“企业融资与综合评价”项目成员**

- 在北京、浙江和上海调研，调查多方机构的企业综合评价现状，了解企业成长、文化和人力资源管理等。

➢ **2017.07—2018.06　中编办事业发展中心　“黔东南州编制履职监测评估”主要负责人**

- 走访16个县市的编办领导干部，了解编制现状，创意的想法和出色的表现得到了编办主任的认可；
- 借鉴企业核定编制的方法，构建数理模型，为全国机构编制探索科学的编制核定、评估和监测方法。

➢ **2016.10—2017.04　北京市房山区安监局　“安全员队伍建设研究”项目主要负责人**

- 设计参与整个调研过程，走访35个政府单位和200名安全员，代表参加北京市安全员领导会议；
- 数据处理，研究人事六大模块，构建薪酬绩效体系，撰写报告，为全市安全员管理提供参考意见。

➢ **其他项目：科学院学部工作局“院士成长规律及增选评价”、湖南省发改委“湖南省实施创新引领战略研究”**

学生工作

擅长策划组织活动，带领过200多名部员，人脉关系较好，常被称为“×××的大家长”

➢ 学生会办公室部长；阳光服务副队长；延河之星志愿者；勤工助学；海交会创始人；职业发展协会创始人

➢ 班长+体委；辅导员秘书；学校技术转移中心研究生助管；研究生导师助管；党小组组长/党支部代表

技能奖项

学习是前进的动力，每天坚持看书、锻炼，抗压能力强，积极乐观，有自己的未来规划

➢ 通过英语六级；熟练使用办公软件，自学掌握Visio、Prezi、SPSS、HLM、Amos、Eviews等软件；

➢ XX市优秀毕业生，校级优秀毕业生，优秀研究生，“十佳大学生”，学部青春榜样，优秀团员，优秀学生；

➢ 国家奖学金2次，校级奖学金6次，国助、CASC助学金3次，核心期刊论文1篇（另有3篇在审中）；

➢ 参与撰写出版《面试沟通巧技能》《员工沟通巧技能》和1篇百优案例。

第三节 面试的技巧

推销能力是现代社会的基本能力，面试就是推销自己。

得体的面试表现对于最终的求职结果起到决定性的作用。有些大学毕业生在校期间学习成绩优异或者科研成果突出，深得老师的赏识和同学的羡慕，但可能由于性格内向，面试时非常拘谨，甚至紧张到语无伦次，给面试官留下不太好的整体印象，如此一来，获得职位的机会就会大打折扣。因此，学习和掌握面试的思维和技巧尤为必要。

一、形式与内容

有很多大学生表示，即将毕业，好不容易收到了心仪单位的面试通知，但对面试知之甚少，也没有经验。毕业生需要在毕业前提前参加一些面试，了解面试的形式、面试考察的内容，以提升面试技巧。

（一）常见的面试形式

笔者整理了常见的面试形式，如表 4-2 所示。

表 4-2 常见面试形式

常规面试	形式：一对一，一对多，多对一的口头问答、交流
	考察点：综合素质、专业能力、个人品质
	特点：由面试官发问，求职者回答问题；或者一方引出话题就其展开讨论
无领导小组面试	形式：由求职者组成一个临时工作小组，讨论一些精心设计好的问题，但不指定谁是负责人
	考察点：语言表达能力、独立思考能力、概括能力、应变能力以及团队合作能力等
	特点：具有感染力、措施具有可行性并且方案更具创意性的求职者，更容易脱颖而出
压力面试	形式：面试官对某一主题进行提问，问题逐步深入，刨根问底，直至求职者无法回答
	考察点：求职者应对工作中压力的能力，面对挫折、摆脱困境和超越困难的能力，即“逆商”
	特点：压力感、紧张感，应注意在适度的批评下保持冷静，避免恼怒和意气用事
电话/视频面试	形式：电话/视频电话
	考察点：核实求职者的背景，考察求职者的语言表达能力
	特点：具有间接性，仅能凭声音和图像传达个人信息
其他面试	情景化面试、行为面试、综合面试等

（二）面试考察的内容

面试的形式多种多样，但是其考察的内容大致相同，主要包括求职者的形象仪表和气质魅力、求职者的专业知识和专业能力、求职者的综合素质和发展潜力、求职者的人际关系和人际技能。

用人单位之所以对求职者进行面试，是因为信息的不对称，面试作为一种特殊的沟通形式，可以帮助他们在短时间内了解求职者，通过考察表象进而推断潜能。

面试考察的内容还包括求职者对目标单位是否了解、其价值观与企业文化是否契合、求职者是否对未来有明确的规划和愿景，以及可操作的方案，这些都是在面试之前需要准备好的。

案例 4-5　知名外企人才招聘原则大揭秘

壳牌：三个“发展潜质”

壳牌招聘大学毕业生主要着眼于未来的需要，所以十分看重应聘者的发展潜质。壳牌把发展潜质定义为“CAR”，即分析力（Capacity）、成就力（Achievement）和关系力（Relation）。

分析力：能够迅速分析数据和学习。在信息不完整和不清晰的情况下能确定主要议题，分析外部环境的约束，分析潜在影响和联系，在复杂的环境中和局势不明的情况下能提出创造性的解决方案。

成就力：对自己和他人有挑战性的目标。为出成果，百折不挠，能够权衡轻重缓急和不断变化的要求，有勇气处理不熟悉的问题。

关系力：尊重不同背景人提出的意见并主动寻求这种意见。表现诚实和正直，有能力感染和激励他人，坦率、直接和清晰地沟通，建立富有成效的工作关系。

IBM：三个“高绩效”

IBM 需要“高绩效”的人才，在 IBM 的“高绩效”文化中，主要包括以下三个方面：Win——必胜的决心；Execution——又快又好的执行能力；Team——团队精神。

诺基亚：两个“以人为本”

诺基亚企业文化的核心是“以人为本”。体现在人才的判断价值上，公司通过两个方面实践“以人为本”：一是硬件系统，包括专业水平、业务水平和技术背景，一般由部门的执行经理来考察；二是软件系统，包括沟通能力、创新能力以及灵活性等，一般由人力资源部门来考察。

西门子：对企业家的七个要求

百年老店西门子被誉为“企业家的摇篮”。事实上，西门子寻找的正是“企业家类型的人物”，他们对未来的“企业家们”的七个基本要求是良好的考试成绩、丰富的语言知识、广泛的兴趣、强烈的好奇心、有改进工作的愿望，以及在紧急情况下的冷静沉着和坚毅顽强。

松下电器：70 分的人才

松下创始人松下幸之助先生被誉为“经营之神”，但松下并不需要顶尖级的“100 分”人才，他们只要“70 分”就够了。知名外企人才招聘原则大揭秘松下的管理理念是“适当”，即“适当的公司，适当的人才”。而“100 分”的人才对公司并不一定“适当”，他们往往过分自负，不太愿意与人平等沟通、默契合作，还爱抱怨环境，计较企业给予的职位和待遇，以这样的心态来工作，对企业绝非有利。而70分的人才，则珍惜公司给予的工作机会，看重企业交付的信任和委托，积极上进、肯学习、富有竞争的激情，“70分”的人才如果使用得当，同样会发挥出巨大的能量。所以，松下的管理公式是：能力×热忱＝劳动成果。

从案例4-5中可见，用人单位在招聘员工时非常重视企业文化的传递，不仅仅新员工入职后需要接受企业文化培训，其实在面试遴选人才的时候，招聘者就十分会关注求职者价值观、态度、社会角色、自我认知、品质和动机。相比于“全能选手”，用人单位更青睐那些价值观与其更契合的求职者。

二、形象与动作

案例4-6 “7·38·55定律”

心理学教授艾伯特·马伯蓝在长达10年的研究中发现：人们对一个人的印象，只有7%来自其说话的内容，有38%来自其说话的语调，而55%来自外形与肢体语言。这就是著名的“7·38·55定律”，它反映了在人际关系中，外表正是让内在得以与外在沟通的桥梁，只有恰如其分的外表才能正确无误地将内在的信息传达出去。

根据“7·38·55定律”，面试官对我们55%的印象都来自他们看到的。也许在此之前您并不知道，自己的职业机会在很短的时间之内被别人决定着。在见面仅8秒钟之后，我们就给主考官留下了第一印象：仪表如何、自信与否、气质如何、符合招聘的要求与否。得体的衣着及彬彬有礼的仪态可以为自己的面试表现加分，利用好首因效应。从以下几个方面做起：

（一）服饰着装端庄稳重

服饰着装是最先进入面试官评价范围的测评要素之一，会极大地影响第一印象。为了避免“翻车”，参加面试时最好以安全系数较大的衣着为主。

一般来说，面试时最好穿正装，深色正装可以传递成熟稳重的气质，避免着便装、夹克、燕尾服或其他奇装异服。

男生西装内穿浅色衬衫，着亮色领带。建议选择不系带型的皮鞋，颜色应和裤子接近，袜子的颜色应与裤子和鞋子相统一，最好不要穿白色袜子。衬衫扎在西裤里，领带长度应控制在领带尖刚好悬在腰带中扣位置；切忌衬衫领口扣不系就扎领带以及不系衬衫袖扣；西装袖子应比衬衫袖子短1厘米；裤子长度应盖住皮鞋；切忌上衣、裤子口袋鼓鼓囊囊。当然，在有些年轻活泼的企业或部门中，并非必须西装革履，商务休闲风的着装也很受欢迎。总之，面试前要提前了解目标单位的相关情况，根据其具体的行业、岗位特点和企业文化来选择合适的面试着装。

女生的服装最好选择深色系的正装,避免着大红大绿等过于耀眼的服装。衬衫和正装能协调搭配即可,追求朴素大方。女士穿着讲求整洁,叮当作响的珠宝饰物、过浓的香水、没拉直的丝袜、未修过的指甲或是蓬松的头发等,都会给面试官带来不适的感觉。

面试是较为庄重的场合,这一场合的着装有六点禁忌:过于杂乱,与场合不协调;过于鲜艳、张扬,不稳重;过于暴露,尤其是胸、肩、大腿;过于透视,不庄重;过于短小与紧身,不舒适;过于肥大,不利落。

(二)仪容仪表朴素得体

仪容仪表是与陌生人沟通的第一要素,自己的外貌、发型、体态和表情都会给面试官留下整体的第一印象,面试官心中的天平从这时就开始倾斜了,甚至会影响后续面试情况的发展趋势。

首先,在平时注意护肤,面试时气色一定要好,避免一脸枯槁,无精打采。女生要化淡妆,男生也要修边幅,整体给面试官留下精神又干练、朴素而优雅的印象。其次,选择一个适合自己的发型,头发保持干净清爽,最好在面试前去理发店修理一下发型。女生的发型不宜过于时尚,咄咄逼人,如果头发过长要扎好,尽量不要披肩散发;男生要注意修理胡须鼻毛,切忌非主流发型。最后,平时坚持锻炼身体,控制饮食,减脂增肌,塑造匀称的体态,保持良好的身材。

(三)面部表情自然大方

“7·38·55”定律告诉我们,面试时,从求职者面部表情中获得的信息量可达50%以上。面试过程中,求职者的面部表情会有许多变化,面试官一般通过观察求职者的表情变换来分析判断其内在心理。例如,求职者面部涨得通红、鼻尖出汗,目光不敢与面试官对视,暴露自信心不足,心情紧张。如果求职者的目光久久盯着地面或盯着自己的双脚,默不作声,则反映其内心矛盾或正在思考。当面试官提出某一难以回答或令人窘迫的问题时,求职者可能目光暗淡,双眉紧皱,面带焦急或压抑的神色。总之,面试官可以借助求职者面部表情的观察与分析,判断求职者的自信心、反应力、思维的敏捷性、性格特征、情绪、态度等素质特征。

面对面试官严肃犀利的双眼,应注意以下两点:

第一,善于真诚自然地微笑。俗话说,“面带三分笑,礼数已先到”。呆板、冷漠、无生气的面部表情,很难打动人。所以,面试时求职者的表情应尽量放松,保持自然的微笑。微笑应贯穿面试的全过程。在跟面试官见面和交谈时要面带微笑,不要吝啬微笑。但是,微笑不能滥用,聆听对方时,由严肃到微笑的表情变化更能打动人,求职者要善于微笑,只有真诚、自然的微笑,才能使面试氛围亲切融洽。

第二,注意眼神交流。面试时如果紧张,不敢直视面试官的双眼,那么可以看面试官的眉心,并在心中给自己积极的心理暗示,自信而从容地面对。面试时目光要注视对方,但万万不可死盯着对方。多个面试官在场时,回答谁的问题,目光就应注视谁,同时要经常用目光扫视一下每位面试官,以示尊重。谈话时,眼睛要适时地注意对方,不要东张西望、漫不经心,也不要眼皮低垂、缺乏自信。

（四）肢体语言礼貌优雅

俗话说“站有站相，坐有坐相”“坐如钟、站如松、行如风”，这些都是对人的坐姿、站姿和行姿的基本要求，同样也是对求职者的要求。

进入面试现场时，应做到步伐稳重，充满朝气。有些求职者因为紧张或不够自信，行走时有些哈腰、弓背，这样的姿态会让考官觉得该求职者老态龙钟，缺乏活力，很容易失去形象分。面试时，求职者应坐满椅子的三分之二。因为坐满椅子会显得傲慢，而坐得太少则容易坐不稳，不利作答。有些求职者为了缓解紧张就习惯性地搓手或摆弄笔、衣角或领带等，这些小动作会给面试官留下不好的印象。可将双手交叉或平放在大腿上，克制搓手或摆弄东西等动作。最后，注意一个坐姿的细节，坐着的时候身体要稍微向前倾斜，以示对面试官的尊重。

总之，面试过程中，求职者的外在是最容易被感知的，也是给面试官留下印象最深的部分，要注意自己的形象与动作，每一个细节都不能放过。除此之外，求职者的内在是面试官考察的更重要的一部分。短短的面试，求职者的内在更多地通过语言交流来传达，因此要关注自己的思维与谈吐。

三、思维与谈吐

（一）面试中的关系思维

案例 4-7　　球场上的关系思维

球场上的三类人：裁判员、裁判员圈内人、运动员。在胳膊自然往内拐的背景下，运动员可能的生存法则：

（1）游戏前，提升实力是基础，修为格局亦关键。

（2）游戏中，要么实力明显超过裁判员圈内人，让裁判员不好意思胡判（碰到厚脸皮没办法）；要么几个裁判员圈内人鹬蚌相争，运动员从中渔翁得利；要么趁早，裁判员圈内人没意识到；要么凑巧，过程公开了。

（3）游戏后，转移目标，合理切断，一笑了之，游戏岂能当真！若裁判亲自上场，寻求道家的逍遥主义吧！换位思考一下，更好地理解裁判、理解游戏规则！

关系思维体现在生活中的方方面面，在球场上，不可否认裁判员圈内人更容易成功，普通运动员除了学会上述的生存法则，还要懂得如何让自己成为圈内人，这就是关系思维的运用。

关系思维体现在面试中有三大要素：目标、优势和对方的需要，如图 4-3 所示。

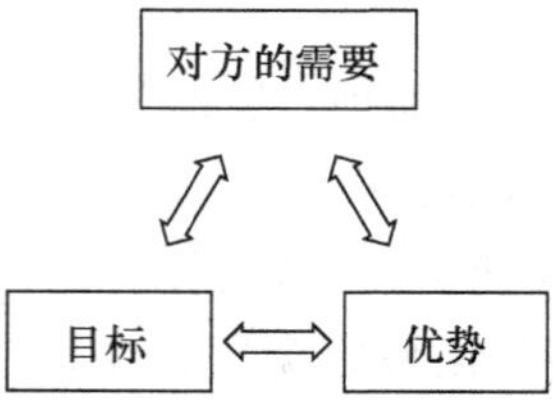

图 4-3 关系思维三要素示意图

面试中关系思维要体现匹配,目标、优势和对方的需要的关系为:① 把自己的目标变成对方的需求;② 使自己的优势满足对方的需求;③ 目标指引优势,优势成就目标。

面试之前要搜集目标行业和组织的信息,这是十分有必要的,尤其要注意对方的需求,即对方想从自己身上获得什么。一般来说,用人单位招聘毕业生最主要的目的是以较低的成本创造较高的利润,所以毕业生要满足对方这一最基本的诉求,当面试官问诸如"您为什么选择我们单位?"以及"您来我们这有什么优势?"的问题时,就要注意使用关系思维来回答。

例如,如果目标组织要求员工能够适应加班和较大压力,在回答时就要强调自己更喜欢具有挑战性的工作,并用过往经历证明自己的确是一个能干、抗压能力强的人,希望伴随组织共同成长和进步,让自己的目标和优势与对方的需求相匹配。一个常见的反面案例是,有些毕业生没有意识到从学生到职业人和社会人的转变,回答道"我来这里是为了学习和锻炼的,希望可以给我一个学习的机会"。这是企业招聘中最先被淘汰的人,企业的第一要义是盈利,企业需要创造价值的人才,而不是学生。委婉地表达这层意思可以说"我的学习能力很强",并用证据证明这一点。

当然,从自身角度来看,目标与优势也是紧密相连的。明确目标,才能有努力的方向;坚持不懈地努力,积累足够的优势,才能实现目标。所以在职业生涯与人生规划中,"规划"一词的重要性不言而喻,并且面试官往往会问面试者来到公司后的规划是什么,实际就是问未来有没有与组织长期合作的打算。

(二) 面试中的名字

实力重要,面试中名字也重要!

首先,要让对方记住名字,就要把自己的名字讲清楚,90%的面试者自我介绍时,语速特别快,似乎故意不想让人听清。其次,名字是父母取的,解释权在自己手中,介绍名字,引经据典,喻义深远,能引出实力最好。最后,还要知晓和记住对方的名字,尤其是总经理面试和研究生面试,面试前搜集总经理或教授的信息,把照片和名字打印出来记住,是可能且必要的。

面试前提升实力,面试时在名字上下点功夫,就会更好!

(三) 面试中的自我介绍

"万事开头难",而自我介绍往往是面试中的开场白,影响甚至决定了面试的结果,一个有礼有节的自我介绍是面试成功的基石。但不少求职者在自我介绍时抓不住重点,只是背一遍先前准备好的稿子,没有根据岗位需求和现场情况随机应变。一个好的自我介绍需要具备如下几点:① 有开场,吸引注意力;② 有层次,悬念引问题;③ 有逻辑,清晰有条理;④ 有故事,轻松而生动;⑤ 有时间,广度和深度。

做到了上述几点,面试者的自我介绍会更有魅力。

自我介绍时有 3P 原则,即自信(Positive)、个性(Personal)、中肯(Pertinent)。所谓自信,就是要积极地进行自我肯定,让面试官充分了解自己的优点与潜能。面试时的自我介绍,目的是获得录取,不要自我标榜、自我吹嘘,也不要过度谦虚,说不利于自己的话。只有凭借肯定的自我认定,才能使自我介绍的气氛顺畅起来。所谓个性,就是要把自己与众不同的特点发挥出来,强调自己的专业与能力。所谓中肯,就是要实事求是,不要言过其实,夸夸其谈,也不要涉及和自己无关的事情,应掌握要领、单刀直入地围绕自己的资历侃侃而谈。

自我介绍应简洁明了,段落分明,不要颠三倒四,要给面试官留下思想清晰、反应快捷、逻辑性强的印象。面试时,要注意自己的语音、语速。要想让考官满意,可以模仿他们的语速。同时,语气要愉快而充满活力,声音要有感染力,不让面试官感到自己的声音疲乏、胆怯。自我介绍时间不宜太长,话不宜太多,最好控制在五分钟之内。不要一谈起自己就滔滔不绝,言多必失。要避免说话漫无边际,东拉西扯,否则会使面试官感到厌烦。

(四)面试中的整合思维

面试好比客人到餐厅就餐,客人要的是色香味俱全的美味佳肴,而不是萝卜、白菜、活鱼、活猪、活牛以及各种佐料。在面试沟通中要为面试官整合好自己的目标和优势,让对方可以轻松方便地认识自己,在最短的时间内抓住自己的亮点。

图 4-4 呈现了面试中需要整合的内容,求职者在自我介绍时需要整合好自身的信息,展现自己:专业知识扎实、深入、广博、前沿,可以通过课程、书籍、经典理论来呈现;专业能力和综合能力扎实、全面,并且有匹配的能力结构,通过自身经历和成果来展现;行业层面考虑自己的专业、学校以及积累的行业,面试官往往会关注求职者在行业中的发展潜力;综合层面主要展现自己的品格佳,态度好。

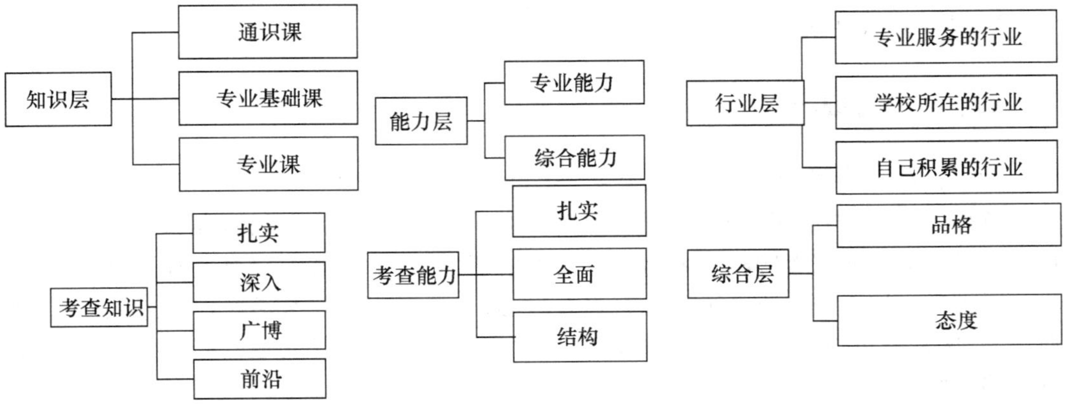

图 4-4 面试整合方法

表 4-3 为读者详细介绍一些面试中回答问题的可操作性技巧。

表 4-3 面试沟通技巧

赞美法：送蜜	对于面试官提出的问题，可以首先予以赞美，如这个问题提得很好，以示对面试官的尊重。但也不可过度赞美，那样就会有拍马屁之嫌，可能会引起面试官的反感。最好能在 60 秒内分清面试官的类型，采取不同对策
分条法：逻辑	回答问题时，要分条陈述，具有逻辑性；另外，对于多个问题，先回答面试官最想了解的问题或是自己最有把握的问题。切忌不加思考，信口开河
案例法：经历	在回答较为抽象的问题时，可以列举自身的经历，用真实经历引出自身优势和能力。有故事、有冲突、有细节。也可以给面试官留下悬念，引导其发现自己的优势，感受真实且令人印象深刻
愿景法：中药	回答问题时，可以向面试官描述自己在组织中的职业发展愿景，这样的描述如同中药，虽然见效慢，但药效持久，标本兼治，能给面试官留下深刻的印象
方案法：西药	对于面试官抛出的情境化问题，可以提出自己设想的解决方案，这种做法如同西药，一针见血，速效地将难题迎刃而解
优势法：引导	面试过程中避免被动应战。化被动为主动，积极引导面试官提问自己擅长的问题，发挥自身优势，但千万不能过于生硬或牵强，让面试官感到求职者咄咄逼人
学习法：回避	对于自己实在难以回答的问题，或谈及自身的劣势时，可以巧妙地说自己在这一方面还需多多学习、加以弥补，以回避面试官进一步的追问
辩证法：均衡	一些问题最好采用辩证的答法，看到事物的两面性，话不要说得太绝对，给自己留有余地，做到谨言慎思
瞬间法：本能反应	瞬间的本能反应：积极思维、换位思考、微笑赞美、平和心态、我们、您、请、谢谢……表现是瞬间的，实质是不自觉的习惯；好的第一印象会让对方看好自己
劣势法：成长理念	面试被问及劣势时，传递成长理念，比简单批评自己更关键；不讲身体不好，不讲能力不强，不讲基础很差，不讲态度不行；讲优势的极致处或不当表现(强迫症，做事情较真，怕出差错；急性子，事情喜欢往前赶)，讲目前能力与行业对优秀人才高要求之间的成长空间(与行业内的大师、高手还有差距，会努力弥补，追上他们)，讲劣势最好引出优势(缺乏实习经验，因为跟着导师做了丰富的实践活动)。

资料来源：百度百科。

四、礼节与细节

(一) 礼节彰显态度

首先，在表现自己的同时，要善于倾听。任何人都希望得到重视，面试官也不例外，面试官可能会与面试者聊聊未来的打算之类的话题，这个时候一定要认真倾听，并与他进行眼神和表情上的交流。倾听首先要有耐心，不管对方讲什么话题，自己都要认真地听完；其次是要走心，要能够听出对方话中的"言外之意"；最后就是专心，要紧跟面试官的思路，随时准备展开交流。

面试中还要学会感谢。感谢他人时不仅能给他人带来幸福感，还可以展现出自身的素质，拉近心灵的距离，让面试官对自己有一个良好的印象。还有些面试官会特别留意这一点，因为求职者一句感谢的话语，用人单位改变了自己的初衷，最后或许就会录用您。特别是，面试后要做到事后感谢，保持联络。

案例 4-8　**面试结束不是万事大吉**

小研七月份获得了心仪学校的夏令营优秀营员，找心仪的导师进行了简单的面试，而面试结束后，就没有再联系过老师，也不知道自己面试成功了没有。而另一边，导师没办法联系上他，根本不知道他最后是否获得保送资格？更不确定他是不是选择了其他院校，最后只好把保研名额留给了另外一位同样优秀的同学。直到最后时间，小研才又联系当初面试的导师，因为面试后没有保持联络，结果与心仪的学校、专业、导师失之交臂，着实可惜！

可见面试结束，并不意味着万事大吉！面试后保持联系也十分关键。面试成功，真心感谢并主动询问工作时间。面试被婉言通知失败，不气馁，整理经验教训，下次面试注意。面试后很久未得到答复，要主动与对方联系询问情况。

在自我介绍中应注意恰当地介绍自己，尽量用客观的语言，力争得到对方最大限度的认同。过分的夸大和谦虚都会使自己的介绍变了味道。坦然地介绍自己的优势在哪里，自己的目标是什么就可以了。

注意礼节的人，是能够让对方产生强烈的好感的。良好的素质，是面试中的加分项，在此基础上，如果面试者的能力还大大超过了面试官的预期，他们就会有一种如获至宝的感觉。

（二）细节决定成败

除以上几点，面试中还需要注意一些细节，如面试的时间、地点、场地情况（如结构复杂的写字楼）、人员情况（如记住面试官的姓氏）、物品（如丢在地上的纸屑）等细节都可能计入面试的考查项，甚至决定面试的结果。面试时间应打出一定的提前量。

案例 4-9　**匆忙不如从容**

小忙因为路上堵车，就快要错过面试时间了，好不容易进了公司大楼，但是人生地不熟，加上心里慌张，一时间竟然迷了路。小忙终于问到面试场地怎么走，匆忙地向面试办公室飞奔过去，一不小心撞上了人，小忙连忙道歉，只见旁边的随从者呵斥道："走路看着点路，你不知道这是董事长啊！"小忙道歉："不好意思董事长，我急着去面试。"董事长便回答道："没事，别着急，面试加油！"董事长说罢，小忙满脸通红，匆忙跑开。

小忙还没跑远，董事长对旁边的秘书说："和人事说，这个人不要。"

细节决定成败！小忙错过机会，究其原因，其一，时间观念淡薄，没有为面试打出提前量，慌慌张张，以致面试迟到；其二，撞到董事长还是手忙脚乱，甚至无动于衷，连一句像“董事长好！撞到您是我今天最幸运的事！”这样恭维的话也没有。

面试提前10分钟到达效果最佳。在面试时迟到或是匆匆忙忙赶到都是致命的，而提前半小时以上到达亦会被视为没有时间观念。到达面试地点后应在等候室耐心等候，并保持安静及正确的坐姿。

另外，在一些面试中，如果限制答题时间，那么最好将自己的回答控制在规定的时间范围内，不要等到面试官无奈地打断自己的发言，那样会大大减分。

控场时间不宜过长，冷场时间也不宜过长，面试时冷场，等待面试官片刻，若面试官不说话，就要主动发起话题，介绍自己或聊聊对方，切忌冷场还“闷葫芦”，彼此都会尴尬。

案例 4-10　面试冷场怎么办？

九月秋招黄金季，同班的李勇和陈诚同时参加了某公司的校园招聘会，应聘的职位都是营销专员。宣讲会前将简历提交给HR，经过筛选后，李勇和陈诚都获得了面试机会。

李勇先进入面试室，面试官在提问了几个问题后，便停下来对着桌上李勇的简历查看，时间一点点过去，却始终不见面试官抬头。李勇感到很疑惑，又很紧张，不知道是自己刚刚的回答出了问题，还是面试官想详细查看自己的简历。但他又不敢问，只好拘谨而又沉默地等着。此时的李勇如坐针毡，房间里安静得让人窒息。过了十分钟，面试官突然抬头，好像刚想起来似的，说道：“面试结束了，您可以先回去等通知，谢谢您，再见！”

陈诚随后进入，面试官同样在简单的提问之后沉默不语。陈诚等了会儿，见面试官始终低头看简历，觉得很奇怪：自己的简历只有短短一页，况且简历已经被筛选过一次了，为什么还要盯着简历看呢？陈诚猜测这可能是面试官在考验自己，毕竟营销岗位需要的就是积极主动的员工。于是他主动探询道：“我的简历中有什么让您不清楚的问题吗？如果您有需要进一步了解的问题，可以直接问我。”面试官抬头笑道：“很好，今天的面试结束了，下周一如果方便的话，请前来参加复试。”陈诚听了高兴地说：“谢谢！我下周一会准时来，再见。”

李勇询问陈诚的面试过程，才知道自己面试失败了。

这个故事说明面试中的细节足以决定成败！总结面试中的细节，以下方面你都注意到了吗：

① 提前确认时间与地点；② 了解面试单位的背景；③ 着装得体，外形清爽；④ 举止从容，面带微笑；⑤ 眼神与评委对话交流；⑥ 60秒，分清评委类型；⑦ 态度谦和，志在必得；⑧ 事后感谢，保持联络。

五、状态与心态

（一）良好的精神状态

千万不要仓促选择一个既不适合自己，又需要让自己花大量精力去做准备的时间点参加面试。“您方便在明天上午 8 点来见个面吗?”您大概会因此度过一个漫长的不眠之夜，通宵埋头研究，做准备工作。等到了面试的时候，就会变得睡眼惺忪，只想着快点结束，而不是展现出最好的一面。

保持一个良好的精神状态能够将面试促成一场生动的互动，互动的重点是表现出如何能够契合面试官的需要、给用人单位带来效益。要控制好精神状态，因为在面试中人的精神状态难免会有起伏，如果一场接一场地接受面试，就尤其要注意这一点。同样的问题，一天中可能会被问到三次，但对每位面试官来说，那都是他们遴选人才的“撒手锏问题”。

（二）端正的面试心态

正确的面试心态要求平衡自信与谦逊。但自信不等同于自大，谦逊不等同于卑微。面试时争取做到不卑不亢，态度谦和。

首先，面试中不可表现得狂妄自大、自以为是、自命不凡，更不可口出狂言，对面试官说“如果你有眼光的话一定会录用我”“我能干好任何工作”“我正在寻找伯乐”等，这种自大的心态是不可取的。

其次，面试中要学会聆听，保持冷静、沉稳的心态。没有认真聆听和思考就胡乱应答是轻浮的表现。有些求职者在面试过程中急于表现自己，听到与自己的观点不符合的言论时马上插话提出自己的观点，这种心态显得求职者过于焦躁。

再次，面试中提及其他人时要保持欣赏的心态。论人是非、贬低他人会给面试官留下搬弄是非、不知天高地厚的印象；同时，贬低别人妄加评论也恰恰是自己不够自信和不如别人的表现，在面试中切忌触犯这一条。在整个面试过程中，求职者应注意说话技巧，措辞要贴切，提问、发表意见要掌握分寸。

最后，回答问题时不要让自己显得过于卑微，应做到说话声音明朗、口齿清晰、咬字准确、措辞文雅得体、举止稳健，内容有组织、有条理、有系统，避免重复。对不知答案或答不出的问题切勿胡言乱语，坦白承认对此问题不明了方为上策，同时传递成长理念，不然会给面试官留下虚伪、爱装腔作势的恶劣印象。

六、避开面试禁忌

面试中非常重要的一环就是要知道面试中有哪些禁忌，在面试中要尽量避开下面这几种禁忌：

（一）弄虚造假

案例 4-11　　简历造假葬送大好机会

小文和小贤准备一起面试同一家单位。临近面试前，小文看了小贤的简历，总觉得自己的简历太过干瘪，担心自己会因此被淘汰，于是捏造出了一些成绩和经历，如果被问到，怎么圆谎他都考虑周到了。过几天上了面试场，谈到过往经历，面试官很是感兴趣，一再追问，本来就紧张，再加上做贼心虚，小文编不下去，最终只得灰溜溜离场。面试官也很无奈，他认为小文在形象气质、专业能力等各方面条件都很好，一点也不输他的竞争对手，可就是因为造假，让小文错失机会。

弄虚造假是面试中十分忌讳的一件事，学历和能力是可以提高的，但是品质一旦出了问题，就再难扭转他人的印象了。面试的确存在着激烈的竞争，但是即便被淘汰也不要气馁，做一个诚信、正直的人，整理经验教训，为了目标不懈奋斗才能成功。

（二）心直口快

面试官刚问完问题，不要迫不及待地去回答，显得自己不够稳重。也不要每个问题都想很久才回答，会显得畏首畏尾，优柔寡断。常见的做法是：简单的问题一经提出，自己需要快速梳理思路，提炼出几个关键词，分条进行阐述，同时考虑如何收尾。例如，对方问："说说您怎么看待我们公司的影响力？"面试者可以这样回答："我想从社会、经济、技术和文化这四个方面展开回答……"或者"我认为咱们公司的影响力可以总结成这样几个关键词，正能量、生命力、创新、共赢……"

当遇到比较棘手或意想不到的问题时，也可以采取"把问题抛给对方"的对策：把对方提出的问题用陈述的语气自己讲一遍。例如，对方问："您有时会不会感到与他人合作很困难啊？"面试者可以这样回答："在学校的各种社会活动和小组课题中，我从没有听到别人说跟我合作很困难。如果有的话，我想那是因为有时我对自己感兴趣的活动太投入了。"要想确认一下对方的问题，比较合适的方法是问"您是指……吗"，把刚才的问题用自己理解的方式再回放一遍。

（三）临阵怯场

面试时紧张是正常的现象，尤其缺乏面试经验的应届生，更容易紧张。注意学会控制情绪，过度紧张与过度放松都不可取。面试前一天，与朋友彩排一下，准备好常见面试问题的答案，让朋友提提意见；面试前一小时，浏览自己的简历，特别是所获奖励等项，想好如何介绍应答；面试前半小时，深呼吸，提醒自己"以前多大的坎儿也闯过来了，今天只是一次历练，今后会经历更多的面试"；面试前五分钟，可以试着背一下唐诗三百首，或回忆一下最近的新闻，放松情绪，并保持头脑清醒。

（四）不匹配，不成长

面试既是一个沟通的过程，也是一个匹配的过程，把自己的目标变成对方的需要，用自己的优势满足对方的需要，都是在将自己与对方匹配。有很多毕业生缺乏面试经验，在面试时摸不透对方的需要，抓不住自己的优势，导致无法和对方匹配。也有毕业生没有意识到从校园走向社会的变化，高校的目标是培养人才，而用人单位则是需要人才来创造价值的，所以面试时要避免说“我来到这里主要是为了学习和提升自己的”这样的话，当然在工作中是肯定会学习并得到提升的。意识到自己从学生到职业人的角色转变是成长的第一步。

（五）打流水账

“请简单介绍一下自己？”是面试时常问的问题，切忌把自己的简历复述一遍。可以讲一个自己的故事，让对方了解自己的性格特征，甚至可以编一段散文诗来介绍自己。这个过程中，要注意优先介绍和对方相关的，寻找共同点，寻找联系点，有逻辑、有层次、有互动地介绍自己或回答问题，会为面试增分！

（六）无视规则

面试是程式化很强的活动，有自己的游戏规则。例如，衣着得体、肢体语言要恰到好处、回答问题控制时间、与每位面试官有眼神交流、面试后写感谢信或询问录取情况以表示自己很重视这份工作。无视规则的人，往往都被“红牌退场”，输掉比赛。

面试成功后，求职者终于进入心仪组织成为一名新员工，信心满满，跃跃欲试。在欣喜之余也要戒骄戒躁，因为入职后还有更多的挑战等待着自己。

第四节　入职后的自我呈现

新员工在进入工作单位之后，由于对工作环境和工作内容不适应，需要经历一段适应期。回顾自己刚进入大学，适应了多久？每个人适应新环境的能力不同，需要的时间也不同，但在这个过程中需要做的事情大致相同。首先是心态上，要适应角色的转变，入职后就要提醒自己是一个职业人而非学生，思维和行为都要转变；其次是关系上，人是环境的动物，在新的组织、新的环境下，快速融入才能进入状态；再次是行为上，自己的一举一动都会被别人看到，组织中其他人可能会将自己的一举一动放大，所以还要学会在放大镜下生活；最后，培养起职业意识，树立起职业道德，真正完成角色的转变，呈现出一个可爱、可用、可靠、可敬的自己。

一、尽快完成角色的转变

案例 4-12　　名校高才生给任正非的“万字书”

华为作为中国最为成功的企业之一，能够取得如此的成就，和自身卓有成效的管理是分不开的，无数毕业生削尖了脑袋想要来到这里，实现梦想。某一知名高校毕业生突破层层选拔成功进入了华为，但在入职后，他发现华为从基层的规章制度到战略层面的管理模式都不能让自己满意，认为有很多可以完善的地方。于是，为了表达自己的意见、展现自己，这位名校高才生在入职后一个月写了一封“万字建议书”呈给华为的创始人任正非。

任正非看完这封信后简单回答道：“此人如果有精神病，建议送医院治疗，如果没病，建议辞退。”

入职的过程是从“组织外的人”到“组织内的人”的转化。毕业生往往难以一下子实现从“学生”到“职场人”的转变。在学校里是学习的尖子、社团的骨干，而到了组织中，成了新人，在学校里的优越感突然间消失了，可能会很难适应。所以，要想尽快地适应环境，在新环境中有所作为，一定要先学会“忘我”，即“学校里的我”要让位于“职场中的我”，从“我无所不能”到“我需要重新开始”，保持“空杯”心态。

（一）话语权是干出来的

职场不是学校，不要锋芒毕露。谁都希望给新单位留下良好印象，但要把握适度，做得过火往往得不偿失。尤其是上司某些方面不如自己，不要急于提意见，更不能越位。话语权是干出来的，手中有事、眼中有事、心中有事，才能取得上级的信任，日后承担更重要的任务。他人对我们的态度取决于自己的表现，如果自己表现得像一个学生，他人也无法把我们当成同事对待。

（二）培养责任心

进入职场，就已经是个职业人了，在学生时代的想法和心态，都要有选择性地改变。要把工作置于首要位置，用心完成自己的本职。要尽职尽责地对待自己的工作。在学校时不及格可以重修，但如果因自身的疏忽对待而把工作搞砸了，面对的可能就是被“炒鱿鱼”了。

（三）训练并提升工作技能

面对工作，要主动去提升自己的技能，以帮助自己有更好的发展；并尽量让自己多积累正确的工作经验，减少不必要的错误的发生。有人调侃道：“您不是工作有十几年的经验，而是一个经验用了十几年；您不是犯了几百个错误，而是一个错误犯了几百次。”在职场中，应对复杂多变的情况难免出错，除了要未雨绸缪，还要遇事随机应变，事后总结经验教训，不断试错的过程可以提升工作技能。

（四）提高心理承受能力

在工作中，难免会遇到或多或少的麻烦，此时要学会调节自己。尤其是刚出校门的大学生，承受压力的能力可能较弱，要有意识地去锻炼自己的抗压力。同时，还要提高应变能力，只要是工作，就会出现意料不到的状况，此时机智的应变就是为我们加分的时刻。所以在工作的时候，主动向前辈学习，学会察言观色，做事不生搬硬套，学会灵活变通、举一反三。

（五）提高独立生活能力和人际交往能力

工作之后，可能要离开父母或是不再过集体生活，提高自己的独立生活能力十分重要。要打理好自己的衣食住行，有条理地分配开销。任何一项工作都是以集体的形式开展的，如何与人交往是职场新人必备的技能。人际交往的顺畅，一定程度上有助于工作的顺利完成。

二、积极地融入组织

进入组织之后，大学毕业生可以通过主动社会化行为加速实现组织社会化。主动社会化行为简单来说就是新员工主动积极地融入组织。新进入者通过自己的努力了解环境，寻求信息源和了解信息(如观察组织成员间的关系，了解组织文化)，发展自己在组织中的社会支持。主动社会化策略还包括积极寻求与他人互动机会的行为，包括询问问题、在他人办公室或办公领域停下来说话、创造社交机会、寻求反馈、参加社交活动、搜寻信息以及构建关系等。

案例 4-13 **跳槽之王**

小胡家境很普通，却能力过人，十分擅长销售，2018 年从某名牌大学毕业。同学们都对她十分敬佩，只是觉得她冷艳高贵，平日里总是独来独往，很难成为她的朋友。毕业后的聚餐小胡没有参加，听说在短短半年时间里，她跳槽了 7 次，并且每次公司都要开高薪留住她，同学们都很不解。

原来小胡跳槽并不是因为公司条件不好，待遇不够，而是因为她觉得自己走到哪里，大家都不理她，所有事情都自己一人独揽。到每家公司第一天，那种陌生感都会让她十分痛苦，一天下来一句话也没说。小胡每天踩点上班，但每次到单位时大家都不看她；虽然她的业绩排名第一，但时间久了，大家还是不理她，甚至开始嫉妒她，在背地里议论她，这些小胡都看在眼里。她等到自己万念俱灰，完全失去融入组织的机会的时候，就会离开这家公司。公司失去了一位能人，一如既往地平静。

冷漠的同事、不欣赏自己的上司、枯燥乏味的工作……这些可能出现的情况让小胡难以接受。小胡是一个跳槽的高手，由于没有积极融入组织，未得到大家的关心和接纳。此时不应抱怨，要先做实事，做好小事，建立关系，用温暖化解坚冰，主动打破壁垒，积极地融入组织，呈现出积极向上的自我。如何快速融入组织呢?

首先，要从认识组织中的人开始。如果别人没有主动邀请自己，就要学会“屈尊”，创造和周围人认识的机会。譬如和同事共进午餐，就当天的新闻展开交流，或聊聊家常。人情的冷漠，容易让人感觉自己被抛弃、被孤立，这时要学会主动破冰，化解尴尬。人具有社会性，与他人建立融洽的关系会给人带来幸福感。很多人只是表面看起来高冷，实际上对熟人很热情。

其次，做好本职工作最关键。入职后，期望与现实的落差，容易让人对工作失去信心。凭着自己的个人喜好去被动地接受工作，可能不会取得好的工作成绩。新人应主动培养对于工作的兴趣，以积极的心态完成工作。无论时间多么紧迫，都尽量把握每一个细节，尽自己最大的努力完成工作。另外，在做完工作之后，如果时间允许，汇报之前一定要抽时间再检查一遍，尽量减少错误。如果有能力，尽可能认真完成一些“分外”的工作，尤其是上级安排的“分外”工作更要认真完成，这是表现自己独特能力的好机会。如果有意见，可以在工作出色完成后，在适当的时机和场合，以适当的方式向上级提出，切不可当众指责上级。

最后，与他人合作，与组织合拍，建立长期关系。帮助别人、寻求别人的帮助都是一种合作，不要吝啬完成一些“分外”的工作，这些工作会有无形但无价的回报。尊重不同组织的特点，外企领导希望新人有进取精神，国企领导希望新人踏实肯干、任劳任怨，民营企业更看重新人的活力，希望新人尽快给企业创造价值。了解组织的诉求，并主动按照组织的要求完成工作，才能得到上级的赏识和同事的喜欢，建立长期合作的关系，从而获得更广阔的上升空间。

下面为读者提供一些融入组织过程中可操作的技巧或注意事项：① 到岗：提前到自己的岗位上；② 名字：主动记住领导与同事的名字；③ 礼貌：见面微笑点头主动打招呼；④ 工作：主动了解部门的工作内容；⑤ 学习：虚心向领导或同事请教问题；⑥ 协助：主动协助领导和同事；⑦ 时间表：主动把自己的时间安排交给上司；⑧ 感恩：遇到难以解决的问题主动寻求他人帮助并致谢；⑨ 活动：积极参加单位各种活动；⑩ 心态：以积极心态看待身边的事情、他人、组织以及社会。

三、学会在放大镜下生活

案例 4-14　张强的转变

张强是新闻传播专业硕士，在本科和研究生期间积累了丰富的经验，大家都戏称他“张大记者”。毕业后，张强凭借出色的能力进入了一家官方媒体工作，他新闻嗅觉敏锐，口才出众，文笔也是行云流水，写出的报道和推送很快得到了读者的赞赏。后来他策划的选题经常被选为板块的头条，凭借自己出色的成绩，每次部门重大的选题他都当仁不让地揽过来，以至于一人一度包揽部门将近七成的绩效。开始没什么，时间久了，同事纷纷表示不满，认为张强太过张扬，好的选题从来不分给大家一起做，渐渐地，张强被同事疏远了。

张强依然我行我素，能者多劳，自己得一些绩效也是能力使然。终于有一天，组长辞职了，部门需要投票选出一个新的组长，大家都心照不宣地把机会投给了另一位名不见经传的同事，因为平日里他有好的选题都会和大家一起分享。

张强没有选上组长，十分沮丧，更惨的是，新的组长再也没有把重大选题交给张强负责，只是把一些不重要的脏活累活交给他。张强十分不满，英雄无用武之地，最后选择了离开。

一段时间后，张强去了一家小一点的媒体，然而这次他采取了截然不同的方式表现自己。他学会了聪明地“示弱”，放低身份去求职，隐藏了自己的高学历和风光的经历。开始，手中的工作对他来说都太简单了，但他沉住了气，依然保持低调，兢兢业业，一丝不苟，每一篇文章都改得非常好，很快得到了领导的赏识，开始让他写稿子，后来又把重大的选题交给了他。这一次，张强没有一人包揽这些，而是和同事们一起分享，思维的碰撞给了他更多的灵感，他才发现分享与合作如此快乐。

半年后，公司决定提拔他为主编，同事们也认为他实至名归，这时张强才亮出自己硕士学位的证明以及满满的履历。张强成功了，因为这次他不仅得到了读者的认可，也得到了同事和领导的认可。

一个新球员的加入，往往意味着某个老队员要去坐“冷板凳”，并很有可能因此丢掉饭碗，职场也存在类似的规律。张强的转变关键在于他懂得了“高调做事，低调做人”的道理。在职场中要有“麦穗”精神，在别人的观察下既要表现出自己的能力又不能太过张扬，给人咄咄逼人的感觉。新员工在新进单位的几个月，甚至是长期的过程中，一点小的优点和缺点都会被人无限放大，第一印象会延续到未来。若新员工给大家留下了良好的第一印象，大家会尽可能地发现这一新员工的优点；否则，大家倾向于挑刺，要知道挑刺往往比发现优点容易得多。

学校和用人单位间存在较大的差距，学校管理相对宽松，学生比较自由，考核一般以应试的方式进行；而用人单位对于员工的平时表现、绩效、个人自我管理能力等都有严格的考核。新员工往往会受到组织内人们的普遍关注，就像生活在放大镜之下，什么事情都有可能在自己的毫不知情中被别人看得一清二楚。

在新人入职的过程中，老员工对新人给予更多关注是人之常情，但大家关注的程度、关注的重点、关注的方式、关注的目的有所不同。同事观察新人是否可交，看他是否会对自己的发展构成威胁。所属部门领导的观察是为了了解新人的为人、能力及“背景”，以便对其采取相应的对策。其他部门主管或更高领导的观察相对洒脱，如果新人是他们喜欢的人，通过一段时间的密切观察和相应试探之后，就很有可能将其调到自己身边工作，或以其他方式予以栽培。

在放大镜下生活，要结合自己的性格特点，设身处地地考虑，并结合所在单位的文化氛围，多观察别人的行为方式，多了解领导与同事的行为偏好。在生活细节上，保持良好的个人习惯(如每天整理办公桌)。把握好自己，对别人的观察与评说便无所畏惧。观察的人越多，观察得越是深入和持久，就越有利于展示自己青春、坦诚、出众和积极向上等特点，从而也会有更多的发展机会。

四、培养职业意识

员工应具有自我管理、自我领导的职业意识，严格遵守职业行为规范。从进入组织的那天开始自己就要确立这种思维：我是自己的领导，有责任管理自己的时间，领导自己的工作进程。这就要求自己有良好的职业意识，能依据职责要求，对行为动机进行自我检查，对行为活动进行自我监督。培养职业意识主要包括：

(一) 独立能力与合作意识

用人单位招聘新员工，是希望员工能为其做事，为企业和客户创造价值，而不是事事都要依赖别人,都要人陪伴并提供帮助。若是这样,只能证明新员工并不能胜任这个职位。因此,由依赖别人转变为依赖自己,提高独立能力,是新入职人员需要完成的第一个蜕变。

做事情要善始善终,切实承担起肩负的责任,全力以赴地完成自己的工作,而不是责任来了一推了之,出了成果独揽腰包。当然,在工作中也存在无法预测的情况,遇到实在不能独立解决的难题时,自己蛮干不可取,应学会与他人合作,因此与同事之间保持良好的沟通也是非常重要的。

(二) 自我管理与职业规划

如果说依赖自己更多的是指独立自主地完成工作,那么自我管理就是要认真地处理好工作中的现实问题和规划中的长远发展问题之间的关系。把自己的职业规划和当前的工作结合起来,将任务分解,循序渐进地实现目标。

实现卓越的第一步是成为一个卓越的自己,卓有成效的自我管理十分重要。管理大师彼得·德鲁克指出:"卓有成效的管理者正在成为社会的一种极为重要的资源,能够成为卓有成效的管理者已经成了个人获取成功的主要标志,而卓有成效的基础在于自我管理。"

自我管理是一个长期的过程,规划长远发展与处理现实问题是一个动态协调的过程。处理好现实的问题,既是证明自己的价值,也是为将来的发展积累必要的资源。同时,需要根据具体情况,动态地更新自己的长远规划,使之逐渐变得更清晰、明确、具体。

(三) 摆正自我位置

入职后,新员工希望能快点学到知识和技术,渴望被委以重任,这是人之常情。但成功没有捷径,不可一蹴而就。新员工需要做的首先是学习社会经验,特别是为人处世的态度。

自己的一言一行,要考虑别人的感受,不要因自己的定位不清楚而对同事、领导、组织提出一些不切实际的要求。应表现出对领导、同事足够的尊重。特别是才华出众的年轻人,一定要明确定位,自己是组织的苗子而不是骨干。骨干是组织赖以生存和发展的支柱,而苗子需要锻炼、培育和批评。要以谦逊的态度和足够的耐心来接受磨炼。在短时间内了解更多的部门和工作,通过处理琐事来培养工作经验、责任意识和忍耐精神,做个有心人,厚积而薄发。

五、强化职业精神

职业精神是学生毕业后走入职场时,逐渐获得的一种体现职业责任感、反映在职业行为上的精神要求。例如,自古以来,敬业就是中华民族的传统美德,也是社会主义核心价值观的重要内容;又如,"工匠精神"是职业道德、职业能力和职业品质的体现,也是一种十分宝贵的职业精神,当今社会,科学技术是第一生产力,而科学研究、技术创新非常需要"工匠精神"。

大学生强化职业精神要从就业前做起,这不仅可以营造良好的社会风气,也有利于个人的发展。可以尝试下面列举的方法:

(一) 把工作做得有趣

常言道,兴趣是最好的老师。培养职业兴趣是强化职业精神的途径之一。用积极的心态去面对工作,在工作中发现乐趣,不仅能提升自己在工作中的幸福感和获得感,也更有助于把工作做好。举例来说,自己手头有几百份成对的文件要配对,这份工作很枯燥,自己和同事都很烦躁,这时可以幽默地化解疲劳:"看,咱们已经帮这么多文件找到对象了,有做大媒人的潜质啊。"在重复烦躁的工作中还能保持积极的态度,本来就让人敬佩,若能散发出幽默风趣的魅力,更会被人喜欢。

(二) 把小事做到极致

人在关键时刻做出选择大多会冷静而慎重,但在细节问题上容易马虎,遗漏一个小小的错误,就可能导致整场战役成为"滑铁卢",一个小数点的错误,可能导致整个工程存在严重安全隐患。把小事做到极致,就是一件大事。这在各行各业都是非常重要的职业精神,需要在工作中保持危机意识、责任意识、养成批判思维,严谨做事,毫不松懈,对于潜在的细节问题做到未雨绸缪。

案例 4-15　　中国机长——刘传健

2018 年 5 月 14 日,从重庆飞往拉萨的川航 3U8633 航班,在万米高空突然发生驾驶舱风挡玻璃爆裂脱落、座舱释压的紧急状况。生死关头,机长刘传健带领机组全体成员临危不惧,凭借勇气和冷静化险为夷,确保了机上 119 名旅客的生命安全。

据机组回忆当时的危机情景,飞机的风挡玻璃爆裂后,驾驶舱瞬间变得完全不适合人类生存:强风、低温、缺氧。更糟的是,那一刻整架飞机急速下坠,自动驾驶完全失灵,客舱内所有乘客乱作一团。然而,就是在这样的"至暗时刻",机长和机组人员处事不慌、冷静应对,完成了足以载入世界民航史的"迫降奇迹"。

这次危机的成功处理绝非偶然,刘传健曾透露,他第一次放单飞,就遇到了特殊情况。从那以后,每次检查飞机,他都会多看一眼,哪怕有一点的疑惑,也会向机务维护人员询问。作为机长,他可以令人难以置信地憋气 4 分钟,这在这次事故中发挥了关键作用。他本人曾说:"飞行不能有半点的含糊,只有一丝不苟地把每一个动作做好,才能保证大家的安全。"刘机长荣获"感动中国 2018 年度人物",这一真实事件于 2019 年被拍成影片《中国机长》。

(三) 用"我们"代替"我"

培养团队合作、集体主义的职业精神。每个人不是独立存在的个体,而是更大的团队中的一部分。快速地融入一个团队,把"我""我的"从思维中去掉。避免用那些以"我以为……""我的意思是……"或"我说……"开头的句子;也不要在公事便条或 e-mail 上以个人的名义落款,或是出现"给我回电话""那个工作是我负责的",或是"我的部门"之类的话。尝试用"我们"代替"我"。譬如"我们的荣幸""这由我们决定""我们会面对这个挑战"。让其他人注意到"我"的最好办法就是关注 "我们"。若个人损害了团队的整体利益,那自身也会被牵连其中。

(四)保持良好的心态

任何单位都是由人组成的,而人都是有想法、讲感情的,如果在态度、行为和有关细节上不能够认真对待,其他方面再优秀也是枉然。进入新环境、面对不同的人群,每个人都要适度改变自己,保持良好的心态,控制好情绪。抱怨和使性子不能解决任何问题,只会让事情越来越糟。

没有哪个新人一上任就能当上业务主管、坐在办公室里喝咖啡。从基层做起,全心全意做好那些令人乏味、别人不想做的工作,用心留意并记录那些对今后的工作有用的数据和细节,并把成绩在季度末或是年终的时候呈现给同事和领导,这是上司提拔优秀员工的依据,也是通往高层的途径。

(五)积极主动地工作

职业心态是职业化管理的重点。每个人对事对物的态度不同,这种差异往往造成人生结果的巨大不同。态度有时比能力更重要,事业能否成功,不在于个人是否才华横溢,更重要的是其对待工作的态度。态度决定行为,行为决定习惯,习惯决定性格,性格决定命运。唯有心态端正了,才会感觉到生活与工作的快乐。

❑ 案例思考

1. 案例 4-2 中,张晴除了可以找经验贴搜集信息,还有哪些搜集信息的渠道?

2. 案例 4-4 中,还有哪些可以为简历增分的妙招,请分享您的经历。

3. 您有没有遇到过与案例 4-9 相似的情况?如果在电梯间碰到领导如何沟通?

4. 案例 4-14 中,哪些原因使得在第二份工作中大家接受了张强?对我们入职有什么启示?

❑ 读者建议箱

1. 致学生:

在求职遇到困难时,一定要清醒地认识到,用人单位所缺的是优秀人才,而非普通的毕业生,莫怪就业形势不好,让自己更优秀吧!

首先,求职关口,在自身积累已基本定型的情况下,一定要突出亮点和特色,让自己更加与众不同。其次,一定要主动"出击",避免守株待兔的心态,积极地参加宣讲会、双选会,主动搜寻心仪企业或单位是否有校园招聘计划,如未能查到,可主动发送邮件到该公司人力资源部询问,不放过任何一个可能的机会。最后,细节决定成败!投递邮件、递交简历之前一定要仔细检查是否有误;要确认面试或笔试的时间地点,并提前踩点。设想之前的准备工作非常到位,但此时百密一疏,就有可能前功尽弃。

放低姿态,谦和待人,换位思考,保持对招聘人员的尊重和礼貌。

2. 致家长：

请尊重您的孩子，让他或她选择自己感兴趣的专业，兴趣是最好的老师，孩子在做自己感兴趣的事情时，才最有可能做好。在孩子求职过程中，给予他们最大的支持和鼓励，告诉他们："你是最棒的！"在他们受到挫折时，鼓励他们："没有过不去的坎儿。"

3. 致组织管理者：

在校园招聘时，要更加关注学生的潜力，通过观察他们的言谈举止，了解他们从原生家庭中习得的品行和特质，做出正确的判断。在帮助新员工融入组织的过程中，可以为其配备生涯导师，促使他们更好更快地成为组织的一员。

第五章

工作技能与自我强化

本章要点

1. 个体发展离不开组织平台，需要清楚认识到个体与组织的关系，本章将阐述个体与组织之间的关系，介绍中国组织的类型和特点，帮读者理清思路，进而有目的、高效率地提升自身的工作技能。

2. 不同类型的组织中，职业发展通道一般有所差异。本章将介绍不同类型的组织中员工职业发展可能的路径，根据实情帮助读者，尽可能在组织中实现个人成长。

3. 眼界决定高度，不仅要埋头干活，还要学会抬头看路，对于一个人来说，事业的发展就如同下棋博弈，如能多看一步，可能会决定最终的胜负。光看得远是不够的，还要有个人的核心能力，这是帮助一个人在组织中站稳脚跟的必备法宝。因此，先见力和核心能力的培养非常重要，本章将介绍培养先见力和核心能力的方法。

4. 随着大数据时代和信息时代的到来，不少职场人士陷入具体繁杂的事务性工作中无法抽身，加班成了家常便饭，自己还感到工作起来焦头烂额。知识管理和时间管理可以帮助大家更好地管理好手头工作，使个人更好地平衡工作和生活。本章将介绍知识管理和时间管理的重要性及方法。

第一节　个体与组织的关系

人的本质是一切社会关系的总和。人的本质属性就是社会性,每个人都无法脱离于社会,人与组织的关系也是如此。个人成长必须依附组织提供的平台,离开组织平台,个人目标的实现也无从谈起。如果把个体比作溪流,那么组织就是大海,小溪离开大海是会枯竭的,海纳百川,无数小溪可以汇成浩浩荡荡的大海,以获得无穷的力量。组织为个体搭建了实现自身价值的平台,使个体有用武之地;组织为个体提供满足物质与精神诉求的机会,为个体拼搏奋斗提供源源不断的动力和支持,并对个体的努力予以肯定和奖赏。因此,个体工作技能的提升、自我价值的实现,必然是离不开组织的。

"知己知彼,百战不殆"。要明确个体与组织的关系,既要了解自我,又要了解组织。了解自我是每个人在求职前需要做好的功课。运用SWOT分析法,分析自己的优势与劣势、机会与威胁,通过MBTI职业性格测试工具等了解自己的个性特质,评估自己的职业兴趣、职业能力和职业取向。

了解组织需要更广泛的接触与实践,大学毕业生在进入职场前,可能很少走出校园接触组织,头脑缺乏组织的概念,而仅以家庭的规则往组织中套;或者仅从书本上学习的西方的组织理论出发,而对中国组织的发展脉络、特点不甚了解,从而盲目地将理想的组织往现实的组织中套。在这两种情况下,新员工进入组织后都会很自然地排斥现实中的组织,因其与想象之中差异巨大,故融入组织的过程颇为艰难。因此,要想明确个体与组织的关系,还要了解现实中的组织有哪些类型、特点和运作规律。总而言之,只有明确个体与组织的关系,才能更好地接纳并融入组织。

一、个体职业离不开组织平台

个体职业的发展需要依靠组织平台。教师需要依托学校的组织平台,医生需要依托医院的组织平台,科研人员需要依托高校或研究所的组织平台,没有哪一个职业是可以完完全全独立于组织而存在的。

大学生毕业后,面临的选择主要集中在就业、升学、出国深造等。对于选择就业的同学来说,需要找一家企业或单位工作,在工作和实践中学习和锻炼工作技能,获得自我提升、自我强化。

个体职业离不开组织平台。大学生毕业后若选择就业,组织的选择尤为重要,这会影响自己的职业生涯。组织选择是双向选择的过程。选择组织时,既要考虑组织因素,又要考虑自身因素,提升自身实力更有助于选择到合适的组织。

对于自身需要考虑哪些因素?可以参考招聘信息中的任职要求,也可以向朋友师长询问,一般招聘会对学历、实践经历、专业能力、工作技能、外语和计算机等方面有所要求,如果组织所有的要求都能满足,那么自己就拥有选择的主动权;否则,自己就处于被动状态。由此,大学生应注意提早进行工作技能的学习和训练,积极参加实习,有针对性地考一些目标单位或行业所要求的资格认证,如英语四六级、计算机二级、教师资格证和普通话水平测试、注册会计师等。

当自身具备足够的条件和实力时，主动地去选择最适合自己的组织，首先要考察自己的职业目标、专业、兴趣、性格和现实可能性等因素，目标组织是否符合自己的职业取向；其次就是组织方面，其推动力如何，发展前景如何，组织文化是否能认同等；最后还要考察组织可以提供的薪酬、福利、硬件等条件能否使自己满意。

（一）组织推动与自我成长

学习工作技能、获得自我提升，这需要个人自我成长和组织平台推动两种动力共同驱动。在毕业选择组织时，有的同学倾向于选择那些规模较大、发展稳定的组织，如国家电网、中国银行等大型国有企业，又或者阿里、腾讯这类兼具活力、压力与推动力的500强企业，这种组织推动力较强；也有的同学倾向于选择那些中小型企业甚至自己创业，这类组织推动力不强，但如果个人能力较强，自我成长较快，则可获得更大的自由发展空间和更高的能见度，也不失为一种"另辟蹊径"的职业通道选择。组织推动与自我成长的关系如表5-1所示。

表5-1　组织推动与自我成长

	组织推动强	组织推动弱
自我成长快	相互磨合与调试，个体与组织合作共赢	尊重个人，有一定的自由空间，缺少组织力
自我成长慢	组织强势，个人跟上组织的步伐、满足组织要求	自生自灭

如果自我成长慢，建议选择推动力强的组织，以满足组织要求为基础，在组织平台中获得平稳的成长节奏。

如果自我成长快，既可以选择推动力较强的组织，也可以选择推动力稍弱的组织。在推动力较强的组织中，个体与组织相互磨合，节奏统一，实现个人的快速成长和组织的快速发展的双赢状态；若组织推动力较弱，个人的快速成长也会影响组织，可以在组织中获得更大的自由空间，但获得组织支持十分有限。

（二）组织前景与职业取向

一代传奇企业家褚时健，他的一生可谓跌宕起伏，他的励志故事影响着一代又一代企业家。其中令人印象深刻的故事之一就是"褚橙"。

案例5-1　褚时健与"褚橙"

2002年褚时健一手创出的"红塔山"品牌价值达到460亿元，连续7年排位中国烟草业第一品牌，虽然烟草行业早已是夕阳产业，但直到2010年实现了中国烟草的千亿利润。褚时健一度被众多烟草企业高薪聘请当顾问，他都一一拒绝，反而毅然决然地进行二次创业，褚时健选择当时并不被看好的事情——种植冰糖橙。

褚时健投身种植冰糖橙这份事业时，云南的冰糖橙市场已经饱和。但当他吃到来自澳洲的进口橙子时，就想创建自己的牌子。熟悉褚时健的人说，这就和当年他看到国外的著名香烟品牌万宝路时的反应一样，一个劲儿地想要创造中国自己的高档香烟品牌。

橙子的利润和烟草没法比，褚时健选择种植冰糖橙，无疑经过深思熟虑，“他是在探索一种新农业模式”。

褚时健和妻子在橙园搭了工棚，吃住都在这里。他要在这块贫瘠的土地上种出极品橙子，把国外橙子比下去。

白手起家，没有任何经验。橙子刚挂果时，褚时健年年都会遇到不同问题，不是果树掉果子，就是果子口感不好。这位老人竟买来书店所有关于果树种植的书，一本一本地看。后来橙子不掉了，但口感淡而无味，既不甜也不酸。褚时健睡不着，半夜12点爬起来看书，经常看到凌晨三四点，终于知道是肥料结构不对。这种果子褚时健不敢卖到市场上，怕砸了牌子。第二年，褚时健和技术人员改变肥料配比方法，果然，口味一下就好起来了。据悦，这种用烟梗、鸡粪等调制的有机肥，成本虽只有200多元，效果却赶得上1 000元的化肥。

“好的冰糖橙，不是越甜越好，而是甜度和酸度的比例维持在18∶1左右，这样的口感最适合中国人的习惯。”褚时健悦。

褚时健学习能力强，对技术要求严苛，实实在在提高产品品质，扎扎实实做东西，这都体现了一个企业家的实业精神，“做企业就是要很实在，这和那些追求金融泡沫的虚拟幻觉的企业家，走的根本是两条路子”。

褚时健是中国企业家的模范，他敢于为自己的选择负责，尊重自己的梦想。刚毕业的大学生是社会的新鲜血液，处于创造力和适应能力最强的年龄，应当利用好自身优势，发挥潜力。

客观分析现实，一方面，高考时由于对各专业学科不了解、成绩限制以及其他因素干扰，有不少同学没有选择到自己理想的高校和专业，或者到了大学才发现所学专业并不是自己所擅长和感兴趣的；另一方面，有些同学虽然选择到了自己感兴趣并且擅长的专业领域学习，可是又由于经济、技术、社会环境的变化，导致自己所学专业未来可选择的余地很有限，甚至就业困难，只有做到顶尖才有较好的发展前景。这些都让理想和现实产生了错位，归纳起来，面对职业取向与组织前景，每个人的选择也有所差异。组织前景与职业取向的关系如表5-2所示。

表5-2 组织前景与职业取向

	组织前景光明	组织前景黯淡
符合职业取向	个人发挥职业取向的优势，组织为个人提供光明前景	或者坚持，三百六十行行行出状元；或者放弃，学习其他技能
不符合职业取向	跟随组织发展，在组织内拓宽横向关系，调转职位	发挥个人特长，找准职业定位，看准时机跳槽

个体成长依托于组织，如果个体与组织擅长和从事的领域相同，组织前景光明，双方达成共赢，当然是最好。但当组织前景黯淡时，个体有权利选择离开，毕业生在刚刚步入

社会的几年内有较好的可塑性,这段时间要大胆尝试各种各样的工作,拓宽自己的视野。这不意味着盲目跳槽,要保证自己的价值与核心竞争力,在离开组织时自身的价值不会被组织稀释。"三百六十行,行行出状元",也许在所在岗位上把工作做好,专业做精,走向所在领域的顶尖,同样也可以实现人生价值。

由于各种现实因素,即便在一些前景十分光明、待遇十分优厚的组织中,也存在人岗不匹配的问题,这对组织来说是一种人才资源配置的低效率,对个人来说也阻碍了个人特长的发挥,对组织和个体的长期发展都不利。毕业生遇到这种情况要先稳住阵脚,先把手头的工作做扎实,考察组织中是否有更符合自己职业取向的岗位,与不同部门多接触交流,拓宽横向关系,通过内部晋升和调岗机会,调转职位。若所在组织前景黯淡,所做的工作又违背自己的职业取向,那就是选择出现了问题。应重新做好调查,提高自身素质,找准职业定位,看准时机跳槽。

(三)组织条件与个人条件

个体依存于组织平台的支持,组织的发展也离不开个体的贡献,个体与组织的选择是双向的。正是由于这个原因,在求学时、实践中要有提升个人条件、积累资源和建立链接的意识,才不会在毕业后发生一些烦恼的事:工资太低、工作压力太大、怎么都是脏活累活让我干?我怎么找不到好工作?

在抱怨之前,首先问自己能给组织创造什么价值,有没有实力胜任这份工作,再谈条件。组织条件与个人条件的关系如表 5-3 所示。

表 5-3　组织条件与个人条件

	组织条件满足个人预期	组织条件不满足个人预期
个人资源条件好	合作双赢,共同发展	贡献组织或离开组织
个人资源条件差	提升个人资源条件,否则淘汰出局	双方产生矛盾

个人资源条件好,组织条件又能满足个人预期,这是最理想的状态。若个人资源条件差,组织则倾向于选择条件更好的员工,而若组织条件不能满足个人预期,个人也会对组织产生不满,双方产生矛盾,这种矛盾可以通过个体、组织提升自身条件,或者双方降低对彼此的预期来缓和。

若个人资源条件和组织条件存在较大差距,则会出现公司裁员、员工辞职的现象。组织通常是理性的,会定期进行人才优化,淘汰不能为公司创造绩效的员工;对于个人来说,若组织条件不能令其满足,可以选择离开,追求更高的组织平台,也可以选择贡献自己的一份力量,改变组织的现状,前者是"成功的职业人",后者被称为"有效的职业人"(可以为组织创造价值的人)。

二、个体与组织关系的维度

个体与组织的关系是多维度的,主要有经济关系、社会关系、心理关系、法律关系和伦理关系。

（一）经济关系

个体与组织最本质的关系就是经济关系，即组织给员工发放薪水，员工为组织效力，一旦一方没有按契约履行义务，对方就有权终止这种关系。私营企业和外资企业中这种关系表现得非常明显，出多少工就给其支付多少薪水，不会养闲人和懒汉。企业的本质是追求利润最大化，人工成本是企业成本开支中的"大头"，为了用最少的人干最多的事，企业会在控制人工成本上下足功夫，由此，员工不能创造价值，就意味着无法在企业中立足。应该认识到，个体与组织的关系不仅仅是经济关系，现实中员工之所以难管，大多是因为组织和员工都过分看重经济关系，而忽视了其他维度的关系。

（二）社会关系

在学校中个体有各种社会关系，如同学、老师、社团成员。在企业中也类似，员工在组织中的社会关系主要包括基本的人际关系、上下级和同事关系、客户关系等。员工作为组织中一名成员，与组织中上下级、各个部门的其他员工、组织活动的利益相关者都是存在社会关系的，员工与组织的社会关系通过规定形成，却并非由规定维系，而是由人情距离来保持良好的社会关系（如同事在工作外互相帮助，领导在生活上对下属伸出援助之手）。个体要在组织内处理好、平衡好各种社会关系。个体与组织良好的社会关系可以为个体带来同事的帮助、领导的支持、客户的资源等，个体的社会关系也可以为组织带来无形的效益，因此有些组织也将其作为一种资本对待。

（三）心理关系

员工与组织之间的心理契约也反映了个体与组织的关系。所谓心理契约，是指组织与员工双方对彼此的期望。心理契约是非正式的、主观的和内隐的。作为员工与组织关系的反映，心理契约也涉及员工与组织的双边责任义务关系，但与正式劳动合同不同，这种契约是单方契约，并不需要通过员工与组织双边协商一致形成，而是契约者通过对各种相互责任义务的主观感知，进而形成有关相互责任义务的主观约定。它不仅涉及经济物质交换，也涉及行为和情感的交换。心理关系的存在可以填补正式契约留下的空白，减少双方的不确定感，也可以作为一个主观行为准则，对员工行为进行约束和调节。

以往心理契约被忽略通常会产生两种情况：一方面，用人单位在招聘员工时会夸大其实际情况，因此给员工造成一种虚幻的印象，员工进入组织后容易产生心理落差；另一方面，员工对用人单位也有过高的心理期望，"三年干基层，五年干中层，十年干高层"，但进入组织后发现无法实现，也造成了心理落差。因此，需要建立合理的心理契约，使得个体与组织间建立更好的合作关系。

（四）法律关系

案例 5-2　　周小姐的法律诉讼

2018年6月9日，周小姐应聘到A市某教育培训机构从事业务员工作。周小姐入职后，与该公司签订了劳动合同，期限为一年。

3个月后，周小姐因妊娠反应严重，剧烈呕吐，到医院就诊。诊断后，医生建议她休息治疗。因此，周小姐以“本人怀孕反应过大”为由，向公司请假。经公司允许后，周小姐回家休养。但是，令周小姐想不到的是，半个月后，公司以其旷工、违反劳动纪律为由，解除了双方的劳动合同，而且就连公司同意她休假半月的请假单也不翼而飞。

于是，周小姐向有关机构申请了仲裁，又诉至法院，请求判令公司支付违法解除合同的经济赔偿。

法院认为，该公司未能举证证明周小姐请假时告知了其准假期限。此后，周小姐的就诊证明也证明了她因妊娠反应而需要休假的事实，认为其因怀孕不适而需要相应的休息，符合常理，因此判定公司解除劳动合同没有依据，属于违法解除，遂判决支持周小姐的诉讼请求。

法律关系一般而言就是组织与个体签订的劳动合同中所约定的各项权利义务。近年来，随着《劳动法》《劳动合同法》及相关法律法规的颁布和修订，组织用工的规范性逐渐增强，但仍有不少组织挖空心思钻法律的漏洞，逃避法律义务，当然也有很多组织遵纪守法，自觉履行法律赋予的权利义务。劳动者最好能清楚地了解一些基本的劳动法律法规，在必要时可以维护自身的合法权益。

（五）伦理关系

组织与个体关系中还有一个很重要的维度，即伦理关系。一些组织不尊重员工隐私，监控员工的通话和邮件，甚至在员工离开工作岗位时，强行对员工搜身，以防止员工将贵重生产资料带出，类似行为严重违背了组织与员工间的伦理关系。作为一个有良知与德行的组织，一定会非常注意尊重员工，不侵害员工隐私，对员工保持最起码的信任。尊重是相互的，一些员工盗窃组织的公共财物据为己有，工作时间干私活等行为同样有悖于组织伦理。因此，要想达成个体与组织间和谐的伦理关系，需要双方都为此付出努力。

总而言之，每个人进入组织后，都会扮演一定的角色，并且需要把相应的角色扮演到位，个体要处理好与组织之间方方面面的关系，组织就是人的关系的集合体。无论是组织中的关键岗位员工，还是辅助岗位员工，如果都能从管理的视角看待自己的工作，在扮演好自己角色的同时，还能站在组织的高度思考问题，个体与组织的关系才能更加融洽。

三、组织类型及特点

虽然西方文献对组织的类型和特点进行过深入的讲解，但很多学生和职场新人往往不了解中国组织的类型和特点，将西方的理论生搬硬套，处处碰壁。因此，本书着重为读者介绍中国的组织。

了解组织类型可以帮助我们更好地进行职业定位。中国组织的类型大体分为国家机关、事业单位、企业、社会团体和其他机构五个部分，如表5-4所示。

表 5-4 中国组织的类型

国家机关	国家机关分为国家权力、行政、司法机关,党派组织,中国人民政治协商会议。其中,中国人民政治协商会议包括政协各级委员会及办事机构
事业单位	事业单位主要包括各级党政机关、教科文卫,以及新闻出版、体育、环境监测、城市建设等,此外,还有一些机关的附属机构和法律服务所等
企业	企业按照经济类型分为全民所有制企业、集体所有制企业、有限责任公司、股份有限公司、中外合资企业、中外合作企业、外资企业、合伙企业和个人独资企业等
社会团体	社会团体分为中央机构编制部门直接管理的社会团体组织,以及各级民政部门登记管理的各类学会、协会、研究会、基金会、商会、联谊会、联合会和促进会等团体组织
其他机构	其他机构分为民办非企业单位、国家认可某方面资格的机构及其他

中国组织具有以下特点:

(一)组织中领导的核心作用

对于不同类型的组织,领导在组织中的核心作用是毋庸置疑的,是组织成长和运作的关键和根本动力。中国组织自上而下的运作方式、领导风格与人际关系氛围,使组织内部形成路径依赖。“铁打的营盘流水的兵”,每次人事调整,必然会涉及一些领导的进退留转,而这些角色的变化势必会使当事人或对其有所依赖的员工产生心理波动,对工作产生影响。因此,在一个组织中要不要站队,怎样站队,都需要依据个人情况慎重考虑。

个体在组织中很难独善其身,不想站队但往往身不由己。应注意,站队前首先要提升自己,站在自己不能被替代的一队最可靠,其次要研究组织,站在引领组织发展的一队,最后要把握好度,没看清形势时,宁可暂时不站,避免派系混战中自己被当枪使。站队中首先要靠自己,只有自己具备价值,队伍才需要自己;其次要懂合作,既能与队内人合作,也能与队外人合作;最后要将工作与生活分开,队内人以工作交往为主,队外人适度进行生活交往。站队后首先要讲忠诚,避免随处表态,切忌任意示好就动摇;其次要走正道,即自己有进步,单位有发展,所做之事也是阳光下经得起检验的;最后要有底线,不可同流合污,绝不触犯法律底线、不阻碍历史前进的步伐。

(二)责权利从不对等趋向于对等

责任、权力、利益是管理过程中,管理者实施管理的“三要素”,缺一不可。管理过程中应将权力、责任、利益三者结合统一,并使责权利在同一主体内部尽量达到平衡、对等。例如,权力越大,责任也应越大,只有权力没有责任就会使管理流于形式,甚至造成权力拥有者滥用权力,随着管理逐步科学化,这种现象已经逐步减少了。再如,责任大,利益也要跟上,利益不光指金钱,还包括各种物质激励和精神激励,有效的激励才能调动人的积极性,切实满足员工需求,员工才愿意付出更多,合理使用权力,切实担起责任。

责权利不对等的情况在现代企业或单位中越来越少见了,这更有助于个体和组织的发展。

（三）组织内的差序格局[①]

在传统差序格局模式中，人际关系网络固定在以血缘和地缘为基础的封闭性群体中。费孝通(1947)[②]构建了以自我为中心的社会关系模式——差序格局。费孝通认为，中国的社会结构就像扔一块石头进入水塘而形成的波纹，个体自我是中心点，它是其社会世界的中心，而其他人则如同大小不等的波纹围绕着中心。"以己为中心"的差序格局，实际上是以家族血缘关系为中心。在此基础上形成的人际关系具有排他性。在人际交往中，一般是关系越靠近家族血缘关系——"己"的中心，越容易被人们接纳，也就越容易形成合作的、亲密的人际关系；越是远离"己"的中心，就越容易被人们排斥，就会形成疏淡的人际关系。

在组织中，有些人对自己的上级不满，工作就敷衍了事，甚至会通过恶意破坏公物和单位业务来泄私愤，这种思想和行为走向了极端，不可取。有些人做他的本职工作很努力，但他这样做是为了报答上级（主公）的"知遇之恩"。例如，诸葛亮"鞠躬尽瘁，死而后已"，是为了报答刘备的"三顾"之恩，否则就会"茅庐高卧，省多少六出祁山"。

在组织中每个人都有一个工作岗位，每个岗位也都有相对明确的职责，员工在工作中，主导意识分为以下三种情况：其一，如果想的是"执行公务""履行义务"，以及要对一个看不见的"团体"负责，这是与"差序格局"对应的、西方社会中普遍存在的"团体格局"行为方式；其二，如果想的是这件事做得好或不好都会体现在自己的"业绩"上，从而影响自己的升迁或赏罚，这是从个人利益（"己"即"差序格局"的"中心"）的角度考虑问题；其三，如果我们想的是把事情做好了就会得到上级或有影响力的人物（也许是同事）的认可，以此来报答他对自己的信任、赏识或支持，这是从与自己个人关系密切程度的其他具体人（"差序格局"中最近的一圈、关系网络中重要部分）为出发点来考虑问题。在现实中，人们可能会同时存在这几方面的考虑。处于不同的单位环境中，同一个员工的表现可能全然不同，因为他会根据领导与自己关系的好坏来调整自己的行为，此时考虑的原则并不是对"团体"或社会负责，不是自己在团体中应尽的"工职"或社会中应尽的"义务"。所以在组织中成长，提升团体道德尤为重要。这一点值得组织中的每个职业人思考。

（四）组织处于剧烈变迁的环境中

组织发育过程中，环境因素的影响十分重要。尽管组织具有一些共同的基本特征，但组织的重要方面仍然随社会背景的变化而变化。中国正在经历着巨大的社会转型，组织和组织的发育过程构成了社会转型的重要特征。改革开放以后，进行了经济、管理以及社会发展等各种各样的试验和尝试，国际环境、国内环境和组织内部环境都发生着剧烈的变迁。在这样的环境下，职场人应树立终身学习的意识，不断适应环境变化，与时俱进，在保持个人核心能力的基础上，还能掌握行业较为前沿的理论和先进的技能。

---

① "差序格局"一词是费孝通先生提出的，旨在描述亲疏远近的人际格局，如同水面上泛开的涟漪一般，由自己延伸开去，一圈一圈，按离自己距离的远近来划分亲疏。

② 费孝通(1910—2005)，汉族，江苏吴江人，著名社会学家、人类学家、民族学家、社会活动家，第七、八届全国人民代表大会常务委员会副委员长，中国人民政治协商会议第六届全国委员会副主席。

四、匹配与合作最关键

(一) 主动匹配

一般认为,个体与组织匹配包括两种:一致性匹配和互补性匹配。一致性匹配体现为个体与组织的文化、气氛、价值观、目标和规范等基本特征具有一致性;互补性匹配是指个人与组织相互满足对方的需求。个体与组织匹配实质就是应用关系思维进行选择的过程。大学生需要在选择就业组织前明确自我认知,全面评估自己,同时要积极搜集目标组织的信息,将自己的目标、优势与对方的需要进行匹配,这一步至关重要。

员工与组织的匹配,需要双方的共同努力,从组织的角度来看,一般会采取面试追问、背景调查、心理测验、情景模拟和实习生计划、内推计划等方式来提升员工与组织的匹配程度。从个体的角度来看,主动与组织匹配主要体现在选择组织和改变自身两个方面。应当注意:提前明确目标组织,了解其人才需求、价值文化,以有针对性地培养自身能力和优势,提前了解并适应目标组织的价值观,使自身的职业观与组织一致性匹配,个人核心能力与组织实现互补性匹配。

个体与组织的匹配主要体现在职业态度匹配、专业能力匹配、性格特质匹配三个维度,组织文化和组织价值观或有形或无形地对员工提出了要求和标准,员工应当主动去了解学习。组织在人力资源管理中会特别关注员工的需求,员工在组织中想要取得良好的发展,也要重视组织的需求,通过自我完善、自我提升,在实践中锻炼工作技能,满足组织需求,认同组织的文化和价值观。

作为世界100强的华为公司对员工提出了以下16条要求,你能匹配上几条,又能从每句话联想到什么呢?

案例5-3　　华为对优秀员工的16条要求

1. 重在参与,敢于向自己挑战
2. 重视向别人学习,取长补短
3. 要善于归纳总结
4. 实事求是做职业生涯设计
5. 培养专家,不要“万能将军”
6. 要宽容好心犯错的员工
7. 员工要热爱工作
8. 员工应从小事开始关心他人
9. 对基层员工注重专长培养
10. 提倡“干一行爱一行”
11. 由“抬石头”变成“修教堂”
12. 员工要长期坚持自我批判
13. 不要有打工仔心态

14. 加强自我培训，超越自我
15. 给敬业的员工更多的机会
16. 茶壶里倒不出的饺子等于没饺子

（二）积极合作

个体进入组织后若发现不匹配，要么选择离开组织，要么选择与组织合作。懂得积极合作的人更容易与组织实现互利共赢、相互成就的动态平衡。刚毕业的大学生，可能难以一下就找到自己感兴趣、擅长、待遇好、前景好甚至可以寄托一生的组织。若发现无法与组织匹配，就要尽快做出抉择。若所在组织与自己的预期相差过大，说明自己在选择组织时匹配出了问题；若期望与现实差距不大，建议及时利用合作的关系思维改变自己。例如，公司要求熟练掌握 Excel，但自己不会用，就要尽快学习掌握。若从事体育新闻媒体工作，就要培养对体育圈的兴趣，最好还能培养一些体育爱好。若领导问及未来职业规划，实际上是想问自己有没有与组织长期合作的打算，此时应表达忠诚，避免说对组织不利的个人打算。

第二节　组织内职业通道与管理

不同类别的组织往往会根据自身特点设计出不同的职业生涯发展体系，因此，在进入组织后，要主动了解本组织中的职业生涯通道，并有针对性地做好自身的职业生涯管理。

一、不同类型组织中的职业通道

（一）政府机关和事业单位人员的职业发展

为了增强政府机关和事业编制单位招录的透明度和公正性，目前多数政府机关和事业编制单位的新增岗位施行公开招考，坚持公开、平等、竞争、择优的原则，按照德才兼备的标准，采取考试与考察相结合的方法进行。人员的晋升通常由组织部门负责考察，按照正常的组织程序一级级地晋升。近年来，不少党政领导干部岗位也开始实施公开选拔和竞争上岗考试，这些政策都有利于选拔出年富力强、能力突出的领导干部，也为政府机关和事业单位中的职员提供了公平、透明的职业发展通道。

（二）国有企业员工的职业发展

国有企业需要高素质的、稳定的管理和专业技术人才队伍。选择国有企业的员工往往有以下三个特点：拥有较高的组织忠诚度，他们的思维方式、行为方式、价值判断等存在一致性，对组织文化的认同度较高；追求稳定和相对完善的薪酬福利；对长期工作的部门和组织会产生感情和依赖心理，主动离职倾向小。

国有企业职业发展通道偏重管理，虽然通常实行管理通道和专业技术通道的“双通道模式”，但由于专业技术通道在薪酬福利设计、地位上同管理通道存在较大差距，因此专业技术人员在国有企业中的地位相对较低，积极性不高。同时，国有企业按资历晋升而不是按照全面的评估标准晋升。

但近年来，这种状况有所改观，如笔者调研的一家国有企业构建起了“四通道、五层级”的员工职业发展体系，员工的职业发展双通道瓶颈被突破，公司员工发展有管理类、营销贸易类、技术类等四个通道，每个通道又分为 A、B、C、D、E 五个层级，无论是管理者还是能工巧匠都能上升到最高层级——A 级。员工在职业发展上不一定要走管理通道，通过其他通道一样可以达到较高的级别并得到相应的待遇。另外，管理层如果要上升到更高的层级，还需要培养两名下属上升到自己所在的层级，因此，整个公司的人才梯队建设得到保障。

另外，一些用人单位还建立起后备管理人才的培养体系，通过管理培训生的选拔培养和后备经理人的培养解决了人才“蓄水池”的问题。不少企业也考虑到项目管理人才在组织中的重要作用，开始重点培养项目管理人才。

（三）民营企业员工职业发展

我国民营企业众多，但普遍规模较小，人员的流动率也远高于国有企业，而领导的性格偏好、管理风格往往对企业管理影响较大。某民营企业员工职业发展通道如图 5-1 所示。

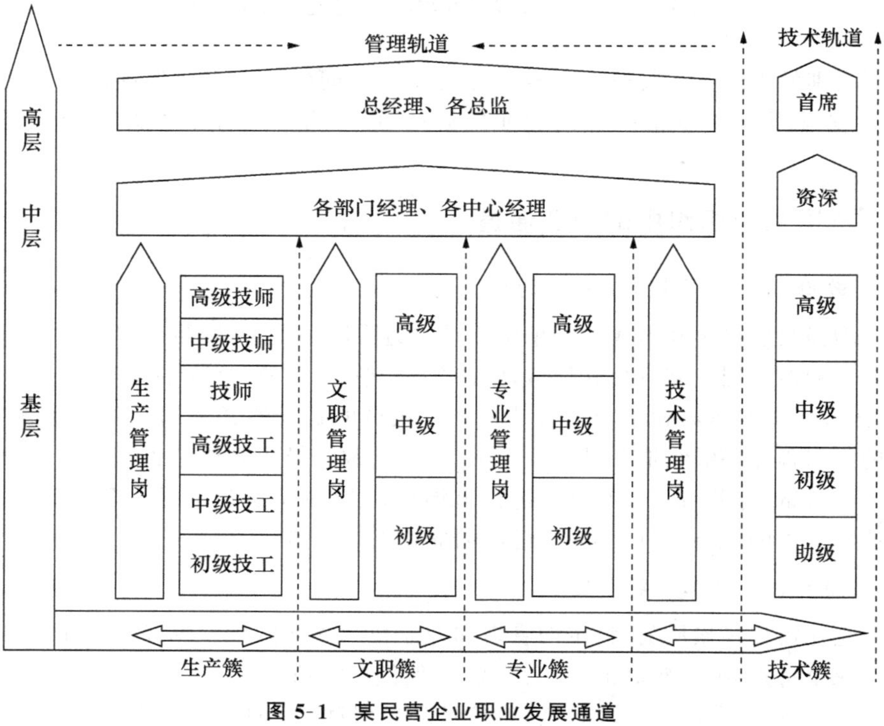

图 5-1　某民营企业职业发展通道

案例 5-4 腾讯产品策划的职业通道模式

据调查，腾讯公司 2019 年的组织架构为事业群制，共包括 TEG（技术工程事业群）、WXG（微信事业群）、IEG（互动娱乐事业群）、PCG（平台与内容事业群）、CSIG（云与智慧产业事业群）和 CDG（企业发展事业群）六个事业群，如表 5-5 所示。各事业群分别主管不同业务，每个事业群下设置相关业务的事业部，分权管理，统一核算。

表 5-5 腾讯公司事业群设置

TEG 技术工程 事业群	WXG 微信 事业群	IEG 互动娱乐 事业群	PCG 平台与内容 事业群	CSIG 云与智慧 产业事业群	CDG 企业发 展事业群
负责为公司及各事业群提供技术及运营平台支持，负责研发管理和数据中心的建设与运营，并为用户提供全线产品的客户服务。同时牵头腾讯技术委员会，通过内部分布式开源协同，加强基础研发，建设技术中台等措施，支持业务创新	负责微信生态体系的搭建和运营，依托微信基础产品，以及微信公众平台、小程序、微信支付、企业微信、微信搜索等开放平台，为各行各业的智慧化升级提供解决方案和连接能力。同时负责QQ邮箱、微信读书等产品的开发及运营	负责公司游戏、电竞等互动娱乐业务的研发、运营与发展。通过系统性研究及前沿科技的探索和应用，不断为用户创造更高品质的互动娱乐内容体验，助力公司在全球互动娱乐领域取得领先地位，并联动公司相关业务共建繁荣向上的内容生态	负责公司互联网平台和内容文化生态融合发展，整合QQ、QQ空间等社交平台和应用宝、浏览器等流量平台，以及新闻资讯、视频、体育、直播、动漫、影业等内容业务，推动IP跨平台、多形态发展，为更多用户创造海量的优质数字内容体验	负责推进公司云与产业互联网战略，依托云、AI等技术创新，打造智慧产业升级方案，探索用户与产业的创新互动，助力零售、医疗、教育、交通等产业数字化升级，同时协助企业更智能地服务用户，构建连接用户与商业的智能产业新生态	作为公司新业务孵化和新业态探索的平台，负责推动包括基础支付、金融应用在内的金融科技业务、广告营销服务等重要领域的发展和创新。同时，作为专业支持平台，为公司及各事业群提供战略规划、投资并购、国际拓展、市场公关等专业支持

截至 2019 年，腾讯已有 5.4 万余名员工，每个部门、每个岗位的员工在腾讯庞大的生态系统中各司其职，拥有各自不同的职业上升通道。每个通道对于员工能力从通用能力、专业知识、专业技能和组织影响力四个维度，分为五个水平等级进行描述。如通用能力中，对于初级的学习能力要求能在指导下进行学习，而对于高级的学习能力要求其成为公司学习的标杆。对于初级员工的能力要求较低，具备学习能力、能够服从安排、高效完成工作即可；对于高级员工的能力要求则较高，对先见力、判断力、创造力、领导力等要求更多。以产品策划岗位为例，腾讯对各个阶段的能力结构的要求如表 5-6 所示。

表 5-6　腾讯公司产品策划通道能力要求结构

能力框架	能力项目	能力标准				
		一级	二级	三级	四级	五级
通用能力	学习能力(基本素质)	指导下进行学习	寻找学习机会,学以致用	总结提炼,帮助他人学习	营造学习氛围	成为公司学习标杆
	执行力(基本素质)	按要求行事	领会意图,主动汇报	抓住重点,克服困难	事先预测,应对变化	创造性执行,树立执行文化
	沟通能力(基本素质)	表述自己的要点	把握他人论述要点	多种沟通技巧,跨团队沟通	创造沟通氛围,通过沟通获取资源与支持	提升团队沟通能力,重大问题有效沟通
	行业融入感+主人翁精神(关键素质)	热爱互联网及产品	产品控,从琢磨、分享和改进中获得愉悦感	传教士般热爱,对细节和用户反馈敏感	回归生活,求索产品精进之道	
	心态和情商(关键素质)	勤于思考,主动融入	不抱怨,主动寻求解决方式	乐观面对挑战及挫折,有效平衡压力	建设性处理压力及困难,化压力为动力	荣辱不惊,在困难、压力中寻找机会
专业知识	技术知识(关联知识)	知道技术名词及概念	了解技术基础理论及产品中表现形式	清楚技术原理,能进行成本预估	能与技术团队充分沟通,能独立评测成本方案	能将技术优势转化为产品竞争力
	项目管理(关联知识)	指导下进行计划跟踪和监控	组织实施小型项目	独立负责中型项目的实施和运作,预见潜在问题	独立负责较大型项目/多项目的实施和运作,进行风险控制	负责公司级战略性项目
	其他知识:财务、心理学、美学、办公技能等(关联知识)	听说过相关名词	了解相关知识,参与相关工作	掌握相关知识及技能,能熟练应用到项目中	能权衡多方面因素,指导团队的相关工作	善于全面思考和权衡,主导公司的相关复杂项目
专业技能	产品规划:版本计划/节奏(产品能力)	知道流程,能清晰描述出客户原始需求	准确掌握用户需求,可独立进行需求提炼、模块设计、版本安排	掌握需求分析和建模方法,能独立完成系统规划和版本迭代	丰富的理论和实践,能独立完成长短期规划和版本迭代	成功主导过多个任务,能将需求与版本完美结合
	专业设计能力(产品能力)	了解特定领域的设计和策划,在指导下完成局部设计	熟悉某专业领域方法技巧,可独立进行中小型项目专业设计	能通过专业设计,提升产品整体品质;能指导别人	对大型产品和整体系统理解深入,能大胆创新	成功主导多个大型产品或系统的整体设计;行业专家
	市场分析能力/前瞻性(市场能力)	了解基本理论知识,在指导下完成工作,对行业有初步认识	熟悉方法工具,能独立进行市场分析	丰富的理论实践,成功主导中型项目,可预测1—2年行业方向	敏锐洞见,能准确捕捉并及时跟进市场变化和机会点	能通过精准判断、杰出策划和精确执行,帮助产品取得市场优势

（续表）

能力框架	能力项目	能力标准				
		一级	二级	三级	四级	五级
专业技能	对外商务沟通（BD/P3 以上）（市场能力）	了解谈判流程和基本技巧	掌握多种谈判技巧	能独立谈判，不断调整策略方式，达成目标	能敏锐观察并判断，现场决策，掌握谈判主动	意志坚忍，成功主导重大谈判
	运营数据分析（运营能力）	了解指标含义，在指导下分析	深入理解指标，能独立分析并找到规律	灵活使用多种工具，能找出隐含规律，推动产品规划	独立规划和设计指标体系，支撑管理决策	形成系统化分析模型，帮助提升数据分析效率和质量
	市场营销：品牌/公关/推广（运营能力）	独立完成营销执行	熟悉产品营销模式，能协助策划	能独立主导营销活动	突破性创新和策划，效果超出预期	融会贯通，跨界营销，有业内知名的成功力作
	渠道管理（运营能力）	了解渠道知识，能提供渠道服务	独立开展渠道业务，在指导下拓展新渠道	改进渠道政策，主导拓展新渠道，处理渠道冲突	独立制定渠道策略，形成渠道合力，并预防渠道冲突	独到见解，成功实践，敢于推行新管理模式并取得成功
	市场/用户的调研与分析（客户导向）	在指导下完成调研，独立收集客户需求	收集客户反馈，驱动产品改进；独立主导调研	识别客户关键需求，帮助决策	综合把握客户需求，形成差异化产品特征	创造或引导客户需求，提升用户黏性；成为调研专家
组织影响力	方法论建设（领导力）	总结归纳	提炼规律	方法论沉淀	创新性方法论与工具的开发	变革性的有巨大业务价值的方法论与工具开发
	知识传承（领导力）	团队内分享	跨团队经验与知识的分享	营造分享的组织氛围	建立信息共享平台	跨界学习与分享，推动专业提升
	人才培养（领导力）	直接指导/帮助	随时辅导	有策略的辅导	人才培养意识	激发团队成员潜能

对于产品策划职位各子项能力标准进行打分，分为五级，每级各三等（基础等、普通等、职业等）共计 15 个层次水平对员工进行划分，如表 5-7 所示。

表 5-7　腾讯公司产品策划通道评价表

能力框架	序号	能力项	一级 基础等	一级 普通等	一级 职业等	二级 基础等	二级 普通等	二级 职业等	三级 基础等	三级 普通等	三级 职业等	四级 基础等	四级 普通等	四级 职业等	五级 基础等	五级 普通等	五级 职业等
		产品策划职位各子项能力标准															
通用能力	1	学习能力（基本素质）	1	2	3	3	4	4	4	5	5	5	5	5	5	5	5
	2	执行力（基本素质）	1	2	2	2	3	3	4	4	5	5	5	5	5	5	5
	3	沟通能力（基本素质）	1	2	2	3	3	3	4	4	5	5	5	5	5	5	5
	4	行业融入感＋主人翁精神（关键素质）	1	1	2	2	3	3	3	4	4	5	5	5	5	5	5
	5	心态和情商（关键素质）	1	1	1	2	2	2	3	3	3	4	4	4	5	5	5
专业知识	6	技术知识（关联知识）	0	1	1	2	2	2	3	3	4	4	4	5	5	5	5
	7	项目管理（关联知识）	0	1	1	2	2	3	3	3	4	4	4	5	5	5	5
	8	其他知识：财务、心理学、美学、办公技能等（关联知识）	0	1	1	1	2	2	2	3	3	3	4	4	4	5	5
专业技能	9	产品规划：版本计划/节奏（产品能力）	0	1	1	2	2	2	3	3	3	4	4	4	4	5	5
	10	专业设计能力（产品能力）	1	1	1	2	2	2	3	3	3	4	4	4	5	5	5
	11	市场分析能力/前瞻性（市场能力）	0	0	1	1	2	2	3	3	3	4	4	4	4	5	5
	12	对外商务沟通（BD/P3 以上）（市场能力）	0	0	0	0	0	0	1	1	2	2	3	3	4	4	5
	13	运营数据分析（运营能力）	0	0	1	1	1	2	2	2	3	3	3	4	4	4	4
	14	市场营销：品牌/公关/推广（运营能力）	0	0	0	1	1	2	2	2	3	3	3	4	4	4	5
	15	渠道管理（运营能力）	0	0	0	0	0	1	1	1	1	2	2	3	3	3	4
	16	市场/用户的调研与分析（客户导向）	1	1	2	2	3	3	3	4	4	4	5	5	5	5	5
组织影响力	17	方法论建设（领导力）	0	0	1	1	1	2	2	3	3	3	4	4	4	4	5
	18	知识传承（领导力）	0	0	1	1	1	2	2	3	3	3	4	4	4	4	5
	19	人才培养（领导力）	0	0	1	1	1	2	2	3	3	3	4	4	4	4	5

员工在职业通道中寻求上升的过程，其实就是在工作中不断积累经验、提升各方面能力的过程，这从腾讯的组织架构和晋升通道管理中可见一斑。在不同的组织中、不同的部门、不同的岗位间，其职业上升通道不尽相同，员工应熟悉组织内职业通道管理的信息，有针对性地制订工作计划和职业规划，以实现个人在组织平台中的成长。

（四）外资企业员工职业发展

外资企业注重对员工的培养，拥有比较完善的培训体系。外资企业员工职业发展通道设计因企业文化不同而存在差异。有的外资企业员工发展通道的顶端也仅限于本地区的总裁，而总部集团的最高管理岗位则由外资企业本国人员担任。

与国有企业不同的是，外资企业对员工的考核评估是全方位的，注重规则和客观结果。对员工职业要求程度受不同国家的文化影响，企业基本都会要求员工为其创造价值，认同企业文化。一般情况下，员工的思维方式、行为方式和价值判断各不相同，他们往往追求高额的薪酬和更加高端的职业发展，主动离职倾向高。

二、在组织平台中实现个人成长

案例 5-5　现在轻松将来怎么办？

林小姐，杭州人，26 岁，大专学历，中文专业，参加工作已经 4 年多。刚毕业时，父母托关系把她安排到一家报社做编辑。但由于文笔不好，工作成绩始终较差，压力越来越大的林小姐就辞职了。第二份工作是一家公司的文员，平时做一些打字之类的琐碎小事，学不到什么东西，于是林小姐又辞职了。后来她又找了几份工作，都和第二份工作差不多。目前林小姐在一家公司做经理秘书，对这份工作，林小姐还是比较满意的。最近同学聚会，林小姐发现周围的老同学个个都比自己混得好，有些已当上了经理。再看看自己，经理秘书虽然听起来不错，但不过是吃青春饭，说不定哪天就失业了，所以林小姐想换一份稳定的工作。想来想去，除了文员、经理秘书这些也想不出其他工作了。她该怎么办？

案例中的林小姐毕业后在父母的安排下从事一份自己并不擅长的工作，由于难以胜任只得频繁调换工作，并且只从事一些可替代性强的工作，错过了自身事业起步、发展的关键期，这归咎于她一直没有考虑如何在组织中实现个人的成长。对于每一次职业选择，她都没有经过深思熟虑，而是草率决定。因此，她在发现昔日同窗已经身居要职时后悔不已，并且很难找到有助于自身职业发展的好工作了。

案例 5-6　职场专注

布鲁斯·科查德从小就对药品行业感兴趣。他是耶鲁大学的理科学士，后取得工商管理专业硕士学位，在进入阿尔扎制药公司后迅速晋升为首席财务官，进而成为执行副总裁和首席运营官。在强生公司收购了阿尔扎公司之后，科查德为几家生物制药公司担任顾问，然后他创建了贾兹制药公司。他还是另外两家生物技术公司的董事会成员。科查德跟他的许多同龄人都不一样，从商学院毕业后的前十年中，他一直效力于同一家公司，即阿尔扎公司，而且他在整个职业生涯中都一直从事医药行业。科查德认为，与较为分散的工作背景相比，这样的专注让他对医药行业知识及其技术和管理问题有了更详尽的了解，而且也让他在业内拥有了更深入、更广大的人际关系网络。

专注于一个特定的行业或公司，有助于对其进行深入了解，建立更具实质意义的人际关系网络。长期留在同一个组织中，我们可以对组织中其他人有更深入的了解，进而建立更深入的人际关系，并由此更好地运用权力。但从另一方面来看，终身雇佣使员工从追求终身就业保障转而追求终身可就业性的保障，这需要员工具有更高的生涯适应力。

职场中的成功，主要取决于常识、学识和胆识这三大要素。只有具备了丰富的常识，才能形成优秀的品质和人格魅力；而学识则是个人工作能力的保障；至于胆识，则是突破现有思维模式和体制，勇于创新的源泉。这三大要素在成功的职场人士身上往往呈金字塔结构，即他们首先都具有非常优秀的品质，在此基础上又具有较强的工作能力，此外，他们还敢于打破常规，做一般人敢想而不敢做的事。常识是金字塔的基础，学识是金字塔腰，只有具有胆识的人才能走向金字塔的顶端。

另外，一个人所选的职业一定是能够帮助个人实现职业目标的职业，否则只会做无用功，离自己的职业理想越来越远。职业选择通常需要考虑以下几个因素：自己的工作价值观、兴趣爱好、性格与职业的匹配性，自己的职业锚、内外部环境与职业的适应性等。

三、在组织内部选择及跳槽依据

个体在进入组织前，无法全面了解组织内各个岗位的职责和工作内容，组织在招聘新员工时，也难以在第一时间就充分了解新员工的职业能力和专业特长，并且无法避免由于工作中可能出现的各种具体问题（如女员工产后无法再承担高强度工作）而导致的不匹配。如果与组织冲突较大，无法通过改变、提升自身与组织合作来化解冲突，个体还可以选择在组织内部重新进行选择，或者跳槽到其他组织。

在组织内部选择有多种通道，如纵向晋升、横向调职、派遣等。横向的职位调动为员工带来全新的工作内容和更好的个人发展前景，为组织培养兼具多种专业能力的复合型人才，还可以消除员工工作的倦怠感，提升员工的工作积极性。组织内部的调动是常见的做法，尤其是在大型的国有企业中，甚至不同国有企业之间，都有定期人才流动和人才培养的计划及规定。建议毕业生进入组织后将手头工作做好，若有可能尽量把分内工作做精，这是谈论晋升与调岗的话语权；若实在不擅长手中的工作，无法胜任自己的职位，却对组织很满意，也认同组织的价值观，那么就优先考虑组织内部选择，当然前提是做好本职工作，不被组织淘汰。

案例 5-7 企业内调动失败,得罪领导

小李,2014 年毕业于某一 985 重点大学土木建筑专业硕士,方向为道路勘察设计。毕业后顺利进入一家大型央企设计院。

设计院是围城,外面的人想进来,却又不知道里面的艰辛。小李所在的设计院属于大牛的巨型设计院,口碑不错,工资待遇好,简称 S 院。但入职后,他才发现自己来到了一个在院里极其不受重视的部门,待遇较其他部门差距较大,且时常被其他部门的人欺压。S 院收入好,但那不是小李所在的部门,他的部门在院里是倒数。虽然他有诸多抱怨,但毕竟这是他的第一份工作且收入还可以,他也就安安心心地干活。由于他认真勤奋,领导也很喜欢他。

2018 年 8 月,小李的姐姐突然告诉他帮他找到一个关系,可以把他调动到 S 院一个非常不错的部门,小李内心那份不安的悸动又被点燃了。小李在姐姐的指引下办理了申请调动程序,由于找了关系,两个部门的一把手也都签字同意了。小李心里想着十拿九稳了,就安心等待人事令下达,同事们也陆陆续续知道小李调动的事情。

然而等待几个月,调动还是没有消息。这时候,年终奖发放,小李大失所望,因为比上年少很多;并且院里有小道消息说小李调职的事情黄了,因为院里的大领导没有同意。他那时还不信,因为姐姐说没有问题。

不久后,部门领导突然在全部门会议上宣布小李调动失败,他在外地出差没有参会,听同事说领导对他的调动很生气,如今没成功,更有可能会整他。小李这才想到之前的年终奖和一月份少得可怜的奖金,看来真得罪领导了。

小李陷入了一个尴尬的境遇,不知道如何是好,他感觉领导这样的态度自己很难待下去,心里也憋屈,但又不想离开这样一个好企业。

该案例启示我们,在组织内部重新选择需要谨慎。即便脱离了原来的部门,也要维护好原有的关系,因为在同一个组织中,即便在不同部门,也不可避免经常共事。

跳槽是最后的选择,不仅意味着机会,也意味着成本。员工跳槽首先无疑会给组织带来损失,尤其是在组织中成长并能够创造价值的老员工。失去一位得力干将就意味着从员工进入企业以来,组织为员工提供的成长、试错以及培训的成本沉没,对于老员工来说也意味着失去已经形成的能够带来稳定经济收入的工作,面临着失业风险,并且无法保证到了下一个组织后能够使自己更加满足。由此,选择跳槽要慎重。

(一) 避免掉进“循环陷阱”

跳槽中常见的“循环陷阱”如图 5-2 所示。如果跳槽是由于一些可调和矛盾导致的,就要尽量去克服,因为自己产生跳槽动机,往往是因对于组织中某方面不满而导致的,这种不满的情绪在于自己只关注到了组织对自己不利的因素,而没有关注到组织给个人成长和发展带来的价值。

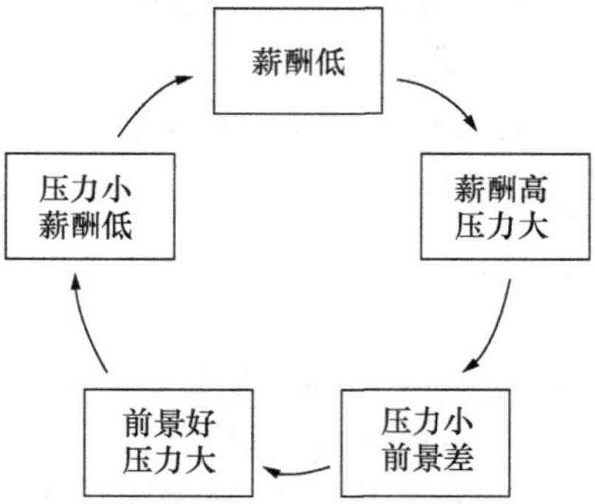

图 5-2 跳槽的循环陷阱模型

无论是想加薪、获得自由空间或是跳到更高的平台去,当对自己的工作感到不满时,员工就有了跳槽的动机;但往往很多毕业生在多次跳槽以后开始迷茫,因为跳槽并没有给他们带来更理想的工作,薪水多了,工作压力却大了,压力小了,又嫌晋升空间太有限,“这山望着那山高,最后发现一样高”,才意识到自己掉入了循环陷阱。

(二) 明确“管理距离”法则

有些刚毕业的学生缺乏求职经验,也许为了追求更好的发展空间而选择跳槽,或者说为了“晋升”,去追寻一些所谓的“高级经理”“资深 HR”,而不是那些听起来平平无奇的“经理”“人力专员”。但其实无论叫何名字,加何前缀,钱还是那些钱,工作还是那些工作。这种吸引人跳槽的招数,被称为“高职低薪”。识别自己职位高低的一个有效尺度就是“管理距离”,即衡量自己在组织中距离最高管理者的距离,这种距离有时很远,即便岗位名称听起来很有吸引力。

(三) 发生冲突如何选择

1. 关于加班

经济快速发展的今天,很多企业承担着较大的竞争压力,或是由于行业和工作的特征(如新闻传播行业),需要员工加班甚至连夜完成任务。刚刚步入社会的职场新人要认识到企业承担的压力和行业运行的规则,理性看待加班和出差,若领导偶尔要求加班完成任务,要学会理解。若领导让自己加班几次就想跳槽,则很不理智;但若长时间施加高强度的工作,严重影响到了个人的生活和健康,就要及时与有关领导进行沟通和协调,协调不成,可以考虑跳槽。

2. 关于同事关系

处理好人际关系是在职场必备的生存能力,与同事发生冲突,被领导批评,是正常现象,此时要先从自身找原因,而不是四处抱怨、立刻跳槽。找一家同事合得来、领导好的单位很困难,因为没有一家公司是慈善机构。另外,在跳槽后也尽量为之前所在的企业或单位保留良好的声誉,保持联系。

3. 关于工资

现代企业薪酬由绩效决定,若对于绩效考核机制和薪酬计算不满意,要与相关责任人协商,若有把握自己得到的薪酬不能匹配自己的能力,就可以考虑跳槽加薪了。一般来说，成功的职场人士会在每次跳槽时把握收入比原来上浮20%，职务比原来上升至少半级的原则，并且自己不会因离开组织而“掉价”，这样的跳槽才是理性的。

4. 关于价值观

价值观与组织出现冲突时，首先尝试调整自己，但也不需要勉强接受，特别是组织若要求员工做一些不符合法律规定和违背道德的工作，就可以果断离开了。

5. 关于工作兴趣

切忌因为枯燥悠闲而跳槽，要利用难得的清闲、稳定的环境，好好给自己充充电。

总之，在职场中生存不易。从关系思维出发，将自己与组织匹配，到融入组织，发现问题和矛盾，与组织形成合作，避免冲突，若矛盾无法解决，可以先尝试在组织内部选择，最后再选择跳槽，要注意，离开任何一个集体都要慎重决定。当然，除了以上方面，想要在职场中真正地成功，不二法则就是通过良好的工作技能提升自己的实力，升级自己的价值，具有先见力和核心能力的人更容易成功。

第三节　强化先见力与核心能力

工作技能不仅仅包括具体做事的能力，还包含前瞻性的视野和核心能力，如果陷入日常的事务性工作，而缺乏先见力和核心能力，个人对组织的价值就不会太大，也容易被其他人取代。因此，培养先见力和核心能力非常重要。

一、培养先见力

“枪打出头鸟”，一个人如果在组织中太“冒尖”，就有可能被大众置于“放大镜”下观察，“一着不慎”就有可能成为“众矢之的”，导致“满盘皆输”。在这种背景下，很多职场新人在组织中就选择“明哲保身”“人云亦云”，不敢表达自己的主见和想法，长此以往就失去了判断力，成为领导想法的忠实“记录员”和执行者。这些人事办得很好，却不会决策，难以成为成功的领导者。

在组织中的领导者培养新人的过程中，那些能适时表达自己观点和想法，并且提出可行的解决方案的人更容易被器重。人生如下棋，有先见力的人总能“走一步看几步”，预判对手下一招会怎么走，因此，他们往往能够如鱼得水地生存于复杂职场中并步步高升。由此，先见力的重要性不言而喻。举例来说，如果一个人做技术，还能预判未来技术发展的走向，并提出新产品研发的方案，一旦新产品投放市场赢得很好的消费者反响，升职加薪，就是水到渠成的。如果首席执行官能在投资新的领域时，准确预测形势，并制定高盈利的商业模式，那么他很可能成为一名成功的职业经理人。

既然先见力如此重要，那么应该如何发挥自己的先见力呢？

（一）提早准备，抓住时机

机会只给那些有准备的人。职场人士要想长久地取得成功，就得早一步看到别人看不到东西的能力，并能在看到机会的第一时间以最佳方式把握住它。

大学生、新入职者和职场人士若能具备先见力，就能提早准备，抓住时机。第一要准，能在各行各业中准确发现既适合自己去做，又能给自己带来良好发展机遇和发展空间的事业。第二要远，不总盯着一门一行，不把目光局限于眼前利益之上，而是能在变幻莫测的职场中看出发展方向，按照这个方向来经营自己的人生。有了先见力，在关键的时候，还要做出准确的判断，全面考虑整个局势，并知道如何朝正确的方向去做，才能使自己立于不败之地。

（二）怀疑常识，勇于质疑

过去的经验或累积的知识常成为处理事情的参考，这是不变的常理。但相对于 20 世纪的常识，21 世纪显然是个常识作用相对弱化且富于变化的突变时代。最近数十年的变化，早已超过过去的数百年。在变动的时代，过去成功的经验只能作为参考，不能一成不变地生搬硬套，否则就会趋向失败。当今时代的专业人才，需要具备先见力与构想能力，个性中具有喜欢变化和不怕失败的特质，从容并拥有好奇心，勇于接受挑战及新事物，才能满足社会发展的需求。

过去的经验或累积的知识，在大脑中形成“常识”。当人脑接收的新信息与旧有的信息不协调、无法整合时，大脑会下意识地排斥、忽略新信息；或者依据既有知识的片段解读新的事实。这是人类的理性，也是一种本能反应。然而，在当今这个日新月异的时代，一个人若是被旧有的常识束缚，他恐怕就不能正确解读新世界瞬间产生的新事物，更别说拥有先见力了。

要想“独具慧眼”，一个人首先要做的就是对自己根深蒂固的常识持怀疑的态度，并有意识地将这种怀疑态度变成习惯，即批判性思维。其次，要用勇于开拓、敢于怀疑过去的精神来迎接未来，不断学习，却也要养成“忘记所学”的习惯。最后，对常识存疑，并非只是消极地不接受，而是利用批判性思维，提出辩证的观点，然后重新求证。总之，排除因循守旧的态度、怀疑常识的正确性，形成批判性思维，才有助于培养在未知世界中的先见力。

（三）因势利导，开创蓝图

发现职场中的一种趋势之后，接下来要放眼未来，思考若这个趋势按照其逻辑发展下去的话，职场会变成什么样。通过这种思维方式来考虑，就会知道如果要找到蓝海（开拓未知的市场空间），目前需要做出什么变革。

穿越传统竞争的边界，开创具有长远意义的蓝海，才能规避竞争。通过超越传统竞争范围的思维，可以找到打破常规的战略行动，重新构筑职场边界，开创蓝海。发现和开创蓝海机遇的过程不是预测和占卜职场趋势，也不是试验偶然想到的一些疯狂的新业务的试错过程。相反，它是以一种全新的方式重新构建职场状况的有序过程。通过重新构建现有的职场边界，就可以将职场人士从打破头的红海竞争中解脱出来。这需要职场人了解各个行业的发展状况和趋势，积极观察和探索。

二、强化核心能力

有了先见力，一个人还不一定就能够走在别人前面，因为先见力往往还只是想法超前，能否实现还要看这个人是否可以将想法落实下去。因此，作为一名职场新人，需要培养和塑造自己的核心能力。例如，从事技术工作，是否掌握了最新的研发工具和技术前沿；做营销类的工作，考虑手头是否有丰富的客户资源；做财务工作，考虑对公司的财务状况是否了如指掌。只要能在一个领域里凭借自己的专长做得风生水起，就不愁得不到重用，而现实中的大学生就少有这种定力，在一个职位上干不了一年半载就抱怨连连，甚至一走了之，进入一个全新的行业，从事一份和原职位没什么关联的新工作，一切又重新开始。但反之，如果能在一个岗位上干上 5 年以上，就会成为该领域的实务专家，因为掌握了核心能力。

核心能力可以分为硬核心能力与软核心能力，硬核心能力主要体现为专业能力，各个行业各不相同，需要积极探索，通过工作的实践主动去加以锻炼，为自己培养出一到两个“硬核”。同时，员工的软核心能力现在越来越受到用人单位的重视，在各行各业具有较大的共性，软核心能力往往体现在以下三个维度上。

（一）思想与创意

首先，为读者讲述一代伟人钱学森青年求学时的故事。

案例 5-8　钱学森与冯·卡门

1936 年，25 岁的钱学森由麻省理工学院转学到加州理工学院学习航空，他的老师是当时著名的应用力学大师和航空技术权威冯·卡门教授。这所学校强调理工结合，倡导开放、自由、创新的学风，钱学森就是在这种环境下成长的。

冯·卡门这种世界大师的教学方法是十分独特的，他着重启迪学生的创新思维能力，而不是根据刻板的教学大纲去灌输学生。他每周主持召开一次研究讨论会与一次学术研讨会，这些活动强调学术民主，无论是权威专家还是普通研究生，大家一律平等，都可以畅所欲言，发表自己的学术观点。这给年轻的钱学森提供了锻炼创造性思维的极好机会。

在一次学术讨论会上，钱学森刚刚念完自己的论文，便有一位长者提出不同意见。钱学森不同意他的观点，两人一时争论起来，面红耳赤。研讨会结束后，冯·卡门教授问钱学森：“你知道刚才给你提出反驳意见的那位长者是谁吗？”

“不知道。”钱学森摇头回答。

“喔，他就是大名鼎鼎的冯·米塞斯啊！”

“啊！”钱学森惊奇得失声叫了出来，“我的天，原来他就是当代的力学权威冯·米塞斯啊！”

“假如你知道他是谁，那天你还敢跟他进行辩论吗？”冯·卡门教授进一步追问道。

钱学森笑着说道：“当天，我虽然不知道他是谁，可是我看得出来，他是一个权威学者。其实，在学术问题面前，应当是人人平等的，这是您一再教导我们的。”

冯·卡门教授哈哈大笑，他非常赞赏钱学森的这种精神。后来两人在一次学术讨论中发生争论，钱学森坚持自己的观点毫不退让，让冯·卡门教授很生气，事后这位世界权威经过冷静思考后发现在这个问题上，他的学生是对的。因此第二天一早，他就亲自来到钱学森那间小而简陋的办公室，敲开门，恭恭敬敬地给钱学森行个礼说：“钱，昨天的争论你是对的,我错了。"

冯·卡门教授的博大胸怀使钱学森非常感动,并终生不忘。两人相识的十年间在学术上的合作硕果累累,冯·卡门教授曾如此评价钱学森:"人们都这样说,似乎是我发现了钱学森,其实,是钱学森发现了我。"

历史上的伟人,没有哪一个是靠道听途说、随波逐流成就伟业的,他们大多对事物有自己独到的见解,甚至可能不为人理解,并且这些成功的人都极具创造力。这是因为,他们在大量的阅读和经历后,感受到了其他人所没有的东西,形成了自己的思想体系,对客观世界主观能动地进行探索。大学生要利用好求学时宝贵的时间,有计划、有目的地阅读,从专业精髓到人文典籍,拓宽阅读知识面,搭建自己的知识结构,形成自我的思想体系,不论成熟与否,都有助于个人人生未来的发展。此外,要学会积极地与外界交换思想,与身边的师长、同学朋友沟通,尤其是要利用好和老师、教授沟通的机会。

善于观察,勤于思考的人往往还有一个特点,他们喜欢提出一些具有创意性的想法,这是因为这些人在平时的生活中已经养成了主动思考、主动认识客观世界的习惯。人在孩童时期的创造力最丰富,但由于缺少系统的知识和对客观世界正确的认识,无法独立地将创意的价值发挥出来。随着人的成长、接受教育和社会化训练,人认识世界容易处于被动,尤其是在填鸭式教育、应试教育的背景下,大学生普遍需要进行创意思维训练,建议大学生有意识地提升自我的思想与创意,通过大量阅读、积极参加社团活动、关注新闻时事、选修一些创意思维训练的课程、阅读相关书籍,或收听相关节目等方式,让自己的思想保持活跃。

(二)表达与形式

仅有思想和创意是不够的,通过恰当的表达才能将思想和创意传递到外界。

如果说理解能力是人认识外界的前提条件,那么表达能力就是人与外界建立联系的基础。考察自己是否是一个善于表达并且能够准确表达自己的人,留意身边表达能力强的人,就会发现,他们喜欢在公开场合演讲,用缜密的逻辑和精巧的语言征服听众,传递自己的理念。新人进入职场,能见度是较低的,不善于表达往往意味着缺少存在感,缺乏信任感,甚至被边缘化,长此以往就更不愿意表达。

表达能力包括通过语言、文字、表情、动作等方式清晰明确地向他人传递自己的思想、情感、想法和意图等。

当然,表达要注意形式,特别要注意的是换位思考。新人进入职场在表达自己时主要需要注意的就是要把握好"度",既不能过于张扬,咄咄逼人,以自我为中心;又不宜过于谦虚,阿谀奉承,围着他人转;而是应当找到自我与他人间的平衡点,建立关系思维,站在双方的角度上考虑问题,采用利他的语言和婉转的语言。这样在传递自己观点的同时,还能让他人听得舒服,欣然接受自己的观点。在向上级表达观点时要特别注意,让对方做选择题而不是把问题抛给对方,很多有经验的职场人表示,采用前者谈,成功的概率较大,而采用后者则很难成功。被领导是一门艺术,下面提供一些可操作的建议。

实用技能 5-1　　被领导的艺术

与领导相处是一门艺术，建议读者注意以下方面：

(1) 学做有准备的追随者：关注视野、选择、准备，卖力而不卖命。

(2) 与领导建立正常关系：提倡交互、合理的不平等，不触犯私人领域。

(3) 领会领导的真实意图：若领导含蓄就巧妙探询，站在领导立场想问题。

(4) 不做只听命令的奴才：合理听取，把握好听与不听、做与不做的度。

(5) 达到领导期望的目标：做好领导交办的事，主动请示，及时反馈。

(6) 获得授权时做好本分：多承担责任少争权，不越权弄权失职。

(7) 协助领导管理好下属：管好员工，注意平衡情理法、默契与协调。

(8) 同级之间能分工协作：领导者区别对待要泰然处之、真心帮助。

(9) 追随者自我持续成长：赢得认同、共同晋升、修身养性、获得支持。

与领导相处是一门艺术，不仅仅体现在表达上，还要落实在行动中！

(三) 执行与毅力

行动胜于言语，有了思想与创意，也有了表达与形式，剩下最关键的一步就是落实到实事上了，事情能不能做好要看执行力与毅力了。每个人的执行力和毅力都不同，但执行力并非天生，而是后天形成的，军营中的士兵具备良好的执行力和毅力，这也是他们受人尊敬的重要原因之一。反观一下自己在行动上表现如何？能否做到下面几点要求？

(1) 时间管理：今日事今日毕，不拖延。

(2) 服从性：对团队决策理解了要执行，暂时不理解也要尽力执行。

(3) 责任心：心中想事，眼中有事，主动承担模糊地带工作，遇事不踢皮球。

(4) 同理心：融入团队组织，相互信任，换位思考，积极合作，乐于助人。

(5) 成长管理：学人之长，容人之短，激发自身潜能，创造团队价值。

(6) 谦虚：空杯心态，不骄不躁，先从自身找原因，保持危机感，日毕日进。

(7) 创新：主动变革，拥抱变化，和而不同，保持开放。

以上谈到的是大学生从入学就要注意培养的核心能力，包括“硬核”和“软核”，我们着重介绍了软核心能力的三个方面，而硬核心能力（专业能力）需要在工作中不断实践、锻炼，进而得到强化，至关重要的一环，也是非常容易被忽略的一环就是对于知识的管理。

三、合理管理知识

与工业社会不同，知识社会的生产手段不再是机器，而是人的头脑和双手。知识由两个对立的部分“显性知识”和“隐性知识”构成。在知识一经创造出来很快就会过时的时代，我们唯有合理管理知识才能更好地利用知识。

知识管理涉及知识的获取、存储、利用和分享等，其出发点是把知识看作最重要的资源，把最大限度地获取和利用知识作为提高竞争力的关键。

知识管理首先要求一个人具有较高搜集、查询知识的能力；其次，个人知识结构趋于合理；再次，有足够的知识储备以达到视野开阔、能预见未来的发展趋势；最后，还要积极与专家建立联系、在行业内建立起自己的人脉资源，知道需要的知识去何处寻找。

建议读者学会使用 5W1H 法管理知识：① WHY——为什么学？② WHO——谁懂，谁有好办法？③ WHERE——到哪里找知识？④ WHICH——哪些知识是有用的？⑤ WHEN——什么时候该学什么，优先顺序是什么？⑥ HOW——如何学，最佳路径是什么？

作为一个职场新人，谁都希望组织提供相应知识的帮助，但组织中形成文字的显性知识并不是最重要的，最重要的知识往往是隐性知识，比如财务专员头脑中的企业真实的财务状况，营销人员头脑中的客户关系网，这些知识往往是有价值和有分量的。想要获取这些知识，需要借助关系思维。有几类人尤其值得关注，他们可能成为尽快了解组织、融入组织的突破口：快要退休的人员、不受领导重用的资深员工、即将离职的员工、资深的女员工，他们往往是组织中的弱势群体，比起那些领导办公室的"红人"，他们已是门庭冷落，若有职场新人上前嘘寒问暖，虚心讨教，他们的自我价值感就会骤然增高，并且很乐意地倾囊相授。

知识管理不是简单的知识回炉或返校充电，也不是重新按照以往在大学的方式学习其他知识，而是能理解学习的动机、社会的需求、培养运用知识的能力。知识管理不能只是进行阅读上的积累，更重要的是找到知识增值的有效方法，建立长期的发展能力。个人知识管理的目标在于使知识资本得以体现和增值，不仅要懂得积累知识，更要懂得运用知识和衡量其价值。

从宏观上讲，以市场为导向的这种知识结构调整是有一定道理的，也能使人才的供需得到更好的平衡，但就个体而言，更需要结合自己的优势来安排。性格、气质在职业生涯中有一定影响，个人知识结构也与之配合，才能最有效地发挥潜能。

（一）培养学习能力

大学里的学习绝不只是简单地把书本读会，仅有知识不是智慧，具备运用知识的能力才是智慧。专业知识固然重要，但更重要的是培养自己独立学习的能力。学习能力和勤奋精神远比大学和专业出身重要得多。

有些成绩优秀的大学生在企业里并不是很优秀，是因为他们不具备快速学习的能力。企业需要员工掌握高效的学习方式，例如领导给出一本书，一天后就要拿出一个成果，这就是快速学习法。培养快速学习能力，尝试拿出一个章节在半天时间内看完，合上书本，回忆所学的内容，考察自己是否能理解、复现知识；如果这一章做不到，下一章再来，重新梳理一遍。循序渐进，不断调整，找到适合自己的方法和节奏。

（二）勤于积累知识

关于知识积累的方法，有两点值得强调：一是要重视非正规教育的知识积累过程；二是应该动态地规划知识积累过程，并予以管理。横向观察自己的知识结构，纵向规划自己的知识结构，不断让自己的知识增值。专业知识的更新管理，要对个人知识结构进行分析，相对于社会水平进行评估，对专业知识本身的价值进行评估，并以动态的观点看待个人知识结构，根据需要不断完善、优化。

（三）梳理知识体系

这一技巧的目的在于：搭建个人的知识结构，用于信息的分类与筛选。此时，除了要尽量排除垃圾信息的干扰外，可有可无的信息也应直接删除。搭建个人知识结构，大体上如图 5-3 所示。

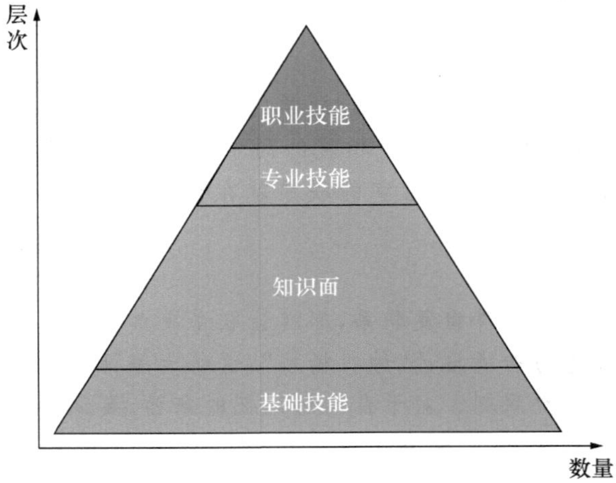

图 5-3　个人知识结构

最下面一层是必备的基础技能，所有包含的条目要保证达标，否则将难以支撑更高等级的技能值。第三层是知识面，这一层讲究知识面的宽度，可将自己的兴趣爱好包括进来，需要注意的是，对这个区域的精力投入要严格控制，达到理解程度即可。第二层是专业技能，是指对个人专业的长远规划，这一层讲究专业，涉及面不要求太宽，应当根据自己的工作及个人特点来精心制定，旨在对自己的职业能力进行补充。最高一层是职业技能，到了这一层面，已经是自己所有能力的巅峰——实际工作能力，这才是个人目前的真正实力，完成一件事主要还是依靠自己现实具备的能力。

根据木桶原理，“知识的吸收”是一个人知识管理的限制性因素，那些不利于自己冲破瓶颈的能力提升，并不能从根本上提升个人的综合能力。由此，与“目标知识吸收”无关的事情要予以控制，避免碎片化信息浪费大量时间。明确规定自己做什么、不做什么；定期剔除无关的、无法辨识真伪的知识，对各种能收集到的资料进行甄别、筛选、消化和提炼，将有益知识“消化吸收”，并随着时间的改变经常性地梳理和调整，建构新的知识体系。

（四）掌握工具与技巧

“工欲善其事，必先利其器”。要做好一件事，一定要做好准备工作或选择好做事方式，工具能够很好地辅助工作，提高工作效率。因此，工作中要经常注意学习和积累，同时，多种工具要融会贯通，灵活应用，才能起到“1＋1＞2”的效果。其中，训练记忆力和培养速读术尤为重要。

为何要提高观察和记忆能力？观察能力是大脑多种智力活动的基础能力之一，是记忆和思维的基础。观察只有在形成记忆之后,才能够成为人的财富,记忆为思维提供了有用的素材。没有记忆的观察是没有意义的观察。职场中,快速、准确地记忆关键人物的名字、容貌以及关键数字等信息对于建立并发展人际关系、高效解决工作中遇到的问题都是至关重要的。下面为读者介绍记忆力训练的四种方法。

实用技能 5-2　记忆力训练方法

1. 重复法

熟能生巧,重复能训练记忆力。例如,同学的名字一次没记住,说明这一次联系还不够。再建立一次联系,记住了这样一个相貌的同学叫杨柳。三次终于记住了,那个长头发、个子高高的女孩子的形象和她名字的联系就在大脑中建立了。这是一种最普通的方法。

2. 深刻法

如果只能看一次,没有条件重复联系,那就让联系更加深刻。这个同学名叫杨柳,抛开其他的事情,集中注意力告诉自己"她叫杨柳",这时大脑活动效率更高,给自己建立的印象更明确,留下的记忆更深刻。对于自己想记忆的东西,要调动自己的兴奋、专注的状态,建立深刻的联系。

3. 网络法

这是一种更完整、更重要的方法。有些事情是不容易记忆的,就好像有些事物、有些信息是不太容易捕捉的。这时候,就要把想记住的事情、现象通过多道联系编织在一个网络之中,才能确立记忆的联系,记得更清楚。例如,这位同学的名字也是两种树的名字,杨树和柳树。为了方便别人记住自己的名字,也可以将自己的名字编入一个网络,例如,我叫白江宁,白色的江水很宁静。

4. 嵌入法

人的大脑就像一个建筑一样,像一个结构非常庞杂的大殿。记忆就是把陌生的内容放到已经记忆的知识结构里,即把新的记忆嵌进旧的记忆中。形成记忆的系统很重要,例如,讲到石家庄,就把它嵌入到脑海的地图中,石家庄在太原的东边,北京的南边,郑州的北面。能把新知识嵌入已有知识的结构之中,就可以把它很好地记住了。

训练记忆力可以为培养速读术做铺垫。

阅读者要掌握精读与泛读技巧,泛读的速度要比精读快很多,但对于信息的捕捉力较弱。对于大部分职业来说,学习、工作和生活中更多时候需要学会泛读,因为时间宝贵,内容却繁多,掌握一定的速读技巧有助于职场人士提高工作效率。

要实现迅速阅读有两种途径,一是缩短每一次的凝视时间,二是增加每次凝视的文字群数量。有实验显示,一般人的凝视时间大都大同小异,故唯有增加文字群一种方法了。欲达到这一目的有以下要诀可供参考:

第一,克服朗读、回读和回跳的想法。有些人阅读速度缓慢,大多是有两个原因:其一是阅读时,喜欢念出声音;其二是阅读后,依然有再重复阅读的念头与习惯。培养整句阅读的习惯，有意识地再做一次凝视，尽量将更多的文字群收在眼底；培养默读的习惯，绝不发声阅读；下定决心，摒弃回读和回跳念头与习惯。

第二，将自己投入阅读内容中。如果阅读时，只是眼睛与文字的接触，而脑海里一片空白，那么，阅读本身就无任何意义可言，徒费时间与劳力。欲排除茫然、无意识地将视线在文字群移动，应做到以下三点：首先，须有明确的目的意识，清晰明确阅读目的，即发阅读的动机与欲望；其次，以一种比平时阅读更快的速度，订立严格的目标，并尽量在期限内完成阅读任务；最后，排除周围的干扰，对阅读内容产生兴趣，有利于集中注意力。

第三，明确阅读目标，抓住主要矛盾。首先，阅读内容概要。看标题、序言、图表等的说明，以判断是否值得阅读，并估算阅读所需的时间。并不是每份材料都需要一字不漏地阅读。其次，找出重要的关键字。在阅读文件的时候，只要遵照 5W1H 法则，快速抓住关键要点，即可达到阅读的目的。这种阅读方式，称为概略阅读。再次，记忆阅读双管齐下。阅读时重要的是寻出重点，将之与自己的经验或知识做一比照与联系，可以帮助记忆以备随时取用。最后，找寻中心思想，掌握作者的写作目的，不要过于拘泥于琐碎细节。

第四，训练速读技巧，培养阅读习惯。更高级的速读能力要求阅读者学会眼脑协同，主动预判与跳读，这就需要在把握已读内容的基础上，思考下面内容中作者将会说什么。具备速读能力不仅意味着能获取大量的新知识，同时也是取得成功的利器。要不断吸收新技巧并将高速阅读培养成生活习惯。如果发现速度已达到最大极限，保持高速阅读一段时间后感到疲劳，则可以看看远处的风景，将头脑放空，放松一下神经。

（五）养成在组织中进行知识管理的习惯

除了书本中呈现出来的知识，还有不少是储存在人脑中的知识。组织中的知识随着人才的流失而消逝，这成为困扰组织管理者的难题，为此，不少组织希望借助知识管理系统来实现组织中的知识共享。

不少公司已经意识到知识管理的重要作用，特别是在技术导向型的公司中，对于经验丰富的技术研发人员，一般更多地安排他们带队伍，培养人才，并且把自己从事技术研发的经验教训和开发流程以书面的形式整理出来，为今后的技术研发提供指导。作为组织中的员工，应具备在组织中管理知识的意识，学习吸收知识和经验，将自身的知识和经验整理归纳，定期整理，分享高价值的知识。

四、有效管理时间

面对堆积如山的事务，是否曾希望自己有三头六臂，以处理那些似乎永远做不完的工作？但是一天仍然是二十四小时，对每个人都是公平的。时间是每个人都拥有的资源，但又具有稀缺性、不可替代性。正是时间的稀缺性体现了生命的有限性。一个管理者是否卓有成效首先表现在对时间的管理上，表现在能否科学地分析时间、利用时间、节约时间、管理时间，进而在有限的时间里，实现自身职业价值的最大化。下面为读者介绍时间管理方法。

（一）四象限时间管理法

四象限时间管理法就是按照重要和紧急两个不同的程度将工作的内容进行划分，分在四个象限,时间管理的四象限如图 5-4 所示。

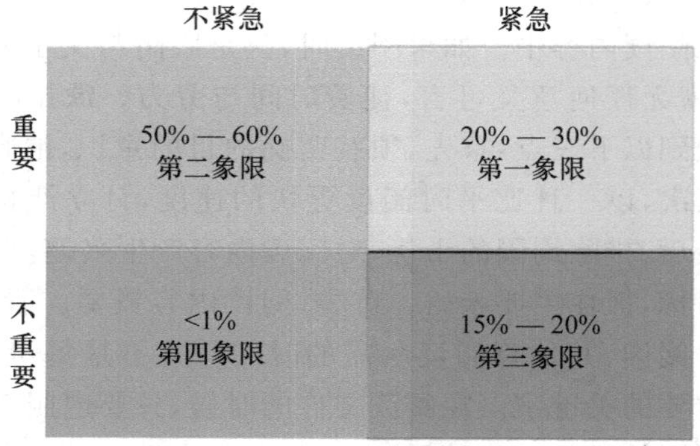

图 5-4　时间管理“四象限”

从图 5-4 可以看出,工作内容可分为四类:既紧急又重要、紧急但不重要(如电话铃声、不速之客、部门会议等)、重要但不紧急、既不紧急也不重要(如上网、闲谈、邮件、写博客等)。按处理顺序划分:先是既紧急又重要的,接着是重要但不紧急的,再到紧急但不重要的,最后才是既不紧急也不重要的。“四象限”法的关键在于管理者要把 80%的精力投入到第二象限的工作中,以使第一象限的“急”事尽可能少,不再瞎“忙”。

第一象限是既紧急又重要的事情,如客户投诉、即将到期的任务、财务危机等。这一类事情具有时间的紧迫性和影响的重大性,无法回避也不能拖延,应当首先处理优先解决。它表现为重大项目的谈判、重要的会议工作等。要学会判断,因为生活中第一象限的事并不多。

第二象限是重要但不紧急的事情,如建立人际关系、职业生涯规划、员工培训、制定防范措施等。在四个时间象限中,最有价值的象限就是第二象限,对于个人或者企业的存在和发展以及周围环境的建立维护,都具有重大的意义。而这些事情往往被人们所忽视。生活工作中有很多事情,需要未雨绸缪,这就是制订计划的原因。制订计划的目的是把那些重要而不紧急的事情,按部就班地高效完成。为此要学会怎样制订计划,怎样做准备。

第三象限是那些紧急但不重要的事情,如电话铃声、不速之客、部门会议等。这些事情很紧急但并不重要,具有欺骗性。并非紧急的事情都重要,实际上,像无谓的电话、附和别人期望的事、打麻将三缺一等事件都并不重要。这些不重要的事件往往因为它紧急,就会占据人们的很多宝贵时间。

第四象限是既不紧急也不重要的事情,如上网、闲谈、邮件、写博客等,大多是些琐碎的杂事,既没有紧迫性,又没有重要性。在完成重要和紧迫的事情后,可以做一些第四象限的事情放松身心,其他时间进入第四象限则价值不大。避免长期发呆、上网、闲聊、游逛,学会珍惜自己宝贵的时间。

四象限时间管理法的精髓在于:一方面,要走出第三象限。具有假象的第三象限因为它的紧急性往往使人们难以脱身,所以人们经常会跌进第三象限而无法自拔。另一方面,投资第二象限。第一象限的事情重要而且紧急,由于时间原因人们往往不能做得很好。

第二象限的事情很重要，而且会有充足的时间去准备，有充足的时间去做好，回报最大。

（二）“二八”法则

按事情的重要程度编排行事优先次序的准则是建立在“重要的少数与琐碎的多数”原理的基础上的。在任何特定群体中，重要的因子通常只占少数，不重要的因子则占多数，因此只要能控制具有重要性的少数因子即能控制全局。这个原理经过多年的演化，已变成当今管理学界所熟知的“80/20”原理——即80％的价值是来自20％的因子，其余20％的价值则来自80％的因子。例如，80％的销售额是源自20％的顾客；80％的看电视时间都花在20％的节目；80％的电话都是来自20％的发话人；80％阅读的书籍都是取自书架上20％的书籍；80％的看报时间都花在20％的版面等。

“80/20”原理给我们的一个重要启示是：避免将时间花在琐碎的80％问题上，因为就算花了80％的时间，也只能取得20％的成效。所以，应该将时间花在重要的少数20％问题上，即可取得80％的成效。掌握重点可以让工作计划不致偏差。一旦一项工作计划成为危机，犯错的概率就会增加。人们很容易陷在日常琐碎的事情处理中，但是有效进行时间管理的人，总是确保最关键的20％的活动具有最高的优先级。总之，“二八”法则提醒我们要把时间花在最重要的事情上，才能实现事半功倍的效果。

针对大学生，当务之急是怎样在已有专业学习的基础之上，根据自己近期的职业目标，调整自己的知识结构，制订出一套切实可行的时间管理方案。如果找工作，要先合理地把找工作的时间和学校的毕业相关工作协调好；如果考研，要分配好复习的时间；如果考虑出国，也要规划时间，选择毕业后立刻出国留学还是先工作几年再出国。这些都可以按照前述的时间管理的工具和方法去设计，同时还要以一定的眼光和先见力，结合自己的核心能力加以选择。有效的时间管理是提高效率的要诀，不仅要掌握时间管理的方法，还要注意抓住时间管理的七个核心点。

实用技能5-3 时间管理的七个核心点

1. 提前点：超前规划，提前到岗，主动迎接和提前开小会。
2. 准时点：准时是贵族的气质。
3. 及时点：不拖拉、不欠账、防止遗忘，今日事今日毕。
4. 价值点：用勤奋、专业和思想提升自己时间的含金量。
5. 反馈点：事后汇报并感谢，每件事后、每天、每周总结和改进。
6. 闲散点：有，更要用好，人与人的差距源于此。
7. 转折点：不同内容、不同角色的自然转换，从量变到质变的飞跃。

案例思考

1. 案例5-1中，褚时健为什么选择二次创业？这对我们有什么启示？

2. 您认为今后如何使自身在组织中得到更好的锻炼和成长？案例 5-5 给您什么启示？

3. 结合案例 5-6 中布鲁斯·科查德的故事，谈谈您如何看待目前新生代员工中频繁的跳槽现象？

4. 案例 5-7 中，如果您是小李，将会如何处理自己与领导的关系？

❑ 读者建议箱

1. 致学生：

对于在校大学生而言，如何做好知识管理呢？笔者建议，首先应注意搭建自己的知识结构平台。例如，理工科的学生有机会可以涉猎一些人文社科方面的知识，人文社科的学生也需要对于理工科的常识略知一二，这样才不会犯一些常识性的错误或显得孤陋寡闻。在求职面试或出席重要活动之前，查一下历史上今天发生的事情，交流时谈到会显得我们知识渊博。平时有机会与其他专业的老师、同学做一些沟通，可以一定程度上弥补自身知识体系的短板。养成看新闻的习惯，以避免和别人交流时无话可谈的尴尬处境。

在时间管理方面，为自己制定一份时间管理规划表，明确什么时间应该做什么。注意任何时候随身携带纸、笔和书，以充分利用短暂的闲暇时间并及时记录下头脑中一闪而过的灵感。另外，需要注意工作的转换，当长时间持续做某件事至产生厌倦时，可以通过与他人沟通或进行运动加以排遣。

2. 致家长：

作为家长，要从小培养孩子时间管理的意识和核心能力，注意打开孩子的视野和“井盖”，通过引导孩子多读书，多思考，让他们学会独立地思考和做出判断。

3. 致组织管理者：

在组织中，要有意识地引导和帮助新员工正确认识并处理好与组织之间的关系，同时要注意培养员工的核心能力，向他们传授一些日常工作中做好知识管理和时间管理的小技巧，提高员工的工作能力和工作效率，以更好地提升组织绩效。

第六章

人际技能与自我成长

本章要点

1. 人际技能是每个人应具备的基本能力，个体的自我成长离不开人际关系；同时，自我成长也是人际技能提升的关键，个体既要“埋头苦干”，又要“抬头看路”。因此，个体需要依据互动交换的原则构建并维系关系网络，并注意不被关系所束缚。

2. 在大学，重要的是通过人际技能的培养做好自我呈现，增强自我认知与人际沟通能力，提升情绪商数与道德商数的水平，展现自己的竞争优势，从而成为一个善于自我成长、善于合作的强者。

3. 人际沟通贯穿个体整个职业生涯，沟通对象既包括生活中的家人、朋友，又包括职场中的领导与同事。个体必须选择适合的沟通方式，在双向沟通中分别扮演好信息发送者和信息接收者的角色，从而达到关系的和谐，形成良好的人际氛围。

4. 人际关系是动态的，在人生的不同职业生涯时期，关系都在不断地发展变化。无论是个体还是组织，要想获得长远的发展，自我成长很关键。只有自我成长，才能为自己的职业生涯不断铺就向上的通道。

第一节　人际技能与自我成长的关系

勤奋、努力、毅力一直被人们视作成功的必备要素,然而我们身边同时具备这些特质却没有成功的人不知凡几。可见,仅有这些要素是不够的,还需要一定的技巧,这就离不开人际关系。

戴尔·卡耐基(Dale Carnegie)说过,一个人的成功,15%归功于他的专业知识,85%归功于人脉关系。只有建立起良好的人际关系,才能最大限度地发挥自己的潜能。所以用心构建并维系人际关系是个人职业生涯发展的关键。

一、人际技能是每个人应具备的基本能力

人际关系主要是指个人与他人之间通过相互交往和作用而形成的一种心理关系,或称心理距离。人际关系主要可划分为三个维度,即家庭、学校和职场。

人的一生中有两个家庭,一个是原生家庭,另一个是新建家庭。原生家庭是每个人无法选择的成长环境,也是我们人际关系的最初来源,个体将来的人际关系能够在原生家庭中找到初始的影子。新建家庭是个体长大后进入婚姻时所组建的家庭,对于准备组建或组建家庭的人职者来讲,双方工作地点、工作性质及财务状况都可能对家庭产生相当大的影响。

案例 6-1　　同事不是家人

小欣出生在一个条件优越的家庭,几乎所有事情都是父母一手包办,她也几乎没做过家务活。小欣毕业后到外地工作,一时间什么事情都要自己打理,常常力不从心。幸好有一位比她年长许多的女同事对她百般照顾。小欣感激之余,总会对她说些自己的隐私。

没有多久,她们为一件小事吵了一架,女同事一时口快,把小欣的秘密全部说了出来。小欣又气又恼,她说:"我还当她是自己的亲妈呢,她怎么能这样?"

在职场中,处理好同事关系对提高自己的"办公室情商",增强自己的职业竞争能力是非常重要的。案例 6-1 中的小欣,因一开始错把同事当成家人,为以后自己在公司的人际关系埋下了隐患。职场中的上下级关系也是我们非常关心的,下属对上司的推崇、在不同场合的介绍必不可少。同时,下属工作时也离不开上司的支持与推介,如案例 6-2 所示,这是一个相互成就的过程。

案例 6-2　支持性的上下级关系

当时我刚进公司不久，还是个小喽啰，我的上司是外地派过来的，与他共事的那一年，成为我职业生涯中的一段美好的回忆。他是个很强势的区域经理，在总部能要到很多资源，但是绝不会轻易插手我的工作，总是让我按自己的思路操作市场，需要资源与支持时找他，当然前提是他知道我做事情比较认真，也有些思路。

他是个很善于赞扬别人的区域经理，特别是在经销商面前总是把功劳说到我的头上，夸奖我能干。我也在各种场合，表达对他的尊敬与推崇。他喜欢走市场，并在走访的过程中不断地给我指导和培训，对于他指示的工作，我也是不折不扣地执行。

说实在的，当初我并不知道什么叫“支持性的上下级关系”，而今，当我自己从事多年的管理工作之后，从不懂得带团队到现在懂得传帮带，从凡事总不放心喜欢插一手到现在懂得授权，从不懂得赞美下属到现在懂得适时为下属立威造势。我真正开始明白“支持性的上下级关系”在职场中是多么的缺乏又是多么的重要！

师生关系是老师和学生共同投资于双方未来的一种相互成就的关系。在学校里，老师为学生提供指导，在企业和单位中老师对徒弟提供支持，不论是传授专业知识，还是做人做事的方式，都对接受者有潜移默化的影响。当今社会对人才的需求种类与程度都发生了量与质的变化，很多学生在校时常与老师进行沟通，从老师的身上汲取一定的经验。这为学生将来的职业发展奠定了良好的基础。

人际技能是每个人都应具备的基本能力，但人际关系的构建不是一蹴而就的。一般而言，这个过程要经过打破陌生、接触认知、交流沟通和吸引依赖四个阶段，如图 6-1 所示。

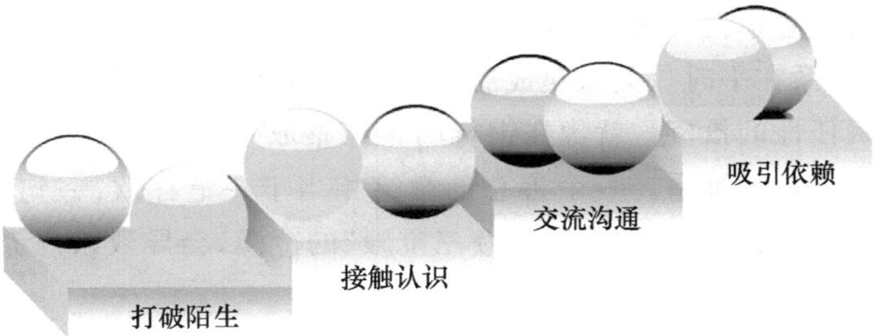

图 6-1　关系构建的四个阶段

开始时，在一个偶然的机会，一方引起了另一方的注意，从而产生了交往的兴趣。接着一方开始关注对方的言行举动，通过一些渠道获取对方的资料，并设法与对方取得联系。然后等到彼此均确认相互交往时，两方就进入实质性的交流。随着双方交流频度的增强，相互的信息和情感交流也在加深，相互的依存性甚至依恋性也在与日俱增，感情渐笃。最后是吸引依赖阶段，如果这个时期双方均认为交往的相互满意度很高，依存性也越来越强，就达到彼此信赖的更高阶段的关系。

实际交往过程中,阶段的时空距离可能会自然缩短。但如果完全不顾人际关系阶段存在的客观性,甚至对关系的状况进行主观臆想,往往会造成麻烦甚至不可挽回的关系困局。例如,从人际关系交往必经阶段的角度分析,闪婚的情侣,一旦关系无法继续,随时有关系终止和被另一方淘汰的可能。此外,无论处于哪个阶段,都要注意人际交往的底线。

案例 6-3　　独特的袖手旁观

一天,富兰克林和年轻的助手一道外出办事,来到办公楼的出口处时,看见前面不远处正走着一位妙龄女郎。也许是她步履太匆忙,突然脚下一个趔趄,身体失去平衡,一下子就跌坐在地上。富兰克林一眼就认出了她,她是一位平时很注重自己外在形象的职员,总是修饰得大方得体、光彩照人。助手见状,刚要迈开大步,上前去扶她,却被富兰克林一把拉住,并示意他暂时回避。于是,两人很快折回到走廊的拐角处,悄悄地关注着那位女职员的动静。

面对助手满脸困惑的神情,富兰克林只轻轻地告诉他:不是不想帮她,只是现在还不是时候,再等等看吧。一会儿,那位女职员就站起来,她环顾四周,掸去身上的尘土,很快恢复了常态,若无其事地继续前行。等那位女职员渐行渐远,助手仍有些不解。富兰克林淡淡一笑,反问道:年轻人,你难道就愿意让人看到自己摔跤时那副倒霉的样子吗?助手听后,顿时恍然大悟。

行走在人生的旅途上,谁都会有"摔跤"的时候,就像案例 6-3 中的女职员,这时她最需要的是有一个独自抚平创伤的时间和空间。当自己向他人表达善意、施予关爱时,千万别误伤了对方的自尊,哪怕他(她)是自己最亲近的人。因此,个体在关系的构建过程的各个阶段,都要注意掌握方法,把握好关系的度,进退得当。

人际关系的维系在平时。关系建成后,万不可抱着做"甩手掌柜"的心态。关系是一种付出,是一种责任性的投资。就像在银行的零存整取一样,人与人之间也有一个关系银行,通过平时的储备来维系。一个善意的微笑相当于一笔存款,一句尖酸刻薄的话等于提款。在现代忙碌的生活中,"无事不登三宝殿"的冷漠,会导致账户赤字,损害自己与他人的情感关系。

生活的忙碌让我们没有太多时间应酬,日子一长,许多原本牢固的关系也会变得松散,朋友之间逐渐淡漠,这是很可惜的。只有将对感情的投资从平时有意无意的储蓄变成一种习惯,关系才会更加持久和牢固,才会给个体的工作和生活提供保障和源源不断的心理动力。案例 6-4 中,刘姥姥救巧姐的故事正是印证了这一点。

案例 6-4 刘姥姥为何要救巧姐

提到《红楼梦》中的王熙凤，我们想到的是心狠手辣、一手遮天。而与贾府八竿子打不着的远房亲戚刘姥姥，虽然本就贫苦，却在贾府被抄时，不顾一切地把王熙凤的女儿巧姐救了出来。

刘姥姥第一次进荣国府，王熙凤善待了这个远道而来的穷亲戚。刘姥姥带着孙子来打秋风，想借一些银子度过年关，但一直张不开口。王熙凤先说如今家事繁杂，忘记了你们这些亲戚。然后说，贾家表面风光其实各有各的难处。这两句话给了刘姥姥台阶下，缩短了与刘姥姥的身份差距，虽然各家有各家的困难，凤姐也给了刘姥姥二十两银子，并且说：暂且给孩子做几件冬衣，若不拿着，可真是怪我了。让施舍变成了长辈给晚辈做冬衣的爱心和得到谅解的希望。

刘姥姥二进荣国府，给太太小姐们带了自家种的蔬果粮食。凤姐请刘姥姥给自己女儿起了"巧姐"这个名字，并安排刘姥姥游园子逗贾母开心。凤姐虽有捉弄她的意思，但在刘姥姥要走时吩咐平儿说："明儿咱们有事，恐怕不得闲儿。你这空儿把送姥姥的东西打点了，她明儿一早就好走的便宜了。"刘姥姥走时拿了一百多两银子，府中的人还送了好多东西给她。平儿替她收拾好了，一早打发小厮雇了辆车给她装上。刘姥姥在凤姐的呵护下满载而归。

刘姥姥三进荣国府。因听说贾府抄家，着实忧心，"几乎唬杀了"。次日天没亮就赶着进城来了。当时凤姐已是"神衰鬼弄人"。看着凤姐骨瘦如柴，神情恍惚，刘姥姥不负凤姐，患难见真情，连夜回村庄替凤姐许愿求菩萨。

刘姥姥四进荣国府。一干狠舅奸兄合谋摆布巧姐，要把她卖给一个外藩王爷。平儿和王夫人无计可施，心急如焚。这时刘姥姥忽然到来，东观阁批曰："南无救苦救难观世音菩萨！好了，好了！"

刘姥姥仗义营救巧姐是真正的大情大义，非别人能及。

王熙凤当初用自己对刘姥姥的一点同情心态，换取了女儿的免遭厄运。虽然自己得到了因果报应，但她对刘姥姥的两次善举，得到了刘姥姥两次真情回报，给自己的女儿在危难中留了一条后路。

二、自我成长是人际技能提升的关键

成长之前，自己去寻关系；而成长之后，关系来寻自己。可见，自我成长与人际技能的提升是辩证的相互促进的关系。人际技能离不开与自我的关系，而自我关系的管理也需要通过自我成长来逐渐完善。在成长过程中，个体首先要遵循自然成长的规律，并在此基础上，不断地提高自我，完善自我。

正如杜月笙所言：头等人，有本事，没脾气；二等人，有本事，有脾气；末等人，没本事，大脾气。在自我成长之前，一个人可能表现得自以为是，将所有的问题都归罪于外部因

素。而自我成长之后,个体更倾向于积极处世,怀有谦卑之心。自我成长既包含软成长,也包含硬成长,如表6-1所示。

表6-1 软成长与硬成长

软成长	硬成长
气质不凡	内心强大
品位高雅	身体强健
形态优美	人脉丰富
情景反应得当	能力过硬
情商高	懂得专业知识
拥有无形资源	有形资源充沛

无论在自然界还是在社会中,都是强者制定规则,因而个体要想在复杂社会中获得生存发展,首先要适应规则,在此基础上主动寻求成长,外界的各种“生存检验”也迫使个体不断被动成长。

主动成长,要提升生存能力。一是独立自主的能力,陶行知说过:“滴自己的汗,吃自己的饭。自己的事情自己干,靠人靠天靠祖上,不算是好汉。”二是自我控制的能力,每个人都有惰性和欲望,只有具备了自控能力,才具备掌握自己人生的条件。尤其是透支体力,不注重健康饮食和锻炼的年轻人,随着工作的逐渐深入,一旦感觉身体难担重任,往往就已经埋下了深深的隐患。三是整合资源的能力,成功者总是能够根据自己的发展规划和市场需求对自己拥有的资源进行优化配置,以凸显自己的核心竞争力,这就是资源整合。

主动成长,要培养先见力。先见力是对问题进行有创造性和建设性的判断、预判的能力。日本学者大前研一认为,培养先见力最重要的就是破除陈旧思想,凡事抱有追根究底的态度,不断尝试错误。第一,提早准备,抓住时机;第二,怀疑常识,勇于质疑;第三,因势利导,开创蓝图。

主动成长,要离开舒适区。每个人都有自己的舒适区,但个体若想跨越自己目前的成就,就不能划地自限。这就要求我们勇于接受挑战、充实自我,勇于拓展社交圈。游走在不同的社交圈不仅需要他人做自己的桥梁,也需要成为别人的桥梁,可以试着把别人介绍给他们无法接触到的某个人,或者与别人分享他们无法接触到的某种经历。

主动成长,要沉淀核心专长。一个核心专长突出的人,才具备与人合作的条件。核心专长主要有技术及学习能力、读写表达能力、语言沟通能力、创新能力、变革能力、组织能力、协调和合作能力等。

案例 6-5 从迷失到坚定，是一种成长

都说爱美和购物是女生的天性，但也有女生对打扮和时尚一无所知，电影《穿普拉达的女王》中的安吉丽雅，就是其中之一。

电影中，女主因机缘巧合进入一家顶级时装杂志社 *Runway* 工作，成为总编米兰达的助手，开始了她的“噩梦”：脾气古怪的上司、被安排得满满的工作、冷嘲热讽的同事……这些都让她觉得崩溃。

她发誓要改变自己，劝自己只要在这里坚持满一年，就能离她实现记者梦更进一步，慢慢地她不那么讨厌这份工作了。不论在哪里，只要上司米兰达的电话一响，她就会立刻接起，解决她的问题。她主动了解米兰达的需求，争取将所有的事情做到极致。

这样的她让米兰达刮目相看，而安德莉娅也为自己能得到认可沾沾自喜。渐渐地，她发现自己的生活改变了。

和男友、朋友、家人在一起的时间慢慢变少，朋友越来越不理解她，和男友之间的关系也渐渐淡了。原来经常抱怨工作、讨厌时尚的她，开始向别人解释时尚的定义和优势，甚至开始为自己的“恶魔”上司打抱不平。原先不被信任的她，开始被一点点信任，甚至重用。

“我真的在你身上看到很多与我相似的地方，你能看透别人的想法和需要，你会为自己做出选择。”这是米兰达对安德莉娅的评价。安德莉娅可不是一开始就能看透别人的想法和需要的。在最开始，她无奈于米兰达的挑三拣四，觉得自己一直在做一些琐碎的小事：“我明明做得很好了，她为什么还不满意?”

安德莉娅理解了米兰达的家庭矛盾：夫妻关系紧张，为了工作没有时间和自己的孩子在一起。面对米兰达，安德莉娅从刚开始为了证明自己而工作，到为了分担米兰达的劳累而工作，经历了质的改变，也让她渐渐懂得了去理解别人。她在杂志社的这段时间，让她从迷失到坚定，获得了成长。

案例 6-5 中安德莉娅的故事告诉我们，每个人的核心专长都是在学习工作中一步步积累的，只有在工作中逐步提高自己的专业能力，才能达到事业的巅峰。主动成长的同时，外界的各种“生存检验”也迫使个体不断被动成长。

被动成长，要勇于直面批评。批评是一根标尺，如果有人能当面指出自己的缺点和错误，首先应该为自己结交了一位诤友而感到高兴。其次，应该虚心接受意见，如果自己确有错误，要勇于认错，并赔礼道歉；如果是误解，可以解释清楚，切忌反唇相讥。最后，要进行自我反思，在行动上弥补自己出现的错误，也可以做点别的事情来转移自己的注意力。

被动成长，要锻炼逆境商。逆境是生活中不可避免的一部分，坦然面对挫折，是一个人成熟的标志之一。具有高逆境商的人，自然能够在任何情况下秉持自己的信念；而低逆境商的人则没有这种坚持到底的勇气与毅力，往往在希望来临前就放弃了自己。

被动成长，情场失意时寄情职场。情场失意，却都没有放弃人生追求的名人，国内有

著名哲学家金岳霖和经济学家陈岱孙等，国外有伊丽莎白一世、诺贝尔、案例6-6中的简·奥斯汀等。情场失意或许会让人暂时萎靡不振，但只要及时调转方向，就可能成为职场得意的开端，这何尝不是“失之东隅，收之桑榆”呢？

案例6-6　　简·奥斯汀

两百多年过去了，很多女人依然羡慕英国作家简·奥斯汀的生活状态，她的文字曾经点亮整个世界。她曾有过一段刻骨铭心的初恋，后来天各一方，失恋后的她心灰意冷，一生致力于创作。

简·奥斯汀从小在一个贫寒的牧师家庭长大，她饱读诗书，酷爱写作。与很多父母渴望自己的女儿通过嫁给有钱人改变命运一样，奥斯汀夫妇也不例外，他们希望简·奥斯汀嫁给富有的卫斯理先生，然而却被精神独立、有主见的简坚决地拒绝了。

在一次舞会上，简·奥斯汀遇见了爱尔兰人汤姆。这个年轻的实习律师帅气逼人，但偏偏是一个生活拮据的穷小子。两人在陷入爱河之后，不顾众人的反对，准备私奔，简·奥斯汀无意间发现汤姆家全靠他一个人支撑着，在现实的压力下，简·奥斯汀放弃了私奔，成全了汤姆。

简·奥斯汀一生未嫁，写出6本小说，都是传世之作。其中《傲慢与偏见》《理智与情感》，多次被改编为戏剧、电影。奥斯汀的文学作品诙谐又不失深刻，她将自己的婚姻、爱情观留在了作品里。

第二节　大学中的人际技能与自我成长

一、了解人的多样性

当从家庭的小环境走入校园的大环境时，我们遇到的人越来越多，会发现不是每个人都和自己或身边的人一样。在与不同的人相处时，我们可以明显感受到他们身上各自的特点。

大学是一个社交广泛、了解人的多样性的关键场所。在校内，通过每天与舍友打交道、与老师接触、参加社团，可以结识不同地域、不同性格、不同背景的人。在校外，通过做兼职和社会实践，可以认识职场上的朋友，了解不同领域的人。

人与人在很多方面都存在着差异，如原生家庭的差异、立场差异、背景差异等。我们越了解这个世界的多样性，越能够明白有多少不同的人，也就越了解人的心理、行为与人性。在此基础上，像案例6-7中的俞敏洪一样，尊重差异、调整自己，才能迅速适应校园生活，为自己以后在社会中的人际交往做好铺垫。

案例 6-7

俞敏洪的大学生活自述

我在大学一直是特别愿意跟别的同学打交道，并且很愿意贡献点什么的人。在宿舍里扫地打水就不用说了。一般请客吃饭，即使我很穷，如果口袋里有两块钱，一定会抢着付钱，这也算是一种态度。

刚进入大学时，我普通话都说不好，和班上同学交流很困难。当时王强是班长，我想提升自己的文化水平，就给他写信请教如何读书。虽然王强每次回信都免不了批评我一番，但因为我脾气好，又是真心想向他学习，所以我都接受了他的批评教育。

在宿舍，我永远是帮大家打热水的那个人。至少他们能想起来我在大学的时候，真的是一个不错的人。这也是我做了新东方以后，到国外去振臂一呼，大学同学就回来跟我一起来干的原因。在大学时，我们班班长、团支部书记、我的舍友，他们都比我有见识，我从他们每个人身上都学到了不少。

后来我担任北京大学企业家俱乐部第一届理事会长，这个圈子的人都是名牌大学毕业，谁都不比谁差，所以我唯一能做的就是老老实实为他们服务。这既赢得大家对我的好感，也使我在无意当中建立了自己的人脉，这些人未来或近或远都是我的朋友。

二、学会沟通很关键

在人与人接触的过程中，不同的能量相互碰撞，就会产生磁场。彼此调整自己的频率，就会形成人际关系。而人际关系中的沟通就是对准频率的过程，频率不对，对方就会听而不闻、视而不见、沟而不通。在大学，做好信息发送者和接收者的角色，你来我往，方能够保障人际沟通的顺畅进行。

如图 6-2 所示，沟通的过程包含信息发送者和信息接收者两类角色。

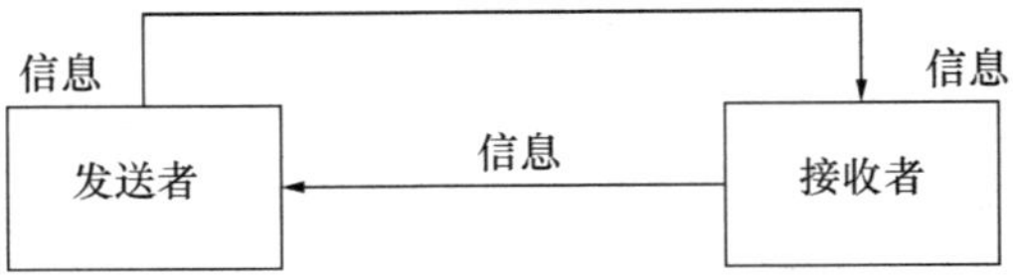

图 6-2 沟通中的角色

作为信息发送者，需要做到以下几点：明确沟通目的，有针对性地抓重点，把话说在关键点上；调适自我情绪，提前为负面情绪准备一个情绪的中转站；重视沟通重点，人的注意力只有 10 分钟，因此在沟通中不可太注重细节，否则就会偏离主题；重视沟通表述，学会通过改变语气、语速，以优美的语句来传达信息。

作为信息接收者，需要做到以下几点：保持专注，养成做记录和与对方眼神交流的习惯；适宜提问，双向互动是保证沟通质量的基础，偶尔按照谈话的逻辑提一些问题，不仅是对说话者的一种肯定，也能够对自己的判断有深入具体的了解；反馈与回应，可以激励说话者深入沟通的意愿，不让说话者产生“跟他讲话好没意思”的印象。

案例 6-8　秀才买柴轶事

有一个秀才去买柴,他对卖柴的人说:“荷薪者过来!”卖柴的人听不懂“荷薪者”(担柴的人)三个字,但是听得懂“过来”两个字,于是把柴担到秀才前面。

秀才问他:“其价如何?”卖柴的人听不太懂这句话,但是听得懂“价”这个字,于是就告诉秀才价钱。秀才接着说:“外实而内虚,烟多而焰少,请损之。”(你的木材外表是干的,里头却是湿的,燃烧起来会浓烟多而火焰小,请减些价钱吧)但是卖柴的人这次一个字也没有听懂,于是担着柴就走了。

案例 6-8 中的秀才,作为一个信息发送者,不了解沟通对象的思维方式、表达习惯,以自我为中心,让人啼笑皆非。所以平时交流一定要用对方理解的语言来传达信息,而且对于说话的对象、时机要有所掌握,有时过分的修饰反而达不到想要达成的目的。

人与人之间的矛盾和冲突大多是由于沟通不畅导致的。就像一个“心锁”,找到“钥匙”才是解决问题的关键。“心”是纽带,个体只有用心沟通才能有效传达自己的想法并达成目的。人际沟通,应该从心开始。

人际沟通,应该顺应需求。“己所不欲、勿施于人”是交往中的黄金原则。不要有太多“自以为是”的道理。如果对方喜欢直截了当的交流方式,那么在沟通时就不要长话连篇,事无巨细。

人际沟通,应该注意把握距离。与上司或是同事交往,如果关系太过亲密、公私不分,往往容易吃大亏,案例 6-9 中秦璐与上司的故事深刻印证了这一点。

案例 6-9　办公室友情

秦璐刚进公司时就和她的女上司梁姐非常合得来,而且两人年纪相仿,说话办事的方式也很合拍。为此两个人私下常常会相约一起逛街,一起看电影。因为和上司熟,秦璐便不怎么避讳跟梁姐的相处,经常不自觉地会把她们私下交往中的相处模式带到职场中,甚至有时还会旁若无人地互相开玩笑、起外号。

一来二去,办公室里几乎所有人都知道了梁姐跟秦璐要好,开始议论纷纷。渐渐地,秦璐发现同事对她的态度有些不同了,之前同事有意见都会直截了当地说出来,现在却变得非常客气。

有一次,同事有事找梁姐,说是一个客户想要临时更改签约条件,急着等回复,可梁姐这时恰好不在。那个同事便过来找秦璐,说她平时跟梁姐经常打交道,问她这件事该怎么处理。秦璐一开始并不想拿主意,但禁不住同事的劝说,给出了建议。

没想到,事后客户翻了脸,一气之下毁了约,给公司带来了很大一笔损失,而传到上级耳朵里的说法是“这都是梁姐的意思”。事后梁姐才知道是秦璐做的决定,一气之下将她调离原部门,派去了分公司。

人际沟通,做好闭环管理。沟通的闭环管理体现了交互式的系统流程,可以将其理解为我们平时所说的 PDCA 循环系统,如图 6-3 所示。

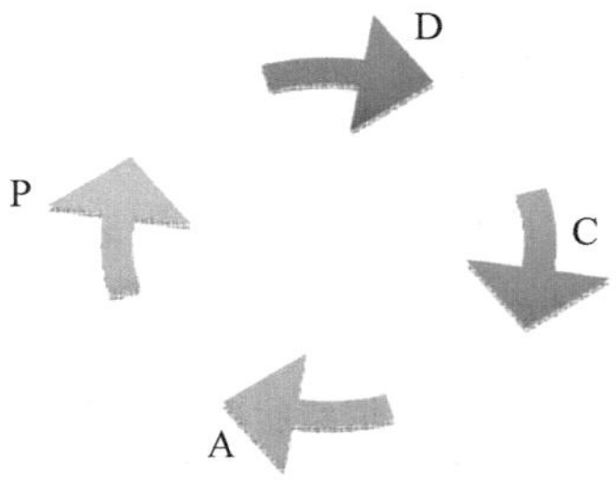

图 6-3　PDCA 循环系统

P(plan)是计划,D(do)是执行,C(check)是检查反馈,A(act)即是处理。当我们要发送信息给对方时,首先要制订计划,清楚本次沟通的目的、沟通对象的背景与能力,设计出适宜对方的沟通方案;然后,要根据设定的目标,执行方案;再次,要将执行过程中的结果与预期结果相比较,找出差距并制订改进计划;最后,落实改进计划并随时总结经验。通过 PDCA 系统的循环,沟通质量便会在持续性的改善过程中不断加强。

做好闭环管理,这里有四条小策略:第一,“好记性不如烂笔头”,记下要做的工作;第二,随时翻看自己的待完成事项,在要求的时间前完成,并及时汇报;第三,如果是时间周期比较长的事情,最好分解成不同的阶段,制订好工作计划;第四,就算领导不主动问起,也应该在一定阶段主动向领导汇报,让领导及时知道事情的进展会让他更加放心。

人生无处不沟通,无时不沟通。自我们呱呱坠地、牙牙学语起,我们的沟通旅程便开始了。无论是在生活中还是在职场中,我们都离不开沟通。为此,本书作者之一刘平青老师在中国大学生慕课平台开设了免费课程“沟通与人生”(“沟通与人生”是面向大学生或职场人士的通识课程,突出问题意识,强调有趣、有理、有用,通过大量案例和访谈,帮助学员架起内接自我、外通世界的沟通桥梁,形成系统的沟通思维,提升专业的沟通能力,实现快乐人生,欢迎读者登录中国大学生慕课网学习)。

三、提升情商有必要

“情绪”一词来自拉丁语“motere”(意为行动),表示促使个体采取某种行为的驱力,它是个体受到某种内在或外在的刺激所产生的一种身心状态。

美国心理学家阿尔伯特·埃里斯(Albert Ellis)从认知角度,用 ABC 理论揭示了情绪的主要来源。该理论认为,人的情绪和由此引发的行为不是由于某一激发事件直接引起的,而是由于经受这一事件的个体对它的认知和评价引起的,如图 6-4 所示。

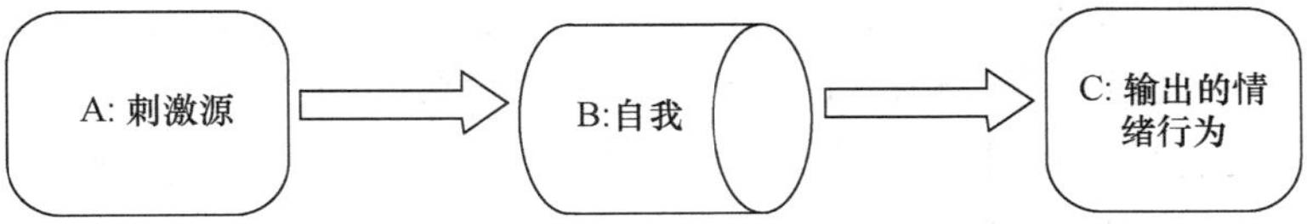

图 6-4　ABC 理论

个体对诱发事件的认知,分两种情况:一种是理性的,即对诱发事件或情境的自我感知,会引发健康的情绪;另一种是非理性的,即自我伤害的、自我挫败的、不适应的感知,将会导致不安的情绪。因此,个人面对外界刺激,要注意区分感受和情绪。感受是外界刺激源作用于自我时产生的感觉,而情绪是经过自我加工后对外界刺激的输出。

英国情绪心理学家吉尔·丹恩(Jill Dann)将人类的基本情绪分为狂躁、悲伤、开心、担忧及其他五种类型,并编写了相应的情绪状况识别表(见表 6-2)。在日常生活中,可以根据情绪的状态及特点,判断出自己是处在怎样的情绪之下。

表 6-2　情绪状况识别表

狂躁类	悲伤类	开心类	担忧类	其他类
愤怒	郁闷	逗乐	害怕	深情
讨厌	压抑	舒服	躁动	无聊
羞愧	消沉	满足	孤独	封闭
贬损	沮丧	着迷	尴尬	合作
内疚	哀伤	兴奋	焦虑	惊讶
恼怒	低沉	得意	迷乱	怜爱
嫉妒	落魄	激动	沮丧	跃跃欲试
失望	悲愤	迷恋	紧张	惶恐
沮丧	伤痛	满意	忘事	宽厚
挫败	孤单	狂喜	抛弃	狂热
狂怒	放弃	荣耀	羞怯	坦诚

如今,一些机构和学校十分重视智商(intelligence quotient,IQ),可单单依靠 IQ,大多数人的事业成功无从解释。情商(emotional quotient,EQ)是情绪商数的简称,它代表的是一个人的情绪智力,是一个人自我情绪管理以及管理他人情绪的能力指数。拥有高情商的人,具有相当强的竞争优势,他们在日常工作、生活中会有意识地在"审视—实践—再审视—再实践"的循环中,增强自己的情绪掌控能力,完善人际关系。因此,情商高带来的是整体的幸福感。

智商高,情商高,则春风得意;智商低,情商高,则贵人相助;智商高,情商低,则怀才不遇;智商低,情商低,则一生潦倒。提升个体情商的必要性不言而喻,改进个体情商,首先要了解在中国情境下,个体情商的三大现状:

一是怀疑心重。觉得一相信就会上当,会给自己带来不利的结果。怀疑心重也是警觉性高的体现,表现得十分敏感,平时在生活中谨小慎微,并对他人产生很大的影响。

二是情绪变化大。我国"中庸"的传统文化,造就了国人的能屈能伸。性格弹性大,情绪起伏变化就大。当情况不利于自己的时候,特别能忍耐,但是等自己稍有点成绩,就会自我膨胀,"耍大牌"。

三是情绪不稳定时不讲理。长期的伪装和压抑，几乎全天的情绪都极不稳定，所以常常不讲理，这是很多人一辈子都困惑的问题。情绪好时，称兄道弟，万事好商量；情绪不好时，很难沟通，更谈不上达成共识。

古人常说“修己安人”，就是警示世人首先要做好自我管理，其次才能使他人安乐。“修己”的意思，是修造自己，而不是改变他人。因此在情绪管理中，管理好自己的情绪是最重要的。

一要认识自我的情绪秘密。不要只简单地说一句“我情绪不好”，而要认清情绪产生的原因：具体事实和思想观念。比如，要参加一场商业会议，但汇报人很紧张。学一些消除紧张的技巧可以有所缓解，但却不能解决问题的实质。汇报人紧张的原因很可能是准备不足、缺乏自信，所以“怎样才能表达清晰明了”才是根本问题。这样一来，精力自然就放在解决具体问题上，而不是由于紧张造成种种负面情绪以致影响工作。

案例 6-10 为什么别人都不喜欢我

白女士在一家国有企业工作，她总觉得没有人喜欢自己。她聪明、勤奋、尽责、有条理。她很关心他人，但每当要举办什么仪式或者招待会的时候，从来没有人邀请她。在办公室，她也听到大家热烈地谈起午饭的安排，可最终她总是孤零零地坐在饭桌旁。

白女士常纳闷为什么没人喜欢自己，却不知人们不愿意接近她的原因是：她总是莫名其妙地发火。她也不愿意承认自己会为鸡毛蒜皮的琐事大动干戈。或许，她发火是因为她没有得到晋升，因为妈妈关心妹妹多过关心她，因为她和丈夫经常吵架……不管怎么说，白女士不愿意承认自己动怒了。绝大多数时候，她都会为自己开脱。她不断地说服自己：“没人给过我机会……他们太不公平了……这不是我的错。”

她把这些感受从自己的体系里推出去，但又将之投射到他人身上。由于她无法识别自己和他人的情绪，就经常在放松警惕的时候，被直接的冲突伤害。因此，她总是神经紧绷，做出戒备的样子。要是工作中有什么不顺利的事情，她下意识的反应就是：“又不是我的错，关我什么事。”人们察觉到她的怒气，纷纷回避她。

她并没有感受到屡遭拒绝的痛苦，而是百般困惑于人们为什么待她如此不公平，从而陷入永恒的情绪受伤的循环。

其实，每一种情绪都是一种信号，提示着自己与现实或他人的关系。即使是负面情绪，也具有正面价值，关键是如何将“负面情绪”导向“正面情绪”。案例6-10中的白女士，如果想根治负面情绪，需要从根本着手，从组织中找出那个让自己受伤害的事件，然后进行调整。

二要乐在其中。做人当豁达，豁达的人容易与人相处。试想世上又有几个人愿与“小心眼”的人交往呢？要想快乐，首先做好自己的分内事，尽职尽责；其次平衡个人导向与组织利益之间的关系，以自己的快乐带动、影响周边的人。

三要学会哭。哭，表面看来是一种软弱，这是“强人”心理所致——人总愿在别人眼里成为强者。在求生存面前，“弱”者要善于示“弱”，为自己营造成长的时间与空间。自认为是强者的人为显示自己的强大而帮助“弱者”。但是，哭也不可好似泼妇一般挽袖高嚎，要争取每次哭都有价值，哭得自信，哭得诚恳，哭得有风度。

个体不仅需要进行自我情绪管理，还要学会在组织中面对不同的人时，用不同的情绪管理方法，即组织内部的情绪管理。

面对上级，学会主动靠近。主动向领导靠近，就意味向升职靠近。在职场上，要想拉近与领导的距离，就必须和领导全面接触，这就要求学会利用和创造各种各样的机会。这些机会相当于“投资”，包括“工作投资”（工作中多汇报、多请示）和“感情投资”（工作之外常联系），这里“感情投资”尤为重要。如果能经常有意无意地亲近老板，让他记住自己，让他了解自己的意见和想法，自己就有可能收获意外的惊喜。坐在老板身边、与老板近距离接触绝非溜须拍马那么简单。既要让老板赏识器重，又要让同事拍手称好，这需要有相当的智慧和技巧，可以参考案例 6-11 中小路的做法。

案例 6-11　　主动接近上司

小路是艾米公司的销售员，他能力出众、性格热情，刚到公司半年就成了公司里的销售明星，颇得大老板赏识。大老板总在会议上夸赞他，并号召大家向他学习。小路的顶头上司态度越来越古怪，在公司里对小路爱理不理，但小路只要出了公司，不管是在拜访客户还是在去拜访客户的路上，甚至在晚上 10 点请客户吃饭的时候都会接到上司“关心”的电话：这个客户联系到哪一步了？他觉得我们公司怎样？他对合同还有什么不满意的？他对价格还有异议吗？……没有谁喜欢上司如此细致地追问销售过程，可小路的上司偏偏就这样乐此不疲。

最初的抱怨过后，小路开始想办法。鉴于上司是怕自己弄权，所以他的第一招就是主动接近上司，把自己的每一个计划都告诉上司，并故意留下破绽装成很笨的样子请教上司；老板再夸他的时候，小路就谦虚地归功于直线上司，说强将手下无弱兵，自己的业绩都是上司教出来的。

慢慢地，小路发现上司的态度“多云转晴”了，似乎放了心的上司告诉小路，大部分事情他自己可以做决定，当然，小路也懂得，做完决定再到上司那里备个案。一直遵循着多汇报工作进展、不擅做主张等明哲保身的职场潜规则的小路，后来成了上司最倚重的下属。

面对同事，学会控制情绪。一是转移法：遇到不好沟通的同事，应尽快把思想转移到工作上，如果产生愤怒情绪，要迅速离开事发现场。二是拖延法：当心中升起怒火时，先强忍下来，等过了一段时间再缓和压力，尽量延缓情绪爆发的时间，不至于做出不理智的决定。三是察觉情绪的种类：察觉情绪的产生可以延缓情绪瞬间的爆发。情绪的觉察必须不断自我训练，通常要不断自我询问“我现在的情绪如何”，让自己足够敏锐地去辨识各种情绪。

面对职场，学会建立品牌。个人业务技能上的高质量、超凡的工作技能是个人品牌的核心内容。第一，利用好证书。证书不仅是进入职场的敲门砖，也是提高身价的一种捷径。第二，在公司内部寻求晋升。提高公司对自身的价值预期，可令身价大涨。第三，在跳槽过程中，要精心总结过去的工作成绩，展示自己的核心竞争力。跳槽增值的基础是跳对方向。跳槽者要在充分了解职位的基础上，仔细分析自身发展，厚积薄发。

四、提升德商很迫切

道德商数是明辨是非对错的能力，简称德商。高的德商意味着有强烈的伦理信念，能够以正确的方式做事。美国教育学博士米歇尔·玻芭（Michelle Borba）认为德商应至少具有以下六项核心美德，包括同理心、良知、自制力、尊重、仁慈和包容力（见表 6-3）。

表 6-3　道德商数的六项美德

美德	内涵
同理心	对他人所在乎的人、事、物感同身受
良知	知道正确而适当的行为方式，并付诸行动
自制力	控制自己的思想及行为，使自己得以抵挡任何内在、外在的压力，并且依自己认为正确的方式行事
尊重	通过谦恭而体贴的方式对待别人，显示自己珍视他们
仁慈	以自己的实际行动关怀别人的福利和感受
包容力	尊重所有人的尊严和权力，并以公平、正义的方式行事

跨入大学后，缺少了父母的注视和引导，此阶段同理心的培养主要是由自我管理完成的。人与人之间的关系没有固定的公式可循，要从关心别人、体谅别人的角度出发，做事时为他人留下空间和余地，发生误会时要替他人着想，主动反省自己的过失，勇于承担责任。

只要有了同理心，我们在工作和生活中就能避免许多抱怨、责难、嘲笑和讥讽，大家就可以在一个充满鼓励、谅解、支持和尊重的环境中愉快地工作和生活。

在大学，也要注意强化自己的良知，经常读一些励志的书籍特别是描述良知美德的文章。读书或看新闻时，用心寻找一些呈现良知这种美德的真人实例，做成剪报或写成日志，闲暇无事时翻阅一下，可以起到巩固的效果。

案例 6-12　高校研究生被高中同学杀害

2018 年 6 月，某研究院研究生被高中同学杀害，同窗多年却在同学会结怨，直到开庭仍不愿道歉。

一场接风宴，成了小谢的“鸿门宴”。小谢身中 7 刀，倒在了校外一家餐厅的过道上。而杀害他的凶手，正是他从重庆赶来的高中同学周。

小谢和周相识多年,高中同班又同宿舍。2018年,小谢正在研究院读硕士二年级,周本科毕业后就参加了工作。事发前不久,周在高中群里发出信息,表示自己要辞职旅行。

12日,周抵达小谢所在城市。14日傍晚,小谢将周迎进了校外的一家餐厅。还没等菜上桌,周突然掏出匕首,直接刺向了小谢胸口。小谢双手捂住胸口,站起身来仓皇后退。周则再次发起攻击,小谢随即面朝下倒在地上。见他躺在地上一动不动后,周起身离开,期间高举双臂,摆出胜利的姿态。

同窗多年,周何以对小谢匕首相见?

自周上大学后,日子就一直过得不顺利。读书期间因沉迷游戏,连续挂科,周没能攻读硕士。彼时,小谢却考上了知名研究院。毕业后的周在重庆找工作也不顺利,考公务员也没通过。

在那次同学会上,小谢还曾安慰周,劝他振作起来。周却在案发前几天,给两年前聚会在场的同学发信息:还记得两年前的聚会吗,我要和他把账算清楚。事发两年前的同学会上,小谢说的一些话,让他两年来心里不舒服。这就是周所谓的杀人动机。

当然,良知的培养依赖于社会整体价值观的引导和社会道德规范的制约。减少案例6-12中悲剧的发生,需要全社会的共同努力。而大学生和新入职者是社会的中坚力量,在这样一个社会转型期的价值重塑过程中,要扮演好推动者的角色而不能随波逐流。

德商,体现在大学恋爱的甜蜜里。雨果说过,人生有两次出生,第一次是在开始生活的那一天;第二次是在萌发爱情的那一天。大学生恋爱中的不良倾向会破坏美好爱情和幸福生活的基础,给个人成长带来消极影响。要使爱情健康地发展下去,必须珍惜恋爱过程中爱情的道德价值,坚持双方平等,相互尊重,真诚专一,自尊自爱。

德商,体现在大学求职的过程中。一个人只有人品有保证,他的能力才会得到欣赏。如简历造假这个话题,在毕业生群体中一直反响很大,这种不光彩的手段必然遭人鄙视。简历如果没有体现出自己真实的水平,入了职也会被发现,并在履历表上留下黑历史,得不偿失。

德商,体现在大学学术的追求里。诚信是学术研究的前提,考试作弊、抄袭作业无疑都属于诚信缺失、违反学术道德的范畴。2018年8月,复旦大学开展"研究生学术行为规范和学术道德教育"学术研讨会,并将其作为研究生走向科学殿堂的第一课,不难发现当前高校对学术诚信的重视。

第三节　工作中的人际技能与自我成长

一、工作不同于学校

入职,标志着一个新的人生阶段的开始。只有意识到生活方式、思维方式、权利义务等发生的较大改变，清楚认知到学校与单位的不同，才能尽快地适应新角色。社会对学生的衡量和评价标准较宽松；工作后成为职员，社会就会以职业人员的行为规范为标准去衡量评价个体行为。

身份的转变意味着过去与现在的不同：学校是以人才培养为目的，而单位则以完成工作任务获取利润为目的；学校将各种考试成绩作为评判学生优劣的标准，而单位则以生产指标、业务成绩作为绩效考核的方式；学校人际关系简单，感情纯粹，而单位人际关系相对复杂；学校拥有活泼、成长、多元、开放的校园文化，而企业更多强调领导决策，重视秩序、制度和规则。

案例 6-13 与职场中人打交道

小琳是个让父母骄傲的独生女，从外貌到学习都很不错，性格直爽，开朗活泼。

可是，工作后，直爽成了缺点，在给主管提了点意见后，明显感到得罪了那个"老人"们都叫"巴婆"的女主管。整天面对脸色乌云密布的主管，觉得在主管眼中，她就没有对的地方。

小琳在试用期出错，等于宣布了职位的死刑。心中虽然也知道自己大事不妙，可是她不知道如何才能挽回。小琳想走掉算了，可又舍不得这个不错的企业。

小琳首先与自己的师傅们沟通，虚心讨教妙招，在"老人"们的指点下，她主动找主管承认错误，希望她能原谅，给自己机会。

通过与主管沟通，主管的脸色虽然还没有"多云转晴"，可是小琳已经从试用期死刑改为延长试用期了。小琳也明显感到，这个"面包干"一般的女主管，心肠原来也是很热的。要是真的走掉了，双方将永远失去相互了解和理解的机会。

案例 6-13 中小琳的经历值得我们思考，因年轻人容易将事情看得简单且理想化，在跨出大学校门之前，都对未来充满憧憬。而初出校门的小琳不能适应新环境，再加上可能会提一些不切实际的建议，以至于碰了壁。在这种情况下，首先适应企业、理解上司才是明智的做法。

案例 6-14 感觉企业浑身是毛病

小萌毕业后，来到一家中型企业工作，在同学中，算是较早参加实习的一个。刚来企业那几天，他充满着好奇，充满着骄傲。可是没几天，小萌就开始不喜欢这个企业了，觉得与自己理想中的企业相差太远，好多事情都与自己设想的不一样。如果说企业管理正规，那你自己看来还有好多漏洞；如果说不正规，劳动纪律又抓得很严格，自己觉得很不舒服。

于是，小萌的心态变坏，感到了不愉快。他常与一个同时进入公司的伙伴发牢骚，"这个企业怎么浑身是毛病，工作真没意思"。不知怎么这句话传到了上司耳朵里，还没等到小萌对这个企业真正有所认识，就被炒了鱿鱼。

开始小萌还满不在乎，觉得反正自己也没看好他们，走了也无所谓。可是，当他再次在求职大军中奔波了三个月，还没找到好于这样“浑身是毛病”的企业的时候，他心中才开始感到后悔，心想如果下次再有类似那个公司的企业接纳自己，一定接受教训，好好干。

来到一个新的单位，最重要的是迅速适应企业、融入企业。案例 6-14 中的小萌，在进入企业后，想要将书本上学到的管理知识运用于企业现状，必将影响自己开始的心态。“有人的地方就有江湖”，每个圈子都有不同的规则和要求，既已步入职场，就要找准自己的定位，更快融入职场。

二、与直线上司

“县官不如现管”，个体要想在组织中生存发展，必须要做好对直线上司的沟通管理。及时准确地理解上级的指示，把握上级的意图。向上级汇报什么、采取何种方式进行汇报等，都是每个员工不可等闲视之的重要问题。

首先，要慎重选择汇报请示的方式。常用的汇报方式有三种：定期汇报，次要的或日常性事务，可以在一天的工作终了时，提出扼要的报告；及时汇报，重要的事必须即刻提出报告，对于坏消息更要及时报告，以便迅速处理解决；中途汇报，如果完成任务需要很长时间，在解决途中就需要向领导报告工作的进展情况，以便领导有所了解。如果有意外事故发生，也需要提出中途报告，分析原因，展示过程，并接受后续的工作指示。

其次，汇报是一门综合学问，既有说话的技巧，又有心理沟通的艺术。汇报工作时，要想博得上级领导的满意，需在心里回答好以下几个问题：

(1) 此次汇报的主要目的是什么？(这是必须清楚的)

(2) 与汇报相关联的情况是否都了解清楚了？(汇报越重要，越要做好这方面的准备)

(3) 上级领导是否准备讨论自己提出的问题？(这样可估计到汇报时将出现的一些障碍)

(4) 自己对汇报的良好开端是否有信心？

(5) 会遇到什么样的主观和客观的障碍？它们的严重程度如何？

(6) 什么样的汇报开端对自己和对方是合适的，什么样的是不合适的？

(7) 在汇报中利用什么样的方法可以对上级产生作用？(援引权威者的见解，谈解决问题的重要性)

(8) 上级可能向自己提出什么问题？

最后，领导听下属汇报工作，是与其沟通和交流的最体面的方式，也是了解下属能力和智慧的有效途径。因此，要尽量避免以下几种不合时宜的汇报方式：一是长篇大论，包罗万象，让领导无从回应；二是汇报中掺杂个人恩怨，假借公事的名义，暗中实施打击报复；三是事实与个人推断混为一谈；四是语言逻辑混乱，表达不准确；五是汇报时间、地点不合时宜。有时很难找到领导，有的人就采取等、堵的办法——在上下班时、回家途中，或领导参加会议、活动期间。如无特殊情况和紧急事宜，这些时间或地点是不宜汇报工作的。领导虽不方便说，但心里难免产生厌烦情绪。

向上级报告坏消息，是同上司最紧张、最艰难的对话之一。无论是否是自己的错，职场新人都会感觉不安。关键是要尽快把会谈转成一种讨论，商量下一步怎么办，而不是去纠缠是谁的对错。虽然消息来自自己，但做好以下三步就有希望控制舆论导向：

第一步，态度端正，行为得当。把向上级汇报坏消息看作证明自己善于随机应变的机会，做好承担责任的思想准备，但没必要自责。要明白，上司的怒气是针对局势的，而不一定是针对自己的。不要表现出一副悔悟的样子，除非自己确实该被责怪。不要回避上司的自尊心，说几句好话并不能取代承担责任，但它能转移无名怒火。

第二步，做好准备工作。做好对为什么发生这种事的解释。如果出现不好的迹象，做好应对准备。最要紧的是，写一份详细的书面建议，列举一系列行动计划。

第三步，时机选择。应该尽快让此事引起上司注意，并且消息必须最早出自自己这里。如果上司能善待，则申明自己的立场，随即报告准备采取的行动。万一上司发怒或威胁自己，就要想办法站在他那边，表明自己也很气愤，然后把话题转向马上要采取的行动。不管上司对自己的计划反应如何，坚定自己的信念，相信它能奏效，加上几句恭维话，提供一切帮助来克服暂时的困难。

案例 6-15　　我的责任＋事实＋补救措施

没有人喜欢坏消息，尤其是财务和法律问题上的坏消息。布伦达·罗兹跟我们分享了她是如何处理这种情况的：

当时我们的第四季度情况很糟糕。我不得不告诉投资团我们的股票面临着极巨大的压力，原因就是我们上季度收入让人非常失望，而且我们与银行的新的信贷谈判还没完成。

当时会议室有很多人，投资团问我：到底是怎么回事？

我说：这是我的责任。第四季度初的情况是……在这一季度中我做了……现在的情况是……下一步我准备……

在我的预想中，告诉他们后，我们的股价会一沉到底。但是结果却是，我们得到了投资团这样的回复：“我们思考了一下，觉得我们应该下定决心继续持有你们的股票。”

与直线上司相处，除了要把握汇报的方式、技巧，懂得汇报坏消息的策略，还需要清楚以下禁忌，并在日常工作中竭力避免类似错误：

一是越级汇报工作。按照组织结构和领导程序，应遵循逐级汇报的原则。有人认为领导的领导水平高，权威大，为了图省事，遇事不经直接领导，越级汇报，不觉中就将直接领导架空了。

二是自作主张，先斩后奏。有人常自作主张，先行决策，事后因怕担责任或已经出了漏洞才不得已找到领导汇报，以让领导为其承担责任。这种请示汇报法叫“马后炮”，是推卸责任的做法。

三是恶人告状，颠倒是非。借请示汇报之名“恶人先告状”，甚至颠倒是非。其本意是想通过向领导先奏一本，达到发泄私愤的目的。

四是一味吹捧领导。借请示汇报工作的名义，接近上级领导，凭察言观色的本领，专拣上级领导爱听的讲，搞精神贿赂，挖空心思寻求获得领导的好感。

案例 6-16　　为什么会被上司批评

春秋战国时期，耕柱是一代宗师墨子的得意门生，不过，他老是挨墨子的责骂。有一次，墨子又责备了耕柱，耕柱觉得自己真是非常委屈，因为在许多门生之中，大家都公认耕柱是最优秀的人，但又偏偏常遭到墨子指责，让他面子上过不去。

一天，耕柱愤愤不平地问墨子：“老师，难道在这么多学生当中，我竟是如此的差劲，以至于要时常遭您老人家责骂吗？”

墨子听后，不动声色：“假设我现在要上太行山，依你看，我应该要用良马来拉车，还是用老牛来拖车？”

耕柱回答说：“再笨的人也知道要用良马来拉车。”

墨子又问：“那么，为什么不用老牛呢？”

耕柱回答说：“理由非常的简单，因为良马足以担负重任，值得驱遣。”

墨子说：“你答得一点也没有错，我之所以时常责骂你，也只因为你能够担负重任，值得我一再地教导与匡正你。”

耕柱从墨子的解释中得到欣慰，放下了思想包袱。

在单位做事，难免会出现一些纰漏，汇报过程中也难免会受到批评。案例 6-16 所讲述的故事让我们理解了为什么会被上司批评。那么如何应对领导的批评呢？有人可能想尽办法找理由，狡辩，不想承担责任，但这样只会让领导对其印象大打折扣。正确的方法应该是虚心接受，择机解释。

三、与其他同事

在公司的日常工作中，为了公司的整体利益，与同事的协同合作是非常重要的。同心协力、积极友善的同事关系和工作氛围，会让大家从工作中收获更多的乐趣。那究竟如何与同事合作、相处呢？

尊重是基础。只有尊重别人，别人才会尊重自己。在与同事相处的时候更要尊重同事，因为同事之间必须互相协作才能完成好工作。

真诚是前提。真诚在于和同事相处、合作时，不要弄虚作假。同事相处过一段时间后，每个人的性格特质大家都很清楚。

沟通是关键。不会沟通，何谈协作？会沟通的人，同事关系会处理得较好，而且往往工作也卓有成效。会沟通体现在三个方面，说话没有太多锋芒；有误会及时沟通解除；遇到尴尬情况，一句玩笑迎刃而解。

虚心向同事学习。卢梭曾说："伟大的人是绝不会滥用他们的优点的，他们看出自己超出别人的地方，并且意识到这一点，然而绝不会因此就不谦虚。他们的过人之处越多，他们就越能认识到自己的不足。"难免会有人觉得向同事请教问题是一件丢人的事情，也有人觉得凭自己的能力就可以搞定一切工作，但这样的人常是麻烦的制造者，因为他们心态封闭，拒绝学习。

案例 6-17　过分表现的职员

小蕊是一家大公司的高级职员，平时工作积极主动，表现很好，待人热情大方，跟同事关系也不错。可是，一个小小的动作却让她的形象在同事眼中一落千丈。

有一天，公司主持开一场员工大会，在大家等待总经理到来之前，其中有一位同事觉得地板有些脏，便主动拖起地来。而小蕊并不关注，一直站在阳台旁边。突然，小蕊走过来，坚持拿过同事的拖把替他拖地。本来地已差不多拖完了，根本不需要她的帮忙。可小蕊却执意要求，那位同事只好把拖把给了她。刚接过拖把不一会儿，总经理推门而入。总经理见小蕊在勤勤恳恳地拖地，微笑地表示赞扬。

小蕊这种虚假的面孔被同事知道了，在公司的人际关系越来越差了。

在办公室里，本来同事之间就处在一种隐性的竞争关系之下，如果像小蕊一样一味刻意表现，不仅得不到同事的好感，反而会引起大家的排斥和敌意。展示教养与才华的自我表现绝对无可厚非，真正善于表现的人常常既表现了自己，又未露声色，而刻意表现小心得不偿失。

同事之间既存在合作关系，又有竞争的关系，与同事相处，难免会遇到性格缺陷之人，或者小人。因此，职场新人在与同事相处时，不要用同一把尺子衡量对方，而应该针对不同类型的人采取不同的共处方式。

与尖酸刻薄的同级相处。尖酸刻薄的人在和别人争执时，往往不留余地地挖人隐私，同时冷嘲热讽，让对方颜面尽失。我们可以采取的措施有：打断"善意"的刻薄，如"我还有事要办，下次再听您赐教吧"。勇敢面对，要求对方解释他的话："您这话是什么意思？"一旦嘲弄您的人知道您看穿了他，也就自觉无趣，不会再骚扰您了。

与冷漠苛刻的同级相处。冷漠的人常表现出一副唯我独尊的样子，不太爱与同事们相处，却都有一颗细腻的心。因此，对待这类人，绝不能简单粗暴，要给他（她）表现自己真实才华的机会,赞赏、鼓励他。要对他(她)表示信赖,让他(她)把自己的自信心充分建立起来。

案例 6-18　一个职员的自述:苛刻的会计同事

记得我上班的时候有个会计,对任何人都很苛刻,我也没有被例外。不幸的是我不但和他一个办公室,还住一个宿舍,可谓同处一个屋檐下,抬头不见低头见。他拒绝任何人来我们宿舍,当然也没人敢来。当时我也无计可施,只能去别人宿舍玩。平时不管你是笑脸相迎,还是保持距离,他总是挑出你的毛病,然后借题发挥,破坏你的好心情。

我的做法就是多了解他的各种情况。如迟迟得不到提升而郁郁不得志;因为脾气怪异,在单位人缘差;因为家离工作单位远,很少回家……了解多了以后,反而对他有些同情。于是在年底谁回家过年的安排上,我主动放弃单位给予的年休假,把这个宝贵的机会让给他。当时完全出乎他的意料,但他也没说什么。只是回来后他偶尔会聊起家里的事,爱人开了花店,儿子上了高中……不知不觉地,他对我没有以前那么苛刻了,有时候也会一起喝酒一起吃个饭,其他部门同事都觉得不可思议。我简单总结了以下几点:了解他;放下心中的敌意;让他感受到你的善;逐步融入他的生活。

有时候我会想,"为什么只敢对我大呼小叫的,遇见老大你不还得盘着。于是感叹,还是自己分量不够啊"。

所以,提升自己的地位才是根本,记得多年后我还见过那个会计,他对我不再苛刻,客气地打招呼。因为多年过去了,他还是会计,我已经是多年的经理了。

与嫉贤妒能的同级相处。嫉贤妒能的人往往不愿付出努力,而一旦别人做出成绩,他就心怀不满,甚至打击报复别人。可以采取的措施有:第一,端正态度,积极应对,把他人的嫉妒当作自己的一种压力或动力,作为自己进一步提高的台阶。第二,保护自己,免受妒火伤害,千万不要故意刺激对方的嫉妒心,要理解对方,巧妙地减少对方对自己的嫉妒。

与挑拨离间的同级相处。挑拨离间的人深知"鹬蚌相争,渔翁得利"的道理,用种种卑鄙的方法挑起别人之间的矛盾,等到被离间者相互争斗时,他们却从中获利。职场新人一定要做到:与此类人减少来往,巧妙地拒绝和他们见面或不接他们的电话。对此类行为态度冷淡,对任何有关自己的传闻反应冷淡、不置可否,一定要在这类小人面前谨言慎行。

与打小报告的同级相处。小报告是指一种不正当的举报行为,如内容不正当、动机不正当等。如果自己不幸成为袭击对象,必须讲究一定的应对策略:首先,先发制人,被小报告伤害的人往往由于疏于防范,棋输后手,甚至连辩诬的机会都不可得,白白地被人坑了一次。然后,把所发生事情的原委详细、客观地公布给大家,使大家对此都有一定了解，与打小报告者进行公开论战，把客观事实与背后的各种不实之词都摆出来。

四、成长很关键

成长是积极人生的必修课。成长，从我们出生的那一刻起，一直伴随我们走到人生的尽头。学生时代，我们所经历的各种大大小小的考试、校园活动等，以及叛逆期与父母、家庭之间的争吵都是种成长。工作时代，我们会面对来自社会的各种压力考验，而在这些考验中能否成长会成为我们将来能否成功的重要条件。

我们生活的每一天都必须成长，并且在这个高速发展的社会要求我们成长。关于成长，我们应该首先明白以下四点内容：

第一，成长不等于成功，且成长比成功更重要。现在的社会太浮躁，年轻人只一心想着成功，而不去注意在成长的道路上提升自己。对于成长和成功有三种不同的人生态度：不成长，也不想成功；不成长，只想成功；既成长也追求成功。所谓成功，实际上就是成长为自己，做最好的自己，不断超越自己，有效的成长才能为将来的成功做铺垫。

第二，成长并不是一条直线，不能够一蹴而就，它应该是呈螺旋上升之势的。研究发现，人生的成长曲线有五个最关键的点：原生家庭、自我成长、组织平台、家庭支持、信仰与价值观。只要掌控好了这些点，无论是在低谷还是高峰，在顺境还是逆境，我们都能够有效地管理好自己，有效地发展好自己。

第三，成长既是获得也是付出。成长是自我世界与外部世界的开关。如何掌握好这个开关，当自己比较弱、外部条件好的时候，要注意充分地吸收正能量，吸收发展的资源要素，帮助获得成长；当外部条件不好的时候，通过激发自己内在的潜能也可以获得成长。

第四，成长之后，工作找上门。很多大学生刚进校门就开始考虑将来的工作，虽然这是一种积极的态度，但是过于着急地考虑就业不如在学校努力成长。大学生应该更用心去关心自己的能力、态度、综合素质能不能在大学期间获得足够的成长。职场遵循等价交换的原则，能赚多少钱，取决于自己赚钱的能力；想不被辞退，取决于自己的不可替代性。

案例 6-19 俞敏洪这样描述自己的成功

俞敏洪曾在自述中这样描述自己的成功：赢得别人的尊敬要在某个领域方面占到优势地位。

“大学四年生活，其实是非常快的，非常容易的就过完了，我现在还能回想起我大学四年所度过的、很多美好和不美好的时光，在北京大学不仅仅有美好的时光，也有很多不美好的时光。

因为在我成长过程中，如果不经历风雨，没有痛苦也不可能成长，北京大学有一个好处就是，北京大学有浓厚的读书氛围。所以我在北京大学期间就拼命背单词，一直背了几年，一本词典被我翻了无数遍。到最后，我甚至可以帮助班里同学解决单词方面的问题。也正是因为当初的我背下了整本单词书，有了专业基础，才创办了新东方，才有了今天的我。

在这之后，你慢慢就会发现，因为你在某个领域方面占到了优势地位，慢慢你自己的知识面又扩大了，同学们就会尊敬你，从内心对你尊敬和喜欢。”

案例 6-19 中俞敏洪的成长过程也是一个自我超越的过程。一个人首先要意识到自己需要成长，并在日常学习生活中把握机会，积极寻求成长。在这之后，其性格特质、处世方式会有明显变化，这不仅是善待自我的途径，也是成长的意义所在。成长前后的种种表现可以用表 6-4 来概括。

表 6-4　成长之前与成长之后

成长之前	成长之后
自以为是	积极处事，调整自我
官僚习气	先定目标后行动
心气浮躁	重要的事优先做
归罪于外	追求双赢
心理脆弱	先理解他人，再争取被理解
局限思考	协作增效
被动行事	磨刀不误砍柴工
时间混乱	谦卑

自我成长之前，自以为是。一个人的聪明才智越高，越容易陷入以自我为中心的困局。他所见的一切，都由自己的角度出发，同时可以形成“合理”的系统，看起来无懈可击，面对别人的质疑，也可以说得头头是道。

自我成长之前，官僚习气。官僚习气把权力本身作为工作的出发点和落脚点，背离组织目标，扭曲事实，会引起效率低下、责任不清、信息沟通不畅、反应速度滞后等问题，最终导致人心“长城”轰然坍塌。

自我成长之前，心气浮躁。心气浮躁在日常生活中的具体表现有：急功近利，幻想没有付出的回报；朝三暮四，今天想炒股，明天想钓鱼；患得患失，鱼和熊掌想兼得；对生活没有理想，没有兴趣，没有热情；耐不住寂寞。

自我成长之前，归罪于外。将所有的问题都归罪于别人，归罪于大环境，从不“反求诸己”，俨然一副十足委屈的、需要同情的受害者形象。没有主人翁态度，缺乏积极性和负责精神。

自我成长之前，心理脆弱。心理承受能力比较弱，不能承受挫折，或者面对挫折表现出一些极端行为，即逆商和挫折商较低。

自我成长之前，局限思考。大多数人认为自己对于整体的影响力很小，或毫无影响力。他们只专注于自身职务的工作岗位的责任，对职务互动所产生的结果没有责任感。

自我成长之前，被动行事。被动行事是一种消极的心态，被动工作的人认为自己是在为别人工作，不仅不能主动掌握工作节奏，而且工作毫无乐趣。拨一下动一下，不拨不动。

自我成长之前，时间混乱。面对每天大大小小、纷繁复杂的事情，不能分清轻重缓急、设定优先顺序，不能合理分配时间，平衡手头工作。

自我成长之后，积极处世。积极处世不仅指行事的态度，还意味着为"过去我""现在我"及"将来我"的人生行为负责。我们不能左右天气，但我们可以改变心情；我们不能改变容貌，但我们可以展现笑容。

自我成长之后，先定目标后行动。根据 SMART 原则，所有事物都要经过两次的创造。先是在脑海里，规划预期的结果，然后真正实现预期的结果。区别在于一个是规划，另一个是实现，但人往往缺乏的是规划，没人去想很远，所以目标管理是很重要的。

自我成长之后，先做重要的事情。要记住，领导交办的小事也是大事。有效管理要求把最重要的事放在第一位。只有掌握分析"紧急"与"重要"事情的维度，方可有效率、有效果达成工作膜表。

自我成长之后，追求双赢。损人不利己的事绝对不做。双赢的目的是寻求更丰盛的机会、财富及资源，而非敌对式的竞争。双赢的想法把人引向了更高的层次，不仅替他人着想，更要想象他人的思想、体验他人的世界、感受他人的感觉。

自我成长之后，先理解他人。对方获得理解后，会觉得受到尊重与认可，进而卸下心里防御，坦然而谈，这是沟通达成认同的关键。理解别人需要仁慈心，了解自己需要勇气，能平衡两者，则可大幅提高沟通的效率。

自我成长之后，协作增效。正如海伦·凯勒(Helen Keller)所说："只身一人，我们能做的少而又少；并肩协作，我们能做的很多很多。"协作增效是互相尊重的成果——不但是了解彼此，甚至是称许彼此的歧异，欣赏对方解决问题及掌握机会的方法。

自我成长之后，磨刀不误砍柴工。人需要每天不断从生理、心智、心灵、社交四个方面维持并发展自我，才能以百倍的信心迎接工作和生活中的挑战。对此，我们要懂得去学习和自我批评，还要不断总结，全面审视自己。

自我成长之后，保持谦卑。谦卑是智慧的源泉。牛顿说，在科学面前，我只是一个在岸边捡石子的小孩。谦卑是一种理念。即使我们在某一领域出类拔萃，但天外有天、山外有山，若妄自尊大，实似井底之蛙。何况尺有所短、寸有所长，人在相互间总有可鉴可取之处。

❑ 案例思考

1. 案例 6-6 中，简·奥斯汀在成长中采取了哪些策略？您对此有何启发？

2. 案例 6-19 中，我们可以从俞敏洪身上学到他的什么精神？对个体与组织的成长有什么启发？

❑ 读者建议箱

1. 致学生：

（1）认识到人际技能培养的重要性，有意识地从人际关系、人际沟通、情商和德商四个方面强化人际技能的培养，为即将开始的职业生涯发展做准备。

（2）学生阶段的人际关系类型主要包括家人、朋友、同学和老师等，学会维系这最初的人际关系，为职业生涯奠定基础。

（3）掌握情绪管理的方法，释放学习压力，学会尊重他人，培养自制力、同理心和包容心。

2. 致家长：

（1）重视对孩子人际技能的培养，而不仅仅局限于应试能力的要求，以正向的言传身教的方式帮助孩子社会化。

（2）审视在孩子成长过程中提供了哪些内容，如人际关系网络，思考对于不足之处应当如何弥补。

3. 致组织管理者：

应用各项人际技能处理好与上级、同事、客户、政府和媒体等的关系，改善自身在组织中的状况，保持自己在组织中的竞争优势，从而成为一个善于合作、实现组织与个体共同成长的强者。

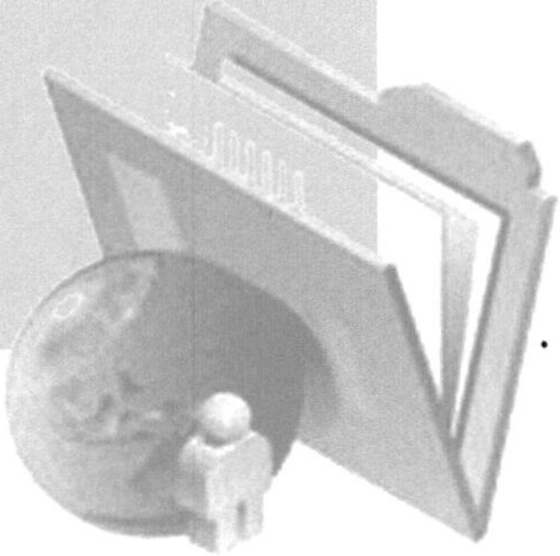

第七章

复杂职场与自我防御

本章要点

1. 求职过程中的风险不可避免，尤其是涉世未深的大学毕业生，更应对自身的人身财产安全和基本权益所面临的风险多加防范。本章介绍了几种求职过程中可能的风险，提请读者朋友注意防范。

2. 职场中的种种风险，也可能影响到个人的职业发展。因此，要对身边的风险保持清醒的认识和提防，善于管控风险。

3. 承受逆境对于一个人健全心智的养成非常重要，一个只能生活在顺境的人就像温室中的花朵，经不住风吹雨打。逆商的培养，有助于个体应对逆境和挫折，从中获得更大的成长。个体应学会应对职场中的种种压力，学会自我减压。

4. 社会中既有君子，也有“小人”。从学校融入社会的第一步，就是要学会辨识善恶，从内心构筑起一道社会安全网，学会明辨是非，在错综复杂的职场生态中不断成长成熟。

第一节　求职过程中的风险及防范

一、女生求职中的风险与防范

案例 7-1　　求职风险

日前，某市看守所预审室内，被告人丁洋如梦初醒："当时我看她人很单纯，就动了歪心思，现在后悔也没用了。"

丁洋家住在该市永丰镇，现年 32 岁，是个仅有初中文化的农民。2014 年 6 月，在丁洋朋友徐某的安排下，在市里某学校门口，丁洋同夏蕾见了面。徐某煞有介事地向夏蕾介绍丁洋："这位就是陈老板，家有上千万资产，外面门路广着呢！"夏蕾信以为真，想到自己面临毕业，说不定这位"陈老板"是自己的贵人呢。

"教育局局长跟我是老家邻居，我出面找他，把你分配到市中学去工作。"丁洋当即吹嘘起来，那可是夏蕾梦寐以求的地方。情场高手丁洋见状使出伎俩，在学校附近的一家个体旅馆占有了对方的清白之身。骗色得手后，丁洋并不满足，他决定在夏蕾这个傻妹妹身上捞点钱花。

丁洋找到夏蕾，提出找教育局局长"活动"一下，夏蕾随后想办法找来 4 000 元现金悉数交给丁洋。然而直到从学校毕业，夏蕾也没等到工作确定的回音。她应聘到下属县一中学工作，丁洋得知后，仍然诱骗、迷惑对方："你先在那边上班，我正在想办法把你调到市中学来工作，人家局长已经答应帮忙了。"夏蕾又一次轻信了他的谎言。之后，丁洋一次又一次找借口从夏蕾手里骗钱。2015 年 3 月，丁洋又来了，这次夏蕾意识到了不对，不肯再给钱，丁洋只好使出自己的撒手锏。他在电话里威胁：如果你不借钱给我，我就把你的丑事公之于众。要面子的夏蕾不得不屈服。但她意识到不能受胁迫下去，为了彻底摆脱丁洋的骚扰纠缠，夏蕾于 2016 年 6 月 30 日来到该市公安局报案。

在事实和证据面前，丁洋不得不供述自己的犯罪动机和经过。2017 年 3 月，法院依法组成合议庭进行公开审理，最终做出一审判决：被告人丁洋被判处有期徒刑 7 年 6 个月，罚金 5 万元。

即将走出校门的大学生由于不了解复杂社会，所以很容易轻信他人，给犯罪分子以可乘之机，尤其是女生，更应加强防范。如面试地点非正式办公场所，最好与同学结伴而去，至少要把面试的时间地点告知亲朋好友。如遇不法分子，一定要巧妙周旋，以寻找逃脱的机会，避免与歹徒发生激烈的正面冲突。

案例 7-2　性别对求职的影响

“4 月的校园招聘会上，一家建筑行业的国企招聘人员笑着拒绝了我左手上自己的简历，然后爽快地收下了右手上我帮同班男生代投的简历。他说，这个工作想招男生。虽然在招聘信息上只注明了专业限制，但筛选简历的过程中还是会考虑性别。”从学业上的全面胜出到求职时的节节败退，张丹，这位某大学建筑系的女生经历了人生的“冰火两重天”。“他们看见男生眼冒亮光，看见女生面有难色。”

“不是有这样一句话吗，找工作，就是尽着‘牛人’们、男人们先挑，女生跟着捡捡漏儿。”说起性别歧视，北京某高校女研究生李萌和很多女大学生一样，有着“从愤怒到习惯，再到麻木”的心理轨迹，“几乎每年毕业找工作，男生都比女生找得快、找得好，甚至有的班女生一个还没签约，男生早就签完打游戏了”。

近年来，面对逐年增多的大学毕业生，就业形势的严峻性日益凸显，曾经沉默的女生也开始发出自己的声音：北京 2012 届女大学生黄菊先后以“性别歧视”和“行政不作为”将巨人集团、海淀区人力资源和社会保障局诉至法院；“90 后”女生装扮成“花木兰”“东方不败”参加招聘会，引来众多关注。

“选择男生，很重要的原因是‘好干活’。”张丹介绍，这是理工科女生求职受挫的重要原因。与她所在的建环专业对口的工作一般都是建筑类、制造类企业，经常要到工地视察，有的甚至在工地上持续驻扎，十分辛苦。所以很多公司都更加偏爱招聘身体健康、能吃苦的男生。所幸，她最终进入了一家设计院从事与所学专业对口的工作，与她同班的其他几个女生除了少数选择读研，大部分都放弃所学专业去做其他工作了，“还有一种情况是，一些用人单位认为，女生虽然考试成绩不错，但具体到实际操作上，不如男生表现利落”。

天津某大学国际经济贸易专业的研究生徐茜则认为，除了“好干活”，另一个原因是“男生显眼”“因为文科女生数量比男生多太多，尽管专业素质不差，还会因为同性竞争者太多而难度大增，而男生在人群中一出现，就会很显眼，受欢迎”。

就业性别歧视是很多女生“不可言说的伤”，尽管《宪法》《劳动法》《就业促进法》等法律法规中均有反就业歧视的法律条款，但是由于缺乏完善的反就业歧视执法体系，缺乏有力的反就业歧视行政措施，缺乏健全的反就业歧视监督机制和救济机制，高校毕业生就业歧视现象仍然普遍存在，就业不公平的现象越演越烈。

从进入职场开始，每个人的职业生涯都有三个十年：第一个十年积蓄力量；第二个十年拉开差距；第三个十年是收获成果。而女性往往在第一个十年会因为结婚、怀孕、生子而停滞三年，进而直接影响以后的事业发展进程。这就是很多雇主倾向于招聘男性的一个重要原因。

当然，女性在职场上虽有劣势，却也同样具有优势。重要的是要有正确的自我认知，并在此基础上做好职业和事业的规划。比如，女性在语言学习方面更有天赋，可以在这方面打好基本功，在求职时发挥作用；女性的持久力、忍耐力比男性更高，更能胜任程序性强的工作；此外，女性的亲和力也往往比男性更强，更适合公关、销售、客服等服务行业和社会组织的工作。因此，面对激烈的竞争环境，女性要善于发掘自己的优势，从大学开始就有意识地训练和培养，在各项活动中提升能力，完善自我。

二、网络犯罪频发，小心“入坑”

案例 7-3 虚假招聘广告莫相信

北京某高校毕业生小薛，在浏览网上招聘信息时看好了一家计算机公司。这家公司所列的招聘职位有销售策划、公关员、业务企划、产品推广、软件开发以及市场调研等。小薛学的是文科专业，觉得这些职位都比较适合自己，于是跟对方电话联系，对方要他过去面试。

一周后，小薛接到那家公司的电话说“你被录用了，下周可以来上班”。小薛到公司后，得知自己被安排做销售策划。部门主任说新员工上岗前先实习 3 个月，让小薛拜访这家公司的部分客户，推销公司新推出的一种软件。实习期间，小薛卖出了 20 多套软件，销售额两万多元。实习期满后，小薛一心希望到办公室做正式的销售策划。可是部门主任告诉他，公司不会让一个刚实习完的职工马上做销售策划的，所有人必须先做几年市场销售，才能做销售策划，做市场销售时工资底薪 800 元，其他部分靠销售提成，这是公司的规定。

至此，小薛才明白，他干的这个工作实际上就是推销新产品，工作既不稳定，工资待遇也没有保证，至于转入销售策划，更是遥遥无期。当初他想，虽然这家公司允诺的薪酬不是很高，但能坐办公室工作，比较稳定就行，现在看来完全不符合他的期望，于是他愤然离开了这家公司。很长一段时间来，这次求职的阴影都无法抹去，使他的心情异常糟糕。

虚饰岗位是求职者遭遇的虚假广告中的一种，即用好听的新名词、新概念包装岗位，将其描述得天花乱坠，实际上就是推销产品、一般秘书等工作。除此之外，还有高薪诱惑的陷阱，即允诺付出高出期望的薪酬，而上岗之后发现所谓的高薪只是空中楼阁，因为无论如何努力，业绩也根本达不到其规定的高薪起点。

信息不对称是毕业生求职上当受骗的主要原因。毕业生求职要克服急于求成的焦躁情绪，最好选择由学校或教育、劳动人事等行政部门举办的专场招聘会，学校和这些部门的信誉较好，可以帮助毕业生把好第一道关，如企业的诚信度等。由教育和劳动人事部门举办的网上招聘会近年发展迅速，是较好的择业渠道之一。另外，主动寻求长辈、朋辈的帮助，获得内推的机会也较为靠谱。毕业生在具体应聘某个企业或单位时，不要只听信用人单位的广告宣传，而要通过政府网站、行业网站和校园网站等多种渠道，全面了解用人单位的情况，对用人单位的录用程序、标准、所需岗位的要求，以及薪酬、福利待遇等,最好能找到书面记录或描述。

案例 7-4　　巧立名目收费须当心

2016 年 10 月 25 日,江苏省海门市警方接到受害人小赵报警,称自己在家上网找工作时,被骗子以招工为名,通过缴纳各种费用为由,骗走 2 150 元。

接到报警以后,反诈骗中心对这起案件开展了前期研判工作,发现在一两个月内,全省类似案件有 71 起。据判断,这可能是一起涉及面比较广的诈骗案件。

随着侦查工作的开展,一个绰号"团长"的犯罪嫌疑人李某进入警方视线。随后,一个成员分布在全国各地、人数近千的网络诈骗团伙逐渐浮出水面。2017 年 3 月 24 日,警方统一收网,22 名核心犯罪嫌疑人全部到案。

警方通过侦查发现,这是一起专门以网上招工诱使被害人主动和他们联系,缴纳各种费用为由头的诈骗案件。警方介绍,犯罪团伙的外宣人员,在网络上批量发布虚假广告,还能通过软件抓取求职者的求职信息,自动发送招聘广告。搜查中,警方在犯罪团伙的电脑内还发现,为了让同伙快速学会如何发布招聘广告,他们还制作了教学视频。

这些虚假招聘广告,多以轻松工作、高额报酬为诱饵,诱使大量求职者与外宣人员进行联系。一旦求职者与外宣人员建立联系,外宣人员会以方便联系为由,让求职者下载 YY 软件,并要求求职者再与客服人员沟通。

求职者在缴纳完会员费以后,又会被客服推送到下一个客服,又要缴纳 200—600 元不等的工号费,并谎称工号专门用来收工资。警方发现,犯罪分子为了打消求职者缴纳各种费用的顾虑,专门制定了"剧本",只要客服人员按照"剧本"去说,大多数求职者都会放松警惕。为了诈骗更多钱财,犯罪团伙还内部规定,在客服组环节,求职者缴纳的总费用不能超过 1 598 元。

大学毕业生在找工作时往往处于弱势地位,很多时候能找到一份工作,无论单位提出什么不合理要求都得被迫接受,而一些网上的诈骗公司正是看准了大学生的这种心理,不仅廉价利用劳动力,还巧立名目地收取各类费用,最终直接与求职者切断联系或是只利用一句"不合格,不予录用"就撇清了关系,此类情况数不胜数。所以大学毕业生碰到金钱交易问题时一定要慎重再慎重,考虑周全再做决定,一般正规的公司是不会乱立项目收费的。

三、就业协议是保障

案例 7-5　　就 业 协 议

小张去一家公司面试时,面对公司老总咄咄逼人的压力面试,小张沉着应答,将一些刁钻问题巧妙化解,老总脸上不时露出赞许的微笑。面谈中他们谈得非常投机,以致忘记了午饭时间，后来人力资源部的员工送来盒饭才提醒了他们。初涉世事的小张完全被老总的人格魅力和其所描述的公司发展前景吸引住了，而老总可能也比较满意小张的表现和丰富的实践经历，面试结束时明确表示将录用小张，而且承诺了不错的薪水待遇。小张没有过多犹豫，就决定把自己“卖”给了这家网络公司。

紧接着，小张便脱离了求职大军，想体验一下“上班”的感觉了。他给老总发了一封邮件，说明了自己的想法，老总很快就回信同意了。年底，小张在公司附近租了一个单间，开始了上班生涯。他很珍惜自己的第一份工作，每天朝往暮归，风雨无阻，除了偶尔回学校处理一些毕业事项外，全天置身于公司——他想用努力和成绩来证明自己的能力，也让全公司知道，应届毕业生不是像社会评价的那么差。小张一干就是6个月，因为是私企，工作压力格外大，公司纪律也很严格，小张不敢怠慢，尽心尽责，经常下班回家时就在公交车上睡着以至于坐过了站。但是，想想自己是文科生，且不是特别优秀，竞争又激烈，工作又难找，也就咬牙坚持了下去。

毕业的时间总是来得太快，很快就到了要办离校手续的时候了。小张带着就业协议书去公司，要与人力资源部签约，他们推说老总没有回来，暂时还不能签约。后来，他听公司的人说，公司之所以拖着不签，是不想履行除薪水之外其他待遇的义务，比如“五险一金”等。公司不和小张签约，公司就不负任何法律责任，小张个人的合法权益也就得不到保障，他只是公司一个随时可以解雇的“苦力”而已。

在进行了一番马拉松式的双向选择之后，如果单位对我们感觉不错，向我们抛出“绣球”——录用通知，而自己也对单位感觉尚可的时候，就可以考虑与用人单位达成就业协议，签订《就业协议书》了。学生在与用人单位签订就业协议前，应对用人单位的情况多加了解，诸如用工制度、工作条件、工作地点、工作待遇及服务年限等，以免因信息不对称带来麻烦，导致日后后悔当初的选择。经双方协商，达成一致意见的约定（协议书的现有条款中未能包括），如工作地点、户口所在地、岗位、待遇等，可在协议书中写明，由毕业生和用人单位同时在其旁边签字、盖章。毕业生应充分与单位进行沟通，尽量将内容加以明确。很多公司会就大学生后续如出现违约要缴纳违约金情况做出说明，此时毕业生一定要与公司协商好违约金额以及公司单方面违约也要赔偿补偿金的问题。在求职中维权意识很重要，要保护自身的合法权益。

四、了解组织的文化和历史

选出有意向就职的组织后，还要通过多种渠道了解该组织的文化和历史，判定组织的价值观与自己的价值观是否相互匹配，如果发现自己根本无法接受组织的价值观，那就要另做选择。如果在不了解企业文化的情况下匆匆入职，必将感到实际与期望的巨大差距。

一个组织之所以选择没有任何工作经验的大学毕业生，就是看中他们是一张白纸，可以按照企业的价值观加以塑造，但如果企业的价值观正是一个人所鄙视或反感的，那么他在企业中就会感到痛苦，难以实现自身的价值。所以，在进行职业选择时，一定要对将要就职的组织有全面的了解,不要盲目草率地签订三方就业协议,否则就有可能要为自己的“试错”行为付出代价。

实用技能 7-1　　大学生求职

大学生在求职过程中应注意这些细节:

(1) 通过官网、国家企业信用信息公示系统网或是亲友、同学、朋友介绍尽可能多地了解企业。

(2) 注意面试地点及时间,地点为酒店就小心。

(3) 天下没有高福利+高薪资+低要求的工作,如果有,一定是骗局。

(4) 身份证件及个人信息要保护好,不可轻易泄露给他人。

第二节　职业生涯中的风险及防范

一、职场性骚扰

职场性骚扰是一个严峻而现实的话题。性骚扰是指违背当事人的意愿,采用包括动作和言语在内的种种与性有关的挑逗、侵犯和侮辱等方式,造成女性生理、心理损害或精神紧张的行为。据国际劳工组织在 23 个工业化国家的一项调查所提供的数据显示,有 15%—30%的女性称在工作场所受到过性骚扰,但可能有多达 60%的女性受害者因惧怕而对遭受性骚扰的事实守口如瓶。中央广播电视总台在几年前曾做过一个调查,当问到“您有没有遭遇或者在自己单位看到过办公室性骚扰”时,回答有的竟占 31%。所以,对于一天有三分之一时间在办公室度过的职业女性来说,担心遭受性骚扰将有可能导致其心理健康受到影响。可以说,职场性骚扰问题已经逐渐被人们所重视,作为职业女性,需要提高防范意识,保护好自己。

案例 7-6　　无奈应付反成证据

李玉是重庆市某小学教师,年轻漂亮,性格开朗。从她到学校时起,就受到校长吴某的言语和动作侵犯,吴某还经常给她发一些内容十分露骨的短信。因为害怕得罪领导,李玉不仅没有声张,还对吴某的短信做了应付式的回复。例如,吴某在短信中说“我需要你!”李玉回复“你的需要让我很满足”;吴某在短信中说“不能让你动情是俺今生最大的悲哀!”李玉回复“女人的悲哀难道你也有吗?”后来,李玉实在忍无可忍,便将吴某告上法庭,要求他赔礼道歉并赔偿精神损失 1 万元。

在法庭上,李玉提交了吴某发给她的 19 条有明显挑逗意味的短信。但在案件审理过程中,吴某却宣称自己和李玉当时互通短信是两相情愿,不属于性骚扰,并请求法院从移动公司调取了李玉回复给他的短信。最后，法院根据这些来往短信，认为吴某的行为不构成性骚扰，判决驳回李玉的诉讼请求。

因为种种利益的牵扯，女性反抗和躲避职场性骚扰更显困难，因此它带给女性的心理伤害和压力就更为严重。一些女性迫于生计，无奈地低头，这无疑纵容了骚扰者的行径。用人单位应该出台相应措施防范职场性骚扰，加强管理者和员工的思想道德修养。女员工也要敢于和巧于反抗，在遭遇性骚扰时，通过大声呼救挣脱或机智地向外求助以免受侵害。

二、职场冷暴力

“职场冷暴力”是指上司或群体用非暴力的方式刺激对方，致使一方或多方心灵受到严重伤害的行为。其主要体现在让人长期饱受讥讽、漠视甚至停止日常工作等刺激，使人在心理上感到压抑苦闷。在对领导者的研究中，有一种领导风格被称为辱虐式领导，即来自直接领导者的持续性的语言性或非语言性敌意行为，但不包括肢体接触。这些行为主要包括两大类：一类反映了领导者的主动性的辱虐行为，如嘲笑下属，指责下属能力不足，在别人面前贬低下属等；另一类则反映了相对被动的辱虐式领导行为，如对下属不理不睬，即使下属完成了非常费力的工作也不给予赞扬，不履行对下属的承诺，对下属撒谎等。研究表明，辱虐式领导不仅会引发员工个人消极的心理反应（如情绪耗竭、忧郁、焦虑、身体症状等），降低工作满意度与组织承诺，损及角色内和角色外绩效，促发职场偏差行为和攻击行为，而且还会因导致旷工率上升、医疗健康成本增加及生产率降低等组织效能指标的变化而增加企业的整体运营成本。

案例 7-7　遇冷暴力走上绝路

2015 年 7 月，成绩优异的 SIVA 毕业后，进入国际四大咨询公司之一工作。生在单亲家庭的他从小就性格内向，他非常珍惜这份工作。最近，他一直备感压力，可这份压力并不是他不能胜任这份工作，他每次都把工作完成得很出色，却得不到领导任何表扬。后来公司更是不知什么原因冷落了他，不给他安排任何工作，他很是担心。他曾经询问过上司几次，但总是不了了之。原新疆的上司本来仍要带他参与新疆项目组的工作，不知何故，突然放弃了。后来在网上看到自己被安排到江西的团队，他心中一块石头总算落地。可好景不长，之后又不知什么原因，SIVA 被踢出江西组。他的情绪一落千丈，最终选择了用极端方式了断一切。

上司的冷处理让脆弱的 SIVA 走上了绝路。

不少人受不了上司的冷嘲热讽，终日抑郁，甚至一走了之。职场人特别是作为管理者的职场人，应该清醒地认识到职场冷暴力的危害，首先不去成为一个职场冷暴力的实施者，其次一旦面对遭遇到的职场冷暴力时，要能够理性和积极地处理。

三、公司政治

“公司政治”是一个想在职场上生存的人所必须了解的事情,“政治”就是众人之事,企业也不例外,因为企业就是由一群人所组成的组织。

案例 7-8　“空降”的掌控

邵先生是某集团的行政总监。在他空降到集团之前,公司并没有该职务,公司的行政工作由办公室张主任负责。这位张主任为人不关己事不开口,平时最爱装糊涂,对老板言听计从,没有过错,却也没有功绩。但老板似乎并不满意他的工作,并决定重新招聘行政总监来主抓行政和日常管理工作。在他看来,这样做也许可以让张主任的工作有所起色,至少两个人工作上的相互制衡利于激发竞争,提高工作效率。

可是邵总监刚踏入公司就感到了工作难度。没有明确的授权,双方都没有明确的工作职责,使得公司上下,包括他们自己,都对自己职位的大小做了一番比较,于是双方展开了对部门内员工的争夺战,他们频频与自己部门员工谈话,了解他们的思想。邵总监更是借着原人事经理辞职的理由重新招聘了一位人事经理并培养成亲信。他深知人事经理是部门内最重要的岗位。这一轮,他已经占了上风。

邵总监多年从事行政工作的经验告诉他:没有工作业绩,一切都如同在沙滩上建堡垒。年底将至,邵总监适时炮制出一套各部门考核方案。这套方案深得老板欢心,因为方案的考核指标能充分体现老板对各部门工作的印象和好恶,如一直不得老板欢心的市场部其考核指标就有一项平时纪律表现,这项指标其他部门没有,而整天在外做市场调查的市场部在该项的得分想高都难。财务部也遇到了同样的问题:公司频繁更换财务经理使得财务部很多工作都出现脱节的情况,尤其在其他部门提出某些要求时,财务部的反应更是滞后,而对他们的考核指标又极其强调配合作用。这样一场由老板搭台,邵总监执导的大戏开台。

考核采用了各部门相互评分的形式,每个部门都有自己的代表,而参加的代表由人事部门指定。考核很快有了结果,结果果然符合各部门在老板心目中的地位。但由于年底的考核直接与年终奖金挂钩,因此考核结果引起轩然大波。财务部的部门经理和主抓市场部的集团副总经理伍总直接向老板表达了不满,结果是财务部经理辞职,伍总也被斥责对市场部的管理不当。针对此事,老板在总经理办公会上公开表明了自己的想法,他在肯定行政部门工作的同时指出:“在没有年初的考核目标和考核计划的前提下,进行年终绩效考核的确难以做到客观,所以大家不必把考核结果太放在心上。而绩效考核是年终绩效奖金的发放标准,既然绩效考核的结果不能作为依据,那年终员工的绩效奖金也因此而取消。”

绩效考核事件就这样收尾了。

可以看出，邵总监作为空降兵，通过收兵买马和按照老板的偏好设计考核方案在公司中站稳了脚跟，也在公司政治的博弈中占据了上风。一些自认为有能力的人通常都不屑于公司政治，但政治是客观存在的。

存在于大大小小、古今中外的企业里的一个现实情况：权力斗争、相互争宠、钩心斗角、本位主义、官僚主义、贪赃枉法、以权谋私等现象，潜伏在企业深层，渗透于企业活动的每一个角落。如果管理者对此没有准备，就可能陷入种种矛盾和纠纷之中。而且，没有一个企业仅仅靠制度文化就能消除这些企业的政治和道德问题。因此，要处理好这些问题，需要高超的领导艺术和政治手法。所以说，管理实践中蕴涵着政治，对公司政治一无所知的管理者绝非好的管理者。

从这个角度来讲，如何处理企业内部权力斗争、官僚主义、钩心斗角等问题，形成相关的政策、程序与措施是管理者必备的技能之一，这也属于公司政治能力的范畴。因此，企业管理者的职能，一方面是决策、指挥、协调和控制与政治无关的企业行为，另一方面就是处理公司政治。虽然一个管理者的工作时间有多少用在处理公司政治上并不容易估算，但在某种程度上公司政治已成为公司事务的一部分。

四、裁员风险

案例 7-9　ofo 的裁员风波

2018 年 5 月，在这个南方小城最适合出行的时候，李铭从 ofo 离职了。最后一天，办公室空空荡荡，他安静地收拾东西离开。不久前，他亲手裁掉了和自己并肩作战的兄弟们。

李铭告诉《新财经》记者，他收到来自 ofo 总部的裁员方案，这个三线城市的城市站只能留下一个人。他最终争取了两个名额，但没有留给自己。作为城市经理，李铭看到 ofo 从挥金如土到难以为继的整个过程，缺乏完善的管理制度，让城市站滋生出诸多问题。

今年 5 月，戴威曾在内部会议中表示要独立发展，号召公司员工“战斗到底”。但这个表态并没有打动李铭，在 ofo 工作近两年，他看到，公司疯狂烧钱、同事的贪腐、公司内部站队，能力并不能决定是否升职：“虽然我很感谢 ofo，但我不愿意陪着它战斗。”

对于离职，李铭内心已经没有多少波澜。这已经是第三次裁员，而这个城市站员工情绪最激动的时候，是在第二波裁员后。

李铭记得，小年夜那天，李铭和员工们吃饭，原本是围着大桌子吃饭的员工们，渐渐围成一个小圈子感慨万千，那天晚上，李铭和员工喝了点酒，说着说着就有人哭了。“大家知道马上要裁第三批了，很不舍。”李铭说。

第二批裁员和第三批裁员的时间隔得很近，李铭记得，有一个员工和他说，很不喜欢公司的气氛，该员工不在裁员之列，但选择了主动离职。那时候距离发年终奖只剩一个月。“我给她发放了一个很高的绩效年终奖，结果她都没要，想想好难过。”

在 ofo 的公司体系里，三四线城市的运营管理团队属于“空军战队”，李铭所在的城市站就是其中之一。据李铭介绍，自 ofo 资金链出问题开始，这个承载着 ofo 扩张野心的“空军”，也开始了被“优化”的进程。

李铭称，裁员从年前就已经开始，分批次进行。ofo 从未拖欠过员工的工资，裁员时，也都给了赔偿。今年 2 月，ofo 将自行车作为动产抵押，换取来自阿里巴巴 17.7 亿元的借款。3 月，ofo 获得阿里巴巴领投的 E2—1 轮 8.66 亿美元（约 55 亿元人民币）融资，此前的借款包含在内。这笔钱被外界称为 ofo 的救命钱，此前，ofo 资金链紧张的消息已经数次登上媒体头条。

但对于李铭来说，坏情况并没有缓解。裁员的第一枪，打向了李铭所在城市站的运维团队。据李铭介绍，他所在城市站运维团队最多时有 50 多人，主要工作是找车、修车、调度。在 ofo 花的钱里，运维是最主要的支出之一。

据《新财经》杂志报道，到 2018 年 5 月，ofo 单月成本高达 2.5 亿元，其中运维成本高达 1.3 亿元。大幅度裁撤运维团队，意味着当地市场的 ofo 小黄车处于无人管理的状态。而李铭告诉《新财经》记者，年后他已经拿不到多少新车进行投放，整个城市站基本上处于停滞运营的状态，员工们等着被裁的命运降临。

“第一次裁员，是公司觉得规模超标了，后来是的确没钱了，被迫裁人，赔偿也越来越少。”李铭说。在李铭走后，ofo 的人员还在精简，有媒体报道，ofo 郑州公司已经人去楼空。对此，ofo 公关部负责人对媒体回应称，“公司租约到期，办公室搬往其他地方办公，运营一切正常”。在 2018 年 6 月，有 ofo 公关曾在接受媒体采访时否认内部大裁员。

走在路上，李铭发现，小黄车越来越少了，大多数是凌乱地摆成一排，破损严重。自从 5 月离开 ofo，他再没回办公室看一眼，那里可能一个员工也没有了。（文中李铭为化名）

当人到中年时，上有老下有小，最希望的就是工作稳定、家庭和睦，而一旦遇上公司大规模裁员，不少人连生计都难以维持。因此，每一名职场人士都要把自己打造成为岗位中关键且必不可少的员工，并且要动态地考虑和调整自己的职业发展方向，合理地预判形势，一旦发现形势不对，就要及时调整职业规划。当然，最关键的还是要有核心专长，倘若自己从事的工作替代性很强，那么既不能得到很高的薪资，也极易被他人所取代。

第三节　逆境商数与压力管理

一、逆境商数

当工作出现困难时，您会有怎样的反应？是责怪别人，而且一天都想着工作的苦恼，还是继续埋头工作，甚至因具有挑战而更加兴奋？如果是后者，那么说明您的逆境商数（以下简称“逆商”）很高，极具成功的潜质。

为何在智力差不多、情商也差不多的情况下，有些人能坚持到底，而有些人却半途而废呢？逆商很好地回答了这个问题。具有高逆商的人，自然能够在任何情况下都秉承自己的信念，坚持到成功为止；而低逆商的人则没有这种坚持到底的勇气与毅力。

人的一生不可能一帆风顺，逆境已经是生活中不可避免的一部分了。正因如此，正确对待和突破逆境，是所有人都应关注的问题。

在逆境中，我们该如何实现突破呢？著名学者梁实秋曾说："求人不如求己。"在逆境中，我们必须要靠自己的信念、智慧和力量来面对现实，接受挑战。不管是怎样的困蹇穷愁，首先要咬紧牙关挺住、顶住、坚持住，只有不放弃才会有希望，才会有转折，才会有成功。或许，只要再多一点坚持，命运就会出现根本性的转机。有时候，逆境还会变成机遇。"吃一堑，长一智"，这对将来的发展更有好处。逆境不放弃，还需要学会保持一种心情，要平和宁静，不要浮躁，不要急于求成。

孟子曾说"天将降大任于斯人也，必先苦其心志"，古今中外，成功之人无不经历过逆境，并且战胜了逆境。

逆商是保罗·斯托茨(Pau. G. Stoltz) 在综合当今世界数十位著名科学家的最终研究成果的基础上于 20 世纪 90 年代中期提出来的概念，他在其风靡世界的著作《逆境商数：将障碍化为机会》中将逆商界定为用以衡量人们消除或克服困难或逆境的能力，它由控制(control)、归因(attribution：origin & ownership)、延伸(reach) 和忍耐(endurance) 构成，简称为 CORE。简言之，逆商是指人们在面对逆境或失败时的反应能力，是一种不败于任何逆境的生活态度和思考方式。

控制是指个体自己主观感受到的对逆境的控制能力。面对逆境，控制感弱的人认为自己无能为力，没办法控制；控制感强的人则会相信自己，积极主动地采取措施改变所处环境。

案例 7-10 迟到的录取通知书

这是一个让人心痛的故事。

小吴是一个从农村走出来的孩子，家里比较穷，父母东借西凑，好不容易供他上了县城里的重点高中。

小吴从小就是一个懂事的孩子，他明白自己的处境，明白父母的用心，所以学习特别刻苦。他的学习成绩在班里虽不是名列前茅，但一直保持着上等生的水平，在父母、老师以及小吴自己心中，他考上一所重点大学应该是没有问题的。父母对他的期望值很高，而他也发誓一定要争口气，出人头地。

"黑色"的 6 月过去了，小吴在焦急的等待中期盼着上帝的垂怜。然而，一天过去了，两天过去了，三天过去了……小吴的一颗心悬在了嗓子眼儿上，他骑自行车到县城去询问了一次、两次、三次……

小吴欲哭无泪。在他最初的感觉里，认为自己在考场上发挥得还不错，成绩应该比较理想。但他看着周围的同学都欢天喜地地拿到了大学录取通知书，便开始烦躁不安，郁闷异常，心情由失望而绝望。

后来,小吴失踪了。两天后,人们找到了他的尸体连同他的遗书。他在遗书中说父母供他读书十几年,而自己却没能考上大学,对不起父母,只有以死谢罪。小吴的父母悲痛欲绝。

几天后,一张重点大学的录取通知书送到了吴家……

这是一个悲剧,而小吴的悲剧就在于他没有学会在逆境中控制自己,在逆境中等待机会。其实,即使这一年没有考上大学,也可以复读一年甚至两年,他仍然还有机会上大学;纵使不上大学,也可以经商、打工或者务农。生存并发展的机会总是有的,而他却都放弃了。斯托茨认为,个体的控制能力来自他的控制感。控制感是指人们对周围环境的信念控制能力。面对逆境或挫折时,具有高逆商和低逆商的人,在这个要素上的反应有很大的不同。那些具有较高逆商的人,他们在生活和工作中能感觉到更多的控制力,于是就敢于采取行动,而这些行动又反过来使他们获得更多的控制力。

归因是指个体所认为的导致逆境的原因以及愿意承担责任、改善后果的情况,可分为内部归因与外部归因。内部归因是在逆境中把失败或逆境的原因归咎于自己内部因素,外部归因是把失败或逆境的原因归结为外部因素。

案例 7-11　爱迪生的“归因术”

爱迪生在 1877 年开始了改革弧光灯的试验,提出了要搞分电流,变弧光灯为白光灯的想法。这项试验要达到满意的程度,必须找到一种能燃烧到白热的物质做灯丝,这种灯丝要经受住热度在二千度一千小时以上的燃烧。同时,用法要简单,能经受日常使用的击碰,价格要低廉,还要使一个灯的明和灭不影响其他任何一个灯的明和灭,保持每个灯的相对独立性。这在当时是极大胆的设想,需要下极大的工夫去探索,去试验。为了选择这种灯丝用的物质,爱迪生先是用炭化物质做试验,失败后又以金属铂与铱高熔点合金做灯丝试验,还做过上质矿石和矿苗共 1 600 种不同的试验,结果都失败了。

但这时,他和他的助手们已取得了很大进展,知道白热灯丝必须密封在一个高度真空玻璃球内才不易熔掉的道理。这样,他的试验又回到炭质灯丝上来了。他昼夜不息地工作到了 1880 年的上半年,白热灯试验仍无结果,就连他的助手也灰心了。但他集中精力在炭化上下功夫,仅植物类的炭化试验就达 6 000 多种。他的试验笔记簿多达二百多本,共计四万余页,先后经过三年的时间。他每天工作十八九个小时。每天清早三四点的时候,他才头枕两三本书,躺在试验用的桌子下面睡觉。有时他一天在凳子上睡三四次,每次只半小时。

有一天,他把试验室里一把芭蕉扇边上缚着的一条竹丝撕成细丝,经炭化后做成一根灯丝,结果这一次比以前做的种种试验都优异,这便是爱迪生最早发明的白热电灯——竹丝电灯。这种竹丝电灯持续了好多年,直到 1908 年发明用钨做灯丝后才被代替。爱迪生在这以后开始研制的碱性蓄电池,困难很大,他的钻研精神,更十分惊人。他和一个精选的助手苦心孤诣地研究了近十年的时间,经历了许许多多的艰辛与失败,经常是当他以为走到目的地时却发现走错了方向。但爱迪生从来没有动摇过,不断地重新开始。大约经过五万次的试验,写成试验笔记一百五十多本,方才达到目的。

爱迪生能成为发明大王与他不畏困难和挫折、执着追求真理的精神是分不开的,当然也与他失败后的合理归因紧密相关,他没有因为失败就心生退意,而是主动寻求问题的根源,一心扑在试验上,相信自己一定能够成功。因此,他最终取得了成功,也为人们的生活带来了巨大的改变。

社会认知除了推断他人"是什么",还对他人的行为或事物发生的原因进行推断,进行原因的归属和解释,我们把这叫作归因。所谓归因,就是指根据有关的外部信息、线索判断人的内在状态,或依据外在行为表现推测行为原因的过程。简言之,挫折发生了,要分析挫折发生的原因,这就是归因。低逆商的人倾向于消极归因,过分自责,在许多情况下,他们把自己看作逆境唯一的起源,进而责备自己,对自己的行为懊恼不已。相反,高逆商的人倾向于主动承担责任,为挫折负责,但他们会进行积极归因,即相信自己一定能改善局面。也就是说,高逆商者比低逆商者更能从错误中学到新的东西。

延伸是对逆境影响范围的评估与觉察。一般而言,逆商越高,越把逆境视为特定事件,越觉得自己有能力处理,能够将其消极影响程度降至最小。而低逆商的人,逆境的消极影响范围则会不断扩展,直至影响到其学习、生活和工作的方方面面。

例如,有的人一受到领导批评,就觉得自己一无是处,一味地自我否定,从此一蹶不振。这样就把挫折的影响无形中放大了,其实领导可能只是就事论事。此时须报以积极的心态面对,之所以受到批评,说明在领导心目中还是有分量的,如果到了做错事领导也不批评的地步,那么在单位中也就处于无足轻重的地位了。延伸就是自动将一个挫折的负面影响延伸到其他方面。这种泛化的习惯是低逆商的根本源头。具有高逆商的人,很少泛化,他们将挫折事件的负面影响控制在特定的范围内,不让其蔓延。而低逆商的人不仅无法超越挫折,还会将挫折带来的负面影响像瘟疫一样延伸到生活的其他方面,最终把生活搞得一塌糊涂。

忍耐是指认识到问题的持久性以及它对个体的影响持续时间。逆商低的人,逆境带给他的消极影响比较长,他在主观上也会认为这种影响很难消除,而逆商高的人则与之相反。

斯托茨认为,逆境不会产生不可逾越的障碍,每一个困难都是一次挑战,每一次挑战都是一次机遇,战胜困难就抓住了机遇。变化成为高逆商者人生历程中最受欢迎的一部分,他们尽管面对着似乎不可战胜的逆境,却能努力设法不停止前进的脚步,而他们在前进的过程中,技术日渐提高,力量不断壮大,自身不断进步,最终取得突破。

案例 7-12　　稻盛和夫的哲学

即使在苦难当中,只要拼命工作,就能带来不可思议的好运。

"那家伙真可怜",那时周围的人都这么说。我想人有一个时期处在这种不幸的境遇里也未必是坏事。

冬天越寒冷,樱花就开得越烂漫。人也是一样,不体验痛苦和烦恼,就很难有大的发展,就不会抓住真正的幸福。

我的人生中曾遭遇过无数的困难和挫折,但恰如奥赛罗棋盘上的黑棋一下子返归白棋一样,困难和挫折后来都变为成功的基础。现在回顾起来,我感觉到,当初认为痛苦的事情后来全都给我带来了好结果。

这么想来,人生中的困难和挫折,正是我人生的起点,或许也正是我最大的"幸运"。

比如,我不幸进入了连年亏损的松风工业公司,同期来的大学生中只剩下我孤零零一个人的时候,"稻盛君真可怜,大学里很用功,成绩这么好,却只能待在那样的破公司里,运气太差,他的人生今后不知道会怎样呢",朋友们这么评价我,不知是同情还是嘲笑。

看到同事们一个个凭各自的本领开拓进取,自己却无处可去,只能一个人龟缩在这倒霉的公司里——一种绝望感让我几乎精神崩溃。

但是,现在想来,正是这种不幸或考验教我懂得,只有拼命工作才能给人生带来好运。从这个意义上说,苦难和挫折是神赐予我的最好礼物。在逆境中坚持认真工作,拼命努力,我现在所有的成功都是建立在这个基础之上的。

如果不经历苦难和挫折,考进了名校,就职于大企业,我的人生就完全不同了。

不管是顺境也好,逆境也好——不管自己处在何种境遇,都要抱着积极的心态朝前看,任何时候都要拼命工作,持续努力,这才是最重要的。人在逆境控制中具有超凡的力量,这一能力被称为"一个人对逆境的可忍受力",即忍耐力。忍耐力的大小在于对未来是否抱有希望和信心。低逆商的人认为逆境会永久持续下去,而那些高逆商的人在看待已经发生的最可怕的环境时,也抱有希望和信心。

二、压力管理

一个人的成长与成才和一定的压力紧密相关。适度的压力可以促进入职者的自我学习从而提升自身竞争力,但压力过大也可能会产生职业枯竭现象,即对长期从事的职业产生疲倦感,引起心理或生理问题。

职场中的压力源——处于职业枯竭阶段的员工总是抱怨自己没有找到好的工作,但是究竟什么是好的工作,自己却又说不出来。人们常常盯着得不到的东西,而忽视了那些已经得到的东西。因而,正确认识并辨别压力源是克服职场压力和解决职业枯竭问题的重要途径。

对于刚入职的新员工来说,压力一般来自对工作环境的熟悉和同事的相处。因为对工作流程还并不熟悉,很担心做错事情。与人的相处也是一门难修的学问,同事间关系和睦有利于工作效率的提高。对于处于职场中期的员工,压力更多来自升职加薪、家庭与工作的冲突等,感觉自己的工作内容无趣,工资不高,上级领导或是周围同事冷落疏远。

另外，有的时候当工作上或人际关系上的压力可能确实比较沉重时，就需要给自己减压，调适自己的心理状态，通过多种方法舒缓压力，以免造成过重的心理或生理负担。

1. 舒缓压力的方法

在激烈的职场竞争环境中，可以通过运动的方式来调整自己并释放压力。作为年轻的入职者，如能每天利用一小时的时间来运动，对身体健康将有莫大的益处。然而，在这个生活步调讲求分秒必争的时代，一小时的时间都将变得奢侈。因此，我们可以根据所处环境，并利用已有资源来舒缓压力。

利用桌椅的简易体操。在短暂的休息时间里，可以利用身边的桌椅做简易体操，例如迅速地做 2 次或 3 次的俯卧撑，及 5—10 次的体前屈等，持之以恒将会有效改善自己的健康状况。

保持室内空气新鲜、温度适中。应尽量避免在空气沉闷、浑浊的环境下工作。室内空气不好时，会导致工作效率大幅的降低。为使工作效率恢复生机，务必给脑细胞供应充分的新鲜空气。当室内温度保持在 19—21℃时，最适合人体需要，个体不仅在工作时心情愉悦，且不易感到疲劳。而室内温度高于 21℃或低于 19℃时，若欲保持较高的工作效率，则需花费较多的精力，也容易导致疲劳。有实验显示，室温超过 32℃时个体的工作效率为 19—21℃时的一半。

从事适当的运动。每天从事一些相对固定的运动项目，可以消除紧张情绪和压力。运动对生活来说，不失为一种调味品。只要多加留心，会发现很多上班时可做的保持身体健康的运动，例如爬楼梯、饭后散步、休息期间做简单的伸展动作等。

2. 应对环境的钝感力

钝感力一词是作家渡边淳一发明的，即“迟钝的力量”，从容面对生活的挫折、伤痛与压力，坚定地朝着自己的方向前进。

现实生活中，我们总是太过敏感，因为在乎别人的目光，我们情愿选择违背自己的意愿去生活。想在路边摊消费，担心同事对自己有看法；想去做个新潮发型，担心别人投来异样目光；想去参加比赛，总是担心第一关就被淘汰，一直处在纠结中……这样的例子不胜枚举，患得患失，缺少钝感力，令我们无法朝自己的目标奔去。

欠缺钝感力，还会使人多疑，生出“邻人盗斧”的错觉，觉得别人投来的目光含有讥讽成分，觉得别人的言语含有揶揄的暗示。甚至我们的心思不再放在自己的事情上，而是去打探、琢磨别人的情况，仿佛是为别人而生活。看见同事在窃窃私语，就会想象是不是在说自己坏话；发现别人收到了领导下发的任务而自己却没有，就会担心是否失去了领导的信任；给别人发微信却没有得到回应，就会怀疑他人是否看见了故意不回，明显对自己有偏见。

缺乏钝感力，还表现在时不时让悲观情绪占上风，一根稻草就可能将我们绊倒，一点困难挫折都经受不起。不能如此下去，我们需要变得皮实一点，皮实是有钝感力的表现，不以物喜，不以己悲，保持乐观向上的斗志。

面对压力和挫折,钝感力的五项铁律表现在:① 迅速忘却不快之事;② 认定目标,即使失败仍要继续挑战;③ 坦然面对流言蜚语;④ 对嫉妒讽刺常怀感谢之心;⑤ 面对表扬,不得意忘形不得寸进尺。

木心曾说:岁月不饶人,我亦未曾饶过岁月。生活很骨感,要想成功,别忘了来点钝感力,与困难和压力死磕到底。

实用技能 7-2　　应对压力

1. 做些自己感兴趣的事情,如看电影、旅游、听音乐等。
2. 学会自我调节,如有必要,可以来到僻静无人处将烦恼大声喊出。
3. 转移注意力,想一想曾经快乐的事。
4. 有时候,美食一顿不失为一个好方法。

第四节　社会安全网与自我防御

要造就成功的职业生涯,既要保证职业的高度,也要保证生涯的长度,而这两者都离不开对职场复杂性的深刻了解。作为立足中国现实的教材,在介绍清楚什么是职业生涯,如何构建职业生涯和人生规划的基础上,有必要告诉大学生真实的职场生态,提醒大学生群体从现在开始增强自我防御的意识,学会在复杂的职场中生存和发展。

一、构筑社会安全网

所谓社会安全网,就是一套保障机制或者说免疫系统。其实,社会中的每个人都很脆弱,任何人都有可能因为自身的原因处在艰难和痛苦的状态。大学生在走向社会的过程中,一方面,要面临角色的转换,要从学生变身为职场人士,内心可能会有些许不适;另一方面,要面临严峻的就业形势,还要背负独立生活的负担。此时往往是大学生最脆弱的时候,尤其是在求职频频碰壁之时无助感更加凸显,高校毕业生自杀的新闻不时见诸报端。

因此,国家和社会层面需要防范这种风险,构筑起一张社会安全网,这张网首先要承担社会救助体系的重任,为求职有困难的大学毕业生提供暂时的基本生活保障。另外,社会安全网还要为大学生提供必要的心理援助,帮助他们认识到找工作的一时困难与个人终身的职业发展比起来只是一瞬,在他们求职的过程中提供正向的培训与激励,使得他们能够更好地匹配用人单位的需求。

案例 7-13　**苏菲的供词**

1984 年,西南山区。

凌晨。温柔谦和的女医生苏菲因涉嫌盗窃国家机密,被公安干警从新婚不久的家中带走。

审讯中,苏菲供出了她的全部罪行……

五年前,刚从医学院毕业的高才生苏菲顺利分配到三江县最大的人民医院,与留学归来的秦博士一见钟情,然而相恋之后苏菲才发现并不像秦博士之前对他所说的那样,他并没有与自己的妻子离婚,而秦博士也在被妻子发现有外遇之后,被他岳父调离了三江县。这时苏菲发现自己怀孕了。

当苏菲打算去诊所做流产手术时,却被紧急派往山区医疗队。她期望在艰苦的环境和繁重的工作中能自行流产,然而却未能如愿,也耽误了手术的时机。接到母亲病危的通知后,苏菲急忙赶回三江县,安葬了母亲之后由于过度劳累和悲痛而导致早产,便在之前打算做流产手术的小诊所偷偷生下了男婴小东,诊所大夫向其介绍了关贵山夫妇,夫妇二人承诺帮她抚养孩子,并且隐瞒孩子出身,苏菲对此感激不尽。

一天夜里小东染上肺炎,苏菲铤而走险带其回医院输液,不料却被院办主任李瑞生发现,而他在知道了那是苏菲和秦博士的孩子时,慷慨地帮她垫付了医疗费。这让苏菲感激不已,后来主动报名下乡去了研制核潜艇的 851 厂医务室工作。

然而她万万没有想到,李瑞生竟是隐藏的间谍,秦博士、诊所大夫、关贵山夫妇的出现都并非偶然,而她自己早已在不知不觉中被李瑞生一步一步控制,李瑞生的目的就是将苏菲发展为自己的"下线",去 851 厂盗取有关核潜艇生产的机密。

顶不住压力同时又担心儿子安危的苏菲,在李瑞生的威逼利诱下前往 851 厂,从此她的生活一步步迈向深渊。

这张社会安全网也要帮助毕业生们提高对复杂职场的认知度,特别是教育他们不要被别有用心的人利用,否则后悔莫及。赴外留学生经不住利益诱惑而被海外间谍组织发展为间谍,套取我国国家机密,损害国家利益的危险并非不存在,这不得不引起我们的警觉。

二、增强自我防御力

顾名思义,当自我觉察到来自本我的冲动或是外界的威胁时,就会以预期的方式体验到一定的焦虑和紧张,并尝试用一定的策略去阻止它,这个过程就是防御,或称为自我防御。防御是自我用来驱赶意识到的冲动、危险、内驱力、欲望和想法,一般来说,防御是在潜意识里进行的,因此个体并不会意识到它在发挥作用。

中西方在文化上存在差异,不同的教育方式培养出拥有不同自我防御能力的青年人。外国人在做一件事情时,脑海中总是会多问几个为什么,而提出这些问题的过程便是在一步步将风险剔除。相比之下，无论是在心理上还是在生理上，绝大多数中国人的自我防御能力都较为薄弱。尤其是对于外出留学或工作的年轻人来说，自我防御力的增强更是刻不容缓。

案例 7-14　　悲剧的诞生

去美国伊利诺伊大学厄巴纳香槟分校交换的北大硕士章莹颖（本科中山大学）于2017年6月9日中午去ONE NORTH公寓签约途中失踪。随后美国警方正式立案，并通过跟踪排查，锁定嫌疑人。

据新华社报道，涉嫌绑架章莹颖的这名男子名为勃兰特·克里斯滕森，27岁，来自伊利诺伊州，是美国伊利诺伊大学厄巴纳—尚佩恩分校物理课程的助教。该男子社交媒体LinkedIn页面显示，他于2013年毕业于威斯康星麦迪逊分校，所学专业是物理学，目前是伊利诺伊大学厄巴纳香槟分校的研究生，在读博士生，在分校工作3年零7个月。他是章莹颖失踪前乘坐黑色汽车的车主。他被逮捕前已被FBI监视。

嫌犯已经找到，并亲口说出绑架章莹颖的事实。但首次开庭受审时却拒绝认罪。然而，不幸的是，美国执法部门推断，26岁的章莹颖已经遇害。

我们在惋惜一条如此年轻的生命逝去的同时，也该反省一下自我的防御能力是否能够帮助我们规避潜在的风险。章莹颖事件的发生，部分原因在于她个人的防范心不够强，看到同一大学的助教出现，便放松了警惕。身处国外，本身环境就较为复杂，作为女生更是处于劣势。此时，一定要谨慎行动，不是极为熟识的人千万不要轻易搭车。

三、潜心观察自己身边的人

职场中，每天都在上演“无间道”，各种“潜伏”“谍战”层出不穷，只是我们处在其中，有时不能清楚地意识到，所谓“当局者迷”。也许仗义执言，实事求是，也会引来别人的反对，因为自己的认真，无形中威胁到了那些不专心做事的人的利益；也许因工于心计而春风得意的人，是领导眼前的红人却成了大家眼中的公敌；也许在特殊时刻为了稳定大局，团结群众，而自己却不明不白地成了最后的牺牲品；也许自己的能力很突出，但若不懂得藏锋，或引来嫉妒，或功高震主。总而言之，我们应具有自我防御的意识，并注意观察和分析形势，从而在复杂的职场中立于不败之地。

案例 7-15　　学会观察

刚进宫还势单力薄的甄嬛深谙人脉的重要，默默在后宫建立关系网，无论是对元老级宫官还是身份卑微的宫女，都礼遇有加。她还建立了自己的小团队，通过“共患难”的测试，挑选不少忠心的宫女、太监作为心腹，而这些心腹在甄嬛失势时都对她不离不弃，帮助她渡过各种难关。

此外，甄嬛懂得揣摩帝意，深知皇上的好恶和软肋，并善于对症下药。流产失势后，她用旧情唤醒皇上的怜惜，再用新鲜手段引诱皇上，当皇上对其旧情重萌时，她却几度将皇上拒于门外，一招“欲擒先纵”紧紧地抓住了皇上的心。此外，她还抓住皇上因忌讳年羹尧而不得不专宠其妹华妃这一点，“不计”华妃令她流产之嫌，帮失势的华妃“说话”，让皇上恢复华妃的名号和妃位，一方面让皇上对其更加愧疚，另一方面也让皇上欣赏她的大度从而对她越发疼爱。

所谓“树大招风”，在宫中得势的甄嬛自然少不了被小人谋害，上至恶毒的皇后、跋扈的华妃，下至嫉妒的贵人嫔妃都对她虎视眈眈，就连入宫时蒙她照应、结为姊妹的安嫔也因利忘义，被皇后收买，成为谋害甄嬛的一个棋子。面对好姊妹的背叛，甄嬛果断地斩断昔日情谊。

作为职场人士，必须能够慧眼识人。功夫在平时，只有平时善于观察，才能发现身边形形色色的人的本质，也只有如此，才可能自如地应对，成为职场的常青树。

观察就是为了摸清公司的脉络，这同样是新人必须做到的。但往往有很多人，进公司一年后还没搞清楚公司内的人际关系和势力脉络，这是很危险的，因为只有了解职场上的势力脉络，遇事时才能够做出最明智的判断。了解上司的喜好，认识他们的朋友，以及分析公司人事关系的发展形势等，这些都是为有效的自我防御奠定基础。

四、管好自己的嘴

在这个追求利益最大化的时代，每个人都期望自己获得更多的利益，或者凭自身能力去搏击，或者工于心计。其实，在很多时候，为了那么一丁点利益，同事都有可能出卖自己，终其原因，要么是能力太突出，阻碍了大家上升的通道；要么是个性太张扬，严重影响大部分同事的利益，成了人人嫉恨的对象。

这样的例子数不胜数，这所有的一切都取决于我们怎样做人，怎样管好自己的嘴。“祸从口出”，所有的祸事源泉都取决于我们的嘴。

案例 7-16　口无遮拦的尴尬

在一次公司宴会上，张东在酒桌上向邻座的同事讲起公司一位领导的秘密，同时对这位领导的部分行为表现出极大不满，并说了一堆人身攻击的话。这时，餐桌上有位太太问他道：“先生，你知道我是谁吗？”他吃惊地问：“请问您贵姓啊？”“我正是你说的那位领导的妻子。”原来公司这次宴会是允许领导层带家属参加的，听到这里他顿时窘住了，场面非常尴尬。那位领导的太太很有教养，没有当面指责他，但他的口无遮拦却给别人留下了非常坏的印象。

我们说的每句话，都不会只有一个人知道。所以要想好该说什么，不该说什么。千万不要奢望自己与一个同事私下说的话，其他同事就不知道，老板就不知道。经验告诉我们，每一句对公司的议论，最后都会传到老板耳朵里。所以在职场中对于不该说的，绝对不能说；对于可说可不说的，也尽量不要说。

五、保持平常心

在职场中，每个人都在寻找升职加薪的途径，只是大家选择的路径不同，有的人选择踏实做事，希望凭自己的真本事达成上升的目标；有的人选择讨好上司，极力满足上司的一切需求；有的人靠出卖同事，打击比自己能力强的人，踩着别人的肩膀上升；而有的人却富有智慧，既有自己的工作业绩，又与领导保持融洽的关系，如此更易在职场中立足。

案例 7-17　　一颗平常心

小涵大学毕业后就加盟某公司，成为其办公室的一名普通职员。两年下来她觉得自己是这个世界上最不幸的人：生不逢时，没有好工作，没有钱，没有房子。每月的薪水少得可怜，还要早出晚归，真是没劲透了。办公室里和她同时进入公司的同事都升职了，自己却还是个普通的科员。直到有一天，她碰到一个在工厂打工的女孩，女孩一脸羡慕地说："像你这样有份工作多好！我们厂子不景气，我已经快半年没班上了。"小涵告诉她自己感觉上班太累了，正想辞职不干呢。女孩惊讶地说："到哪儿不受气？喝凉水还嫌塞牙呢！应该好好珍惜眼前的工作，做好自己分内之事，自然会有回报。"小涵怔住了，不知如何回答。回到家里思考了一个晚上，她才发现，其实没能升职，很大一部分源于自己。每天到公司后就盼着下班，上班时间时不时听听音乐，逛逛淘宝，最关心的就是今天哪个同事买了什么包，穿了什么名牌衣服，明天谁过生日在哪家饭店请客。自己并没有花费多少心思在工作以及如何提高自身技能上。只会抱怨不受领导赏识，其实自己的不快乐，皆因太过浮躁，缺少一颗平常心。

职场千变万化，险象环生。一方面，需要我们踏踏实实地做好本职工作，不断提高自身价值，不断给企业创造更大的价值；另一方面，也要时时加强同上下级的沟通，做好团结群众的工作，不要对工作以外的事妄加评论，不抱怨公司，不抱怨上司，即使对工作有很多怨言，也不要轻易对同事讲，对于上司、同事的秘密要严加保守，不要轻易去碰"小人"，总之，要在工作中不断加强斗争的艺术。可以不聪明，但不可以不小心。职场生涯是自己一辈子的事业，而不是一时的事业。所以别逞一时之快，做事情要着眼于一世。

六、做好能做的

站在上司立场上想问题，站在自己立场上办事情。当上司相信自己，让自己做一些事情时,心里必须要有本账。要站在上司立场上去考虑问题,了解上司为什么要做,能达到什么目的。然后再以自己的立场选择做什么和不做什么。

要记住的是,"做事做得好,干活干到老"和"让自己有价值"这两句话并没有矛盾。价值体现在关键处,是在一个至关重要的地方才突然爆发的。而无关痛痒时,尤其是做些没功劳只有苦劳的活,别做太好。永远干得好,就会一直干下去。若让人觉得,我们只有做庸碌工作的才能,就算干到累死,也没有爬上去的那一天。

案例 7-18 做好人,不做老好人

F君在电视台工作已经有五六年了,他在电视台的人缘很好,却一直没有升职加薪。为什么呢?F君是典型的老好人,在办公室里可以说是对所有人有求必应,记得他刚来时就特别勤奋,每天都会很早到办公室,帮大家打扫打扫卫生,接接茶水,后来转正后,这个习惯更是一直延续了。除了同事之外,F君对领导的要求更是不敢拒绝,比如有时他明明已经忙得四脚朝天了,但是领导叫他帮忙取个快递,他也会立马就去。由于不会拒绝别人,渐渐就出现了把别人"拜托"的工作都完成得很好可是自己工作常会出现一些小疏忽的情况。

有次,他因帮助同事做一件事而导致一档综艺节目没能及时上新,被领导当众严厉批评。F君很是委屈辩解道,他不是故意的,是当时那个同事有急事,让他帮忙,等他忙完再上传就晚了。领导听完之后,把F的那个同事叫来也批评了一通。事后,同事还埋怨F君把自己供了出来,真不够意思,两人闹得很不愉快。

F君很是郁闷,自己平时在工作中这么帮助同事,却也并没得到什么好处,升职加薪不说,反而还遭到埋怨。F君越想越伤心,不明白自己到底做错了什么。

该做的事情认真去做,不该做的千万别做。并不永远都是越勤快越好,新人很容易犯的错误,就是老抢着干活,甚至把所有事情都一肩挑起,还自以为在帮别人的忙。仔细想想,如果自己把事情都做完了,那别人还做什么。这岂不是说只有自己一个最重要,而别人都是多余的吗?自己做完事情,就等于一个人占了全部的功劳,而这更是职场的大忌。功劳全是自己的,别人一事无成,那自己就是所有人的公敌。若做了许多本不需自己做的事情,而做得越多错得越多,只需要一个错漏被人抓住,就足够对手打击您了。所以,把分内的事情做到完美就好,对于抢别人工作的事情,只可以在关键时刻做且越少越好。

七、给自己留条后路

得罪人是有成本的。职场中的大忌,就是被一时的情绪所控制,不由自主地得罪了人。任何职场高手,都是不露声色的。原因很简单,在职场上,得罪人是有成本的。

顺境时要胆小,成功时须谨慎,是在中国永保安全的不二法门。所谓"生于忧患,死于安乐",当人处于窘迫状态时,很多事情都能想明白能看透。而在春风得意时,却犯了糊涂。夸奖的话,是赞美也是毒药,容易让人迷失方向,这时候恰恰是最危险的。绝大部分的灾祸,都是人在顺境时埋下的种子,而那时人们身心安适,事业顺利,自然看不到一个细节的疏忽。但真正致命的细节,却能在顺境时潜伏,随着时间的推移,逐渐发展成巨大的劫难。

顺境时胆小,就是让人越是顺利时越要停下来想一想,自己做的事情还有哪些不足,自己的表现还有哪些不好,自己说的话有哪些是不当的。因为这个阶段如果有一丁点没做好,在逆境时其影响就会放大一百倍。顺境时得罪了人,别人不敢报复,只能隐藏在心中。可等到逆境时,这个人就会落井下石。所以在顺境时须小心谨慎,尽可能地把事情做稳妥,越是别人捧的时候,越要低调,千万别趁着高兴去得罪人。顺风顺水时多想想逆境的痛苦,这才能不让人死于安乐,也为自己逆境时留一条后路。

案例 7-19　为自己留个机会

有个女孩接到一家新公司打来的电话,开出的待遇是她现在的三倍。女孩心动了,想辞职。但她告知对方要等三个月,女孩的理由是她跟原单位的合同还没到期(其实只有一个月就到期了)。她觉得,她要让原公司有足够的时间去寻找接替她的人。

原公司一个月之后,也没有招聘到合适的接替者(他们只想招到一个跟女孩差不多的人:老老实实,勤勤恳恳,任劳任怨)。实际上,原公司的领导舍不得她离开,对她的工作给予了很高的评价。虽然不舍得,但如果不放女孩走无疑就是毁了女孩的前程。

第二个月,原公司终于挑选到一个不错的小伙子。但女孩仍然没有急于离开,因为小伙子是个新手,女孩觉得她有责任向他传授自己的"工作经验",因此她觉得自己还是不能离开。

若干时日过去了,女孩把她的工作经验毫无保留地传授给了他,直到他能够独当一面,这才依依不舍地去了新单位上班。

在离去的头一天,单位全体人员设宴为女孩送行。原单位的领导多次这样的嘱咐:"如果在新单位待不下去了,就回来,公司的大门永远向你敞开。"

后来,女孩在新的单位待了不到四个月就失业了,原来新单位因经营不善倒闭了。女孩很郁闷,她怀念在原单位的日子,忍不住给原单位老总打了个电话。原单位老总二话没说,就同意了(虽然原岗位不缺人),后来给她安排了另一个适合她的岗位。

女孩很感激,想向领导了解让她回去的原因,领导说:正是她当初诚实负责的态度,成了她"绝路逢生"的"救命稻草"。

女孩在遇到新的工作机会时没有立即离职,而是给了原公司一个缓冲期,让他们有时间招到合适的人才弥补空缺从而不会影响工作,这样的做法无疑给她的原领导留下极好的印象。对于现在的很多年轻人来说,跳槽如同家常便饭,可是很少有人考虑到要减少因跳槽而给原公司带来的工作上的不便。学会给自己留条后路,即使准备换工作,也要站好最后一班岗;即使到了新的环境,也不说原公司人是非,为自己无形中留一个机会。

❑ 案例思考

1. 本章案例 7-1 到案例 7-5 有何启示？您认为应如何规避求职过程中的风险？
2. 案例 7-8 中，邵先生作为“空降兵”，是如何抓住主动权的？
3. 请结合案例 7-13，谈谈您对复杂职场的认识和理解。

❑ 读者建议箱

1. 致学生：

对于学生而言，要正确认识职场中的风险，既不夸大，也不回避。同时，要学会以多种方式应对上述风险，在复杂职场中得到历练和成长。

当遇到挫折时，要把挫折当作培养逆商的大好机会。比如，高考顺利的学生，在大学中也要注意培养自己的逆境商数，否则毕业后一旦现实与理想落差太大，心理上就会难以承受。而高考失利的学生，上了一般的大学，这正好是提高自己逆境商数的好机会，需要强化自己的专业技能或者通过考研，使自己获得更大的发展，而不至于被逆境所击败。另外，找工作时，第一份工作的确很重要，但往往对于多数人而言，第一份工作并不是最后一份工作，因此，第一份工作找得好的学生，要学会珍惜，努力工作；第一份工作找得不好的，也要把这当作培养自己逆境商数的过程。

2. 致家长：

虽然现在家里孩子少了，孩子都是家里几代人掌心的宝贝，但一定要注重培养孩子的逆境商数和抗压能力，甚至人为创设一些逆境或压力情境，让孩子在逆境中得到锻炼和成长。

3. 致组织管理者：

在招聘过程中，一定要根据工作岗位的性质甄选人才，例如对于压力大或风险高的工作，一定要选拔抗压能力强的人，只有这样才能做好人才的能岗匹配。另外，要在组织层面尽可能地规避职场风险，通过组织文化引导员工，以积极包容的心态待人接物。

参 考 文 献

Abhishek Kumar, Mahama Nyankmawu, *Career 3.0: Practical Career Planning Advice to Find your Dream Job in Today's Digital World*, Abhishek Kumar, 2016.

Albert Chen, Sara Wong, Gabriel Martinez-Santibanez, Angelina Londono-Joshi, Paula Wishart, Aaron Goldstrohm, "Cold emails and hot coffee: Take action on your career", doi:10.1126. 2015.

Alexandre Clarke, *Job Interview: Dominate the Toughest Job Interview Questions with Perfect Answer*, PublishDrive, 2018.

Amy Wyckoff, Marie Harris, *Career Programming for Today's Teens: Exploring Nontraditional and Vocational Alternatives*, Chicago: ALA Editions, an imprint of the American Library Association, 2019.

David G. Jensen, "In job interviews, credibility comes from more than what you know", doi:10.1126. 2017.

David G. Jensen, "Tooling Up: The Project Management Career Track", doi:10.1126. 2009.

Jeffrey H. Greenhaus, Gerard A. Callanan, and Veronica M. Godshalk, *Career Management for Life*, New York: Routledge, 2019.

Ruth S. Bridgstock, "The Graduate Attributes We've Overlooked: Enhancing Graduate Employability through Career Management Skills", *Higher Education Research & Development*, doi: 10.1080. 2009.

Super, D. E., *Career Education and the Meaning of Work*, Monograph on Career Education, Washington, DC: The Office of Career Education, U. S. Office of Education, 1976.

William J. Rothwell, *Career Planning and Succession Management: Developing Your Organization's Talent—for Today and Tomorrow*, Westport, CT.: Praeger Publishers, 2005.

〔美〕彼得·德鲁克:《卓有成效的管理者》,机械工业出版社 2019 年版。

〔美〕大卫·H. 欧森等:《爱情 X 光》,中国轻工业出版社 2009 年版。

〔美〕戴安·萨克尼克、〔美〕丽莎·若夫门:《职业指导——职业生涯规划教程》,中国劳动社会保障出版社 2017 年版。

〔美〕哈丽特·勒纳:《关系之舞:既亲密又独立的相处艺术》,机械工业出版社 2019 年版。

黄志伟:《华为人力资源管理》,古吴轩出版社 2017 年版。

林崇德:《发展心理学》,人民教育出版社 1995 年版。

林幸台:《生计辅导的理论与实施》,五南图书出版公司 1989 年版。

刘平青:《管理沟通》,电子工业出版社 2016 年版。

刘平青:《晋升沟通巧技能》,电子工业出版社 2017 年版。

刘平青:《面试沟通巧技能》,电子工业出版社 2018 年版。

刘平青:《亲密沟通巧技能》,电子工业出版社 2017 年版。

刘平青:《向上沟通巧技能》,电子工业出版社 2018 年版。

刘平青:《员工关系管理——中国职场的人际技能与自我成长》,机械工业出版社 2017 年版。

〔美〕罗伯特·C. 里尔登:《职业生涯发展与规划》,中国人民大学出版社 2018 年版。

苏建军:《钱学森人生故事全集》,石油工业出版社 2010 年版。

唐娜·邓宁:《你的职业性格是什么? MBTI 16 型人格与职业规划》,电子工业出版社 2019 年版。

伍麟:《接纳"原生家庭"是走向成熟的标志——兼论当代青年应具有的积极心理品质》,《人民论坛》2019 年第 20 期。

谢思静:《浅议原生家庭对子女的影响——以〈都挺好〉为例》,《戏剧之家》2019 年第 20 期。

姚兰:《营造"傅园慧式"的原生家庭》,《人民政协报》2019 年 5 月 29 日。

张再生:《职业生涯管理》,经济管理出版社 1999 年版。

后　记

人生没有彩排，每天都是现场直播。您准备好了吗？

由于人生的不可重复性，在校学生和职场新人提前为即将到来的“直播”而进行准备，是一种自我担当的表现。提前写好“剧本”，有助于根据舞台的实际状况来临场发挥。越来越多的读者意识到这一点，并开始更加重视“规划”在职业人生中的作用。诚然，职业生涯难以准确规划，但不可不规划。

本书是在2014年第一版基础上的重新修订，主要改动有四：一是丰富内容，更新素材；二是增强逻辑性和可读性；三是提升趣味性，在各个章节更新生动、有趣的案例；四是注重可操作性，聚焦职业人生中的关键场景，给予具体的建议。

当今最大的不变就是变化，我们每个人都要拥抱变化。为更好地服务于每一位读者，减少彼此之间的物理距离和时空限制，我们进一步开发出“沟通与人生”（适合对象：大学生及职场人士）、“员工关系管理：关系思维与人际技能”（适合对象：研究生及职场人士）、“考研面试：顺利过关的6大思维与方法”（适合对象：研究生报考者）、“教师职业生涯规划”（适合对象：大学教师尤其是青年教师）等慕课及视频课，目前已在中国大学慕课、智慧树、学堂在线及教育部网培中心等平台全方位开放，欢迎您根据自己的需求来选取！我们正在着力构建“关系与沟通”的立体化学习生态，但愿这能够对您的职业生涯提供点滴帮助！

本书是团队成员智慧的结晶和长期积累的结果。刘平青、陆云泉、高昂负责整体篇章布局和逻辑结构以及最终的修改工作，刘凡、任格、齐月、刘涵等在本书的再版过程中做出了积极贡献。当然，文责自负，本书不妥之处，敬请斧正！

感谢选用本书的教师和同学们的大力支持！这些年来，以课汇友，教学相长，感谢每一位学员的包容、理解和支持！感谢学院领导和同事、感谢组织与人力资源管理系的每一位战友的帮助！

刘平青

2020年12月于北京

教辅申请说明

北京大学出版社本着“教材优先、学术为本”的出版宗旨，竭诚为广大高等院校师生服务。为更有针对性地提供服务，请您按照以下步骤通过**微信**提交教辅申请，我们会在 1~2 个工作日内将配套教辅资料发送到您的邮箱。

◎扫描下方二维码，或直接微信搜索公众号“北京大学经管书苑”，进行关注；

◎点击菜单栏“在线申请”—“教辅申请”，出现如右下界面：

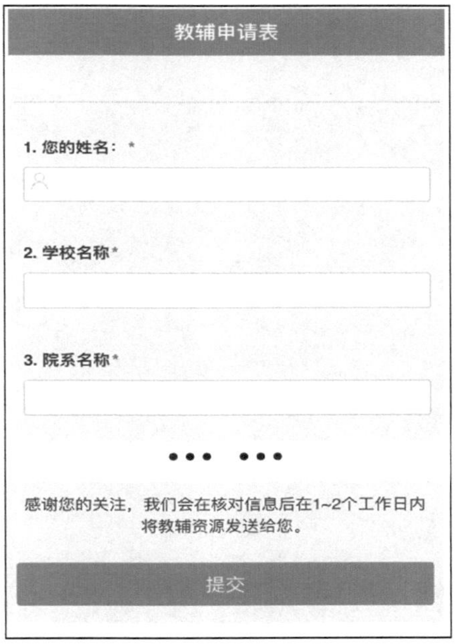
教辅申请表

1. 您的姓名：*

2. 学校名称*

3. 院系名称*

••• •••

感谢您的关注，我们会在核对信息后在1~2个工作日内将教辅资源发送给您。

提交

◎将表格上的信息填写准确、完整后，点击提交；

◎信息核对无误后，教辅资源会及时发送给您；
如果填写有问题，工作人员会同您联系。

温馨提示：如果您不使用微信，则可以通过以下联系方式（任选其一），将您的姓名、院校、邮箱及教材使用信息反馈给我们，工作人员会同您进一步联系。

联系方式：

北京大学出版社经济与管理图书事业部
通信地址：北京市海淀区成府路 205 号，100871
电子邮箱：em@pup.cn
电　　话：010-62767312 /62757146
微　　信：北京大学经管书苑（pupembook）
网　　址：www.pup.cn